| 高职高专新商科系列教材 |

物流成本管理
（微课版）

张艳 刘明伟 主 编
李娜 王洪联 刘瑾瑜 代文杰 副主编

清华大学出版社
北京

内 容 简 介

本书以物流成本的核算为主线,设计了12个项目38个任务,涵盖了物流成本中的理论学习和操作训练。本书分为理论篇和操作篇:理论篇主要介绍了物流成本及其管理的认知、物流成本核算、物流成本预测与决策、物流成本预算以及物流成本控制;操作篇主要是通过案例的形式让学生掌握物流各功能成本的核算。本书是数字化立体教材,配有丰富的教学资源,如教学课件、教学案例、微课等。本书根据专业人才培养目标的要求,针对现代物流管理专业学生就业岗位的需要,侧重于培养学生的基本职业判断能力与主要物流成本核算、分析与控制能力。本书通过对物流企业(或制造型企业物流部门)采购、运输、仓储、装卸搬运、配送、绩效评价等关键岗位(部门)的物流成本构成状况的研究,实现企业物流活动全过程的成本监控。本书通过一定的实践训练,使学生掌握实践操作方法。

本书可作为高职高专现代物流管理等相关专业的教材,也可作为相关从业人员的培训参考用书。

本书封面贴有清华大学出版社防伪标签,无标签者不得销售。
版权所有,侵权必究。举报:010-62782989,beiqinquan@tup.tsinghua.edu.cn。

图书在版编目(CIP)数据

物流成本管理:微课版/张艳,刘明伟主编.—北京:清华大学出版社,2022.9(2025.2重印)
高职高专新商科系列教材
ISBN 978-7-302-61443-2

Ⅰ.①物… Ⅱ.①张… ②刘… Ⅲ.①物流管理-成本管理-高等职业教育-教材 Ⅳ.①F253.7

中国版本图书馆 CIP 数据核字(2022)第 133667 号

责任编辑:吴梦佳
封面设计:傅瑞学
责任校对:刘 静
责任印制:杨 艳

出版发行:清华大学出版社
网　　址:https://www.tup.com.cn,https://www.wqxuetang.com
地　　址:北京清华大学学研大厦 A 座　　　　邮　编:100084
社 总 机:010-83470000　　　　　　　　　　邮　购:010-62786544
投稿与读者服务:010-62776969,c-service@tup.tsinghua.edu.cn
质量反馈:010-62772015,zhiliang@tup.tsinghua.edu.cn
课件下载:https://www.tup.com.cn,010-83470410

印 装 者:三河市科茂嘉荣印务有限公司
经　　销:全国新华书店
开　　本:185mm×260mm　　　　印　张:13.75　　　　字　数:328 千字
版　　次:2022 年 9 月第 1 版　　　　　　　　　　印　次:2025 年 2 月第 2 次印刷
定　　价:45.00 元

产品编号:094430-01

前 言

本着"实用为本,技能为主,学用结合,相得益彰"的原则,为适应物流业发展对物流管理人才培养的需求,我们编写了本书。

本书对物流成本管理的理论与方法做了较为全面、系统的阐述,并附有大量案例,适合作为大专院校和职业技术院校现代物流管理专业的教材或参考用书,也适合作为物流企业和其他企事业单位中从事物流工作的在职人员的培训用书。

本书立足于"课—岗—赛—训"一体化原则编写,以现代物流企业对技术应用型人才的需求为导向,围绕物流企业成本核算岗位的典型任务,基于物流企业成本管理工作过程进行设计,融知识目标、能力目标与素质目标于一体化,适用于"育训结合"的人才培养模式,力求实现"一专多能"的培养目标。

本书的编写按照《国家职业教育改革实施方案》的要求,结合职业教育教学改革、课程建设实践和现代信息技术应用情况,以就业、创业为导向,注重立德树人,突出职业素养和实践技能的培养。本书以物流成本的核算为主线,设计了12个项目。每个项目包括若干个任务,根据完成任务的需要介绍物流成本管理知识,通过不断训练,将知识转化为技能。

本书由山东信息职业技术学院张艳、刘明伟担任主编,山东信息职业技术学院李娜、王洪联、刘瑾瑜、代文杰担任副主编,大连固特异轮胎有限公司物流部门财务合作伙伴王丽仙提供教材案例支持。本书具体编写分工如下:张艳负责编写项目一、项目三、项目五;刘明伟负责编写项目二、项目四的任务二和任务三、项目七的任务三;李娜负责编写项目六、项目七的任务一和任务二;王洪联负责编写项目四的任务一、项目十、项目十二;刘瑾瑜负责编写项目九、项目十一;代文杰负责编写项目八。张艳拟定编写大纲和框架设计,并对本书进行统稿和审核。本书编写是按照每位一线骨干教师的优势与专长进行分工的。

本书在编写过程中参考了众多专家、学者的著作,在此向他们表示诚挚的敬意和由衷的感谢!

由于编者理论水平和实践经验有限,书中难免有不足之处,恳请各位读者批评、指正,以便我们不断完善。

编 者

2022年4月

目 录

第一部分 理 论 篇

项目一 物流成本及其管理认知 ·· 3
    任务一 物流成本认知 ·· 4
    任务二 物流成本管理认知 ··· 9
    任务三 影响物流成本的因素及其降低途径 ··· 12
    任务四 物流成本的相关理论学说 ·· 15
    实训 国内外物流成本现状调研 ··· 18
    学习总结 ·· 19
    学习测试 ·· 19

项目二 物流成本核算 ·· 21
    任务一 物流成本核算认知 ··· 22
    任务二 物流成本核算的步骤 ··· 25
    任务三 物流成本核算的方法 ··· 29
    实训 物流企业成本核算现状调研 ·· 33
    学习总结 ·· 33
    学习测试 ·· 33

项目三 物流成本预测与决策 ·· 35
    任务一 物流成本预测 ··· 36
    任务二 物流成本决策 ··· 43
    实训 企业物流成本预测与决策 ··· 48
    学习总结 ·· 48
    学习测试 ·· 49

项目四 物流成本预算 ·· 51
    任务一 物流成本预算认知 ··· 52
    任务二 弹性预算法 ··· 54

任务三　零基预算法 ··· 57
　　实训　企业物流成本预算管理 ··· 59
　　学习总结 ··· 59
　　学习测试 ··· 59

项目五　物流成本控制 ··· 61
　　任务一　目标成本法 ··· 62
　　任务二　标准成本法 ··· 64
　　任务三　因素分析法 ··· 67
　　任务四　变动成本差异的计算与分析 ·· 69
　　实训　企业物流成本影响因素分析 ··· 74
　　学习总结 ··· 75
　　学习测试 ··· 75

第二部分　操　作　篇

项目六　运输成本管理 ··· 79
　　任务一　运输成本认知 ··· 80
　　任务二　汽车运输成本核算 ··· 83
　　任务三　海洋运输成本核算 ··· 91
　　任务四　运输成本管理与优化 ··· 102
　　实训　运输企业物流成本核算 ··· 106
　　学习总结 ··· 106
　　学习测试 ··· 106

项目七　仓储成本管理 ··· 108
　　任务一　仓储成本认知 ··· 109
　　任务二　仓储成本核算与分析 ··· 112
　　任务三　仓储成本管理与优化 ··· 117
　　实训　月山啤酒集团仓储管理 ··· 124
　　学习总结 ··· 125
　　学习测试 ··· 125

项目八　配送成本管理 ··· 127
　　任务一　配送成本认知 ··· 128
　　任务二　配送成本核算与分析 ··· 131
　　任务三　配送成本管理与优化 ··· 135
　　实训　城市配送成本优化 ··· 141
　　学习总结 ··· 142

学习测试 ··· 142

项目九　包装成本管理　144

　　任务一　包装成本认知 ··· 145
　　任务二　包装成本核算与分析 ·· 149
　　任务三　包装成本管理与优化 ·· 160
　　实训　包装成本核算 ·· 162
　　学习总结 ·· 162
　　学习测试 ·· 162

项目十　装卸搬运成本管理　164

　　任务一　装卸搬运成本认知 ··· 165
　　任务二　装卸搬运成本核算与分析 ··· 168
　　任务三　装卸搬运成本管理与优化 ··· 173
　　实训　企业装卸搬运成本调查与分析 ··· 177
　　学习总结 ·· 177
　　学习测试 ·· 177

项目十一　流通加工成本管理　179

　　任务一　流通加工成本认知 ··· 180
　　任务二　流通加工成本核算与分析 ··· 183
　　任务三　流通加工成本管理与优化 ··· 189
　　实训　流通加工成本构成及核算 ·· 191
　　学习总结 ·· 192
　　学习测试 ·· 192

项目十二　物流成本绩效评价　194

　　任务一　物流成本绩效评价认知 ·· 195
　　任务二　物流成本绩效评价指标体系 ··· 197
　　任务三　物流成本绩效评价方法——平衡计分卡法 ··· 205
　　实训　平衡计分卡应用实例 ·· 210
　　学习总结 ·· 211
　　学习测试 ·· 211

参考文献 ··· 212

第一部分
理论篇

项目一

物流成本及其管理认知

学习目标

知识目标：
（1）理解物流成本的概念。
（2）掌握物流成本的构成。
（3）了解物流成本的分类。
（4）掌握降低物流成本的途径。
（5）理解物流成本管理的意义。
（6）熟悉物流成本的相关理论学说。

能力目标：
（1）能够根据实际案例分析物流成本的构成。
（2）能够根据企业的具体情况提出成本降低的方法。
（3）能够利用相关的理论学说解释现实情况。

素质目标：
（1）树立社会责任、资源节约、成本效率意识。
（2）培养民族团结、社会责任情感。
（3）增强建设社会主义物流强国的紧迫感。

学习导图

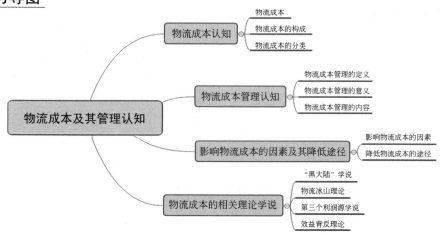

情景导入

在日常生活中，人们都在力求勤俭持家。企业也是如此，要想取得更多的利润，节约每一分钱，实行最低成本原则是非常必要的。著名企业都非常重视降低成本，节省每一分不必要的开支。在物流企业中，无论是从事与物流成本管理直接相关的工作，如物流成本专员、物流成本分析工程师、物流费用核算员和物控员等，还是从事与物流成本管理间接相关的工作，如仓管员、调度员、配送员等，成本管理都将伴随左右。任何物流作业管理都要在为客户提供所需服务的前提下保持物流成本的领先优势，物流成本管理是各项物流活动的出发点和落脚点。

启示：党的二十大报告指出，到本世纪中叶，把我国建设成为综合国力和国际影响力领先的社会主义现代化强国。没有坚实的物质技术基础，就不可能全面建成社会主义现代化强国。

中国超级工程——中国港

我们国家的综合国力不断增强，中国物流飞速发展，各类物流基础设施不断完善，由物流大国向物流强国发展，成就显著。通过视频让学生感受物流大国的风采，增强学生学好本专业、本课程的兴趣和责任感与使命感，同时也要增强物流成本节约意识。

任务一　物流成本认知

一、物流成本

1. 成本的含义

（1）美国会计学会关于成本的定义：为了达到特定目的而发生或未发生的价值牺牲，它可用货币单位加以衡量。

（2）经济学关于成本的定义：凡是经济资源的牺牲都是成本，包含支出成本和机会成本。支出成本是指现在、过去或未来的现金流出或实物消耗。机会成本是指将所放弃的资源用于其他用途可能实现的最大收益。机会成本是个人决策及企业决策必须考虑的成本因素。

2. 物流成本的含义

我国国家标准《企业物流成本构成与计算》(GB/T 20523—2006)对企业物流成本的定义是：企业物流活动中所消耗的物化劳动和活劳动的货币表现，包括货物在运输、储存、包装、装卸搬运、流通加工、物流信息、物流管理等过程中所耗费的人力、物力和财力的总和以及与存货有关的流动资金占用成本、存货风险成本和存货保险成本。

相关链接

成本和物流成本的比较

成本和物流成本的比较如表1-1所示。

表 1-1　成本和物流成本的比较

项　目	成　本	物 流 成 本
含 义	企业生产提供有形和无形商品耗费的物化劳动和活劳动	提供物流服务或生产流通过程中消耗的物化劳动和活劳动
特 征	为获得某利益而发生的支出,可以是财务或劳务;支付现金或其他等价物,以一定资源的失去为代价;衡量单位是货币	物流成本的系统性;物流成本的隐含性;物流成本的复杂性
涉及对象	所有商品或服务	专指物流活动

二、物流成本的构成

物流成本的构成应从宏观意义上的社会物流成本和微观意义上的企业物流成本进行分析。研究不同领域和不同环节的物流成本的构成,既是物流成本核算的需要,也是物流成本分析与管理的需要。

1. 社会物流成本的构成

社会物流成本是一个国家在一定时期内发生的物流总成本,通常用社会物流成本占 GDP 的比例来衡量一个国家的物流发展水平。

社会物流成本一般划分为运输费用、保管费用、管理费用三个部分。

(1) 运输费用。运输费用是指社会物流活动中,国民经济各方面由于物品运输而支付的全部费用。它包括支付给物品承运方的运费(即承运方的货运收入);支付给装卸、搬运、保管、代理等辅助服务提供方的费用(即辅助服务提供方的货运业务收入);支付给运输管理与投资部门的由货主方承担的各种交通建设基金、过路费、过桥费、过闸费等运输附加费用。

运输费用的基本计算方法如下:

$$运输费用 = 运费 + 运输辅助服务费用 + 运输附加费用$$

具体计算时,可根据铁路运输、公路运输、水上运输、航空运输和管道运输等不同的运输方式及对应的业务核算办法分别计算。

(2) 保管费用。保管费用是指社会物流活动中,物品从最初的资源供应方(生产环节、海关)向最终的消费用户流动过程中,所发生的除运输费用和管理费用之外的全部费用。它包括物流过程中因流动资金的占用而需承担的利息费用;仓储保管方面的费用;流通中配送、加工、包装、信息及相关服务费用;物流过程中发生的保险费用和物品损耗费用等。

保管费用的基本计算方法如下:

$$保管费用 = 利息费用 + 仓储费用 + 保险费用 + 物品损耗费用 + 信息及相关服务费用 + 配送费用 + 流通加工费用 + 包装费用 + 其他保管费用$$

(3) 管理费用。管理费用是指社会物流活动中,物品供需双方的管理部门,因组织和管理各项物流活动所发生的费用。它主要包括管理人员报酬、办公费用、教育培训费用、劳动保险、车船使用税等各种属于管理费用科目的费用。

管理费用的基本计算方法如下:

$$管理费用 = 社会物流总额 \times 社会物流平均管理费用率$$

式中,社会物流平均管理费用率是指一定时期内,各物品最初供给部门完成全部物品从供给地流向最终需求地的社会物流活动中,管理费用额占各部门物流总额比例的综合平均数。

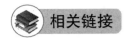

我国近几年的社会物流成本构成

了解我国社会物流成本构成对于物流成本的控制具有重要意义,具体内容如表1-2所示。

表1-2 我国近几年的社会物流成本构成 金额单位:万亿元

年 份	运输费用 数额	运输费用 占比/%	保管费用 数额	保管费用 占比/%	管理费用 数额	管理费用 占比/%	社会物流总费用
2023	9.80	53.85	6.10	33.52	2.30	12.64	18.20
2022	9.55	53.77	5.95	33.50	2.26	12.73	17.76
2021	9.00	53.90	5.60	33.50	2.20	13.20	16.80
2020	7.80	52.30	5.10	34.20	1.90	12.70	14.80
2019	7.70	52.74	5.00	34.25	1.90	13.01	14.60

2. 企业物流成本的构成

企业物流成本是指企业在生产经营过程中,商品从原材料供应开始,经过生产加工,到产成品和销售,以及伴随着生产和消费过程所产生的废物回收利用等过程中所发生的全部物流费用。

按照我国国家标准(GB/T 20523—2006)的要求,我国企业物流成本构成可有三种划分方法:一是按成本项目划分;二是按物流成本产生的范围划分;三是按物流成本的支付形态划分。

(1)企业物流成本项目构成。按成本项目划分,企业物流成本由物流功能成本和存货相关成本构成。其中物流功能成本包括物流活动过程中所发生的运输成本、仓储成本、包装成本、装卸搬运成本、流通加工成本、物流信息成本和物流管理成本;存货相关成本包括企业在物流活动过程中所发生的与存货有关的资金占用成本、物品损耗成本、保险和税收成本,具体内容如表1-3所示。

表1-3 企业物流成本项目的构成

企业物流成本	成本项目	项目内容
物流功能成本	运输成本	一定时期内,企业为完成物品运输业务而发生的全部费用,包括物品运输业务人员费用,车辆(包括其他运输工具)的燃料费、折旧费、维修保养费、租赁费、过路费、年检费、事故损失费,相关税金等
物流功能成本	仓储成本	一定时期内,企业为完成物品储存业务而发生的全部费用,包括仓储业务人员费用,仓储设施的折旧费、维修保养费、水电费、燃料与动力消耗等
物流功能成本	包装成本	一定时期内,企业为完成物品包装业务而发生的全部费用,包括包装业务人员费用,包装材料消耗,包装设施折旧费、维修保养费,包装技术设计、实施费用以及包装标记的设计、印刷等辅助费用
物流功能成本	装卸搬运成本	一定时期内,企业为完成装卸搬运业务而发生的全部费用,包括装卸搬运业务人员费用,装卸搬运设施折旧费、维修保养费、燃料与动力消耗等

续表

企业物流成本	成本项目	项目内容
物流功能成本	流通加工成本	一定时期内，企业为完成物品流通加工业务而发生的全部费用，包括流通加工业务人员费用，流通加工材料消耗，加工设施折旧费、维修保养费、燃料与动力消耗费等
	物流信息成本	一定时期内，企业为采集、传输、处理物流信息而发生的全部费用，指与订货处理、储存管理、客户服务有关的费用，具体包括物流信息人员费用，软硬件折旧费、维护保养费、通信费等
	物流管理成本	一定时期内，企业物流管理部门及物流作业现场所发生的管理费用，具体包括管理人员费用，差旅费、办公费、会议费等
存货相关成本	资金占用成本	一定时期内，企业在物流活动过程中负债融资所发生的利息支出（显性成本）和占用内部资金所发生的机会成本（隐性成本）
	物品损耗成本	一定时期内，企业在物流活动过程中所发生的物品跌价、损耗、毁损、盘亏等
	保险和税收成本	一定时期内，企业支付的与存货相关的财产保险费以及因购进和销售物品应缴纳的税金支出

（2）企业物流成本产生的范围构成。按物流成本产生的范围划分，企业物流成本由供应物流成本、企业内物流成本、销售物流成本、回收物流成本以及废弃物物流成本构成，具体内容如表1-4所示。

表1-4 企业物流成本产生的范围构成

成本范围	范围说明
供应物流成本	指经过采购活动，将企业所需原材料（生产资料）从供给者的仓库运回企业仓库为止的物流活动过程中所发生的物流费用
企业内物流成本	指从原材料进入企业仓库开始，经过出库、制造形成产品以及产品进入成品库，直到产品从成品库出库为止的物流活动过程中所发生的物流费用
销售物流成本	指为了进行销售，产品从成品仓库运出开始，经过流通环节的加工制造，直到运输至中间商的仓库或消费者手中的物流活动过程中所发生的物流费用
回收物流成本	指退货、返修物品和周转使用的包装容器等从需方返回供方的物流活动过程中所发生的物流费用
废弃物物流成本	指将经济活动中失去原有使用价值的物品，根据实际需要进行收集、分类、加工、包装、搬运、储存等，并分送到专门处理场所的物流活动过程中所发生的物流费用

（3）企业物流成本的支付形态构成。按物流成本的支付形态划分，企业物流成本由企业内部物流成本和委托物流成本构成。其中企业内部物流成本按支付形态分为材料费、人工费、维护费、一般经费和特别经费，具体内容如表1-5所示。

表1-5 企业物流成本的支付形态构成

成本支付形态		支付形态
企业内部物流成本	材料费	资材费、工具费、器具费等
	人工费	工资、福利、奖金、津贴、补贴、住房公积金等
	维护费	土地、建筑物及各类物流设施设备的折旧费、维护维修费、租赁费、保险费、税金、燃料与动力消耗费等

续表

成本支付形态		支付形态
企业内部物流成本	一般经费	办公费、差旅费、会议费、通信费、水电费、煤气费等
	特别经费	存货资金占用费、物品损耗费、存货保险费和税费
委托物流成本		企业向外部物流机构所支付的各项费用

三、物流成本的分类

企业物流成本还应按照以下需要进行分类。

1. 按物流成本是否具有可控性分类

按物流成本是否具有可控性分类,可将物流成本分为可控成本和不可控成本。

(1) 可控成本。可控成本是指考核对象对成本的发生能够控制的成本。

(2) 不可控成本。不可控成本是指考核对象对成本的发生不能予以控制,因而也不予以负责的成本。

相对而言一个部门的可控成本对于另一个部门来说也许就是不可控的。区分可控成本与不可控成本一般与物流成本发生的时限有关,物流成本发生前和发生中是可控的,发生后则是不可控的。

2. 按物流成本性态分类

成本性态是指成本总额与业务总量之间的依存关系,通常又称为成本习性。按物流成本性态分类,即按物流成本与业务量之间的数量关系分类,可将物流成本划分为固定成本和变动成本。

(1) 固定成本是指在一定的业务量范围内,与业务量的增减变化无关的成本。例如,固定资产折旧费、管理部门的办公费等。这类成本的特征是:在企业正常经营的条件下,这些成本是必定要发生的,而且在一定的业务量范围内基本保持稳定。

(2) 变动成本是指随着业务量的变化而变化的成本。例如,材料的消耗、工人的工资、能源消耗等。这类成本的特征是:业务量高,成本的发生额也高;业务量低,成本的发生额也低。成本的发生额与业务量近似成正比关系。

在平面直角坐标系中,固定成本和变动成本的模型图如图1-1所示。

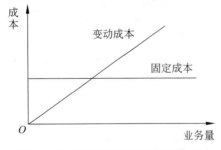

图1-1 固定成本和变动成本的模型图

3. 按物流成本计算的方法分类

(1) 实际成本。实际成本是指企业在物流活动中实际耗用的各种费用的总和。

(2) 标准成本。标准成本是通过精确的调查、分析与技术测定而制定的,用来评价实际成本、衡量工作效率的一种预计成本。在标准成本中,基本上排除了不应该发生的"浪费",因此被认为是一种"理想成本"。标准成本要体现企业的目标和要求,主要用于衡量工作效率和控制成本,也可用于存货和销货成本的计价。

4. 按物流成本计入成本对象的方式分类

按物流成本计入成本对象的方式分类，可以将物流成本分为直接成本和间接成本两类。

（1）直接成本。直接成本是指与某一特定的成本对象存在直接关系，是为某一特定的成本对象所耗费的成本，故可以直接计入该成本对象的成本中。

（2）间接成本。间接成本是指与某一特定对象没有直接关系的成本，是为几种成本对象所共同耗费的成本，不能直接计入某一特定对象的成本中。

任务二　物流成本管理认知

一、物流成本管理的定义

根据中华人民共和国国家标准《物流术语》(GB/T 18354—2006)，物流成本管理(logistics cost management)是"对物流活动发生的相关费用进行的计划、协调与控制"。

物流成本管理是通过成本去管理物流，即管理的对象是物流而不是成本。物流成本管理可以说是以成本为手段的物流管理体系。如何以最经济的费用为用户提供多功能、一体化的综合性服务并满足其需要，应是物流成本管理的研究内容。

二、物流成本管理的意义

物流成本从量上来讲，无论对国家还是对企业都绝非一个小数目。目前，国际社会通常以社会物流总费用占GDP的比重这一指标作为标准，来衡量一个国家物流业的发展水平与运作效率。社会物流总费用是指报告期内国民经济各方面用于社会物流活动的各项费用支出的总和，包括支付给运输、储存、包装、装卸搬运、流通加工、配送、信息处理等各个物流环节的费用；应承担的物品在物流期间发生的损耗费用；社会物流活动中因资金占用而应承担的利息支出；社会物流活动中发生的管理费用等。

从国家发展改革委获悉，随着一系列举措发力显效，我国社会物流成本呈稳步下降态势，如表1-6所示。最新统计核算结果显示，2024年，我国社会物流总费用占GDP的比重为14.1%，比2023年下降0.3个百分点，降至2006年正式建立统计以来的最低水平。国家发展改革委等部门将加快实施铁路货运网络工程和内河水运体系联通工程，支持有条件的地区建设国际物流枢纽中心和大宗商品资源配置枢纽，力争到2027年，社会物流总费用占GDP的比重降至13.5%左右。

表1-6　2012—2024年我国社会物流总费用占GDP的比重

年份	社会物流总费用/万亿元	社会物流总费用同比增长/%	社会物流总费用占GDP的比重/%
2024	19.02	4.51	14.1
2023	18.20	2.48	14.4
2022	17.76	6.35	14.7
2021	16.70	12.5	14.6
2020	14.90	2.00	14.7
2019	14.60	7.30	14.7

续表

年份	社会物流总费用/万亿元	社会物流总费用同比增长/%	社会物流总费用占GDP的比重/%
2018	13.30	9.80	14.8
2017	12.10	9.20	14.7
2016	11.10	2.90	14.9
2015	10.80	2.80	15.7
2014	10.60	6.90	16.5
2013	10.20	9.30	17.2
2012	9.4	11.4	17.5

从物流大国到物流强国尚存在差距,我们需要从现在做起,学好专业技能,增强物流成本节约意识,为我国物流业降本增效多做贡献。

由此可见,在我国各个企业全面开展物流成本管理活动,有效控制和降低物流费用十分必要和迫切,其重要意义如下。

1. 增加国家资金积累

积累是社会扩大再生产的基础,企业承担着上缴国家利税的责任,而物流费用的降低,在其他因素不发生相应变化的情况下,意味着相应增加国家资金积累。

物流成本管理的意义

2. 为社会节省大量的物质财富

企业为了满足社会的需要,其产品一般通过流通环节从生产地流向消费地。加强物流成本管理,可以降低物品在运输、装卸、仓储等物流环节的损耗,物流费用的节约意味着为社会节省大量的物质财富。

3. 有利于调整商品价格

物流费用是商品价格的重要组成部分。物流费用的高低,对商品的价格具有重大的影响。降低物流费用,就是降低它在商品价格中的比重,从而有利于调整商品价格,减轻消费者的经济负担。

4. 有利于提高企业的竞争力

随着经济全球化和信息技术的迅速发展,企业生产资料的获取与产品营销范围日益扩大,市场竞争十分激烈。企业物流管理水平的高低,将直接影响物流费用水平,进而影响产品成本的高低。对于我国工商企业而言,迫切需要高质量的现代物流系统为之服务,以降低物流成本,提高企业及其产品参与国际市场的竞争力,在激烈竞争的市场环境中求得生存和发展。

系统地开展物流成本管理活动,通过对物流成本费用进行计划、协调与控制,实现相对降低物流费用的目标,从微观角度上看,可以提高企业的物流管理水平,加强企业的经营管理,促进经济效益的提高;从宏观角度上看,降低物流费用对国民经济的健康发展和人民生活水平的不断提高具有重要意义。

三、物流成本管理的内容

物流成本管理的内容涉及范围很广,主要包括以下内容。

1. 物流成本核算

物流成本核算是根据企业确定的物流成本计算对象,采用相适应的成本计算方法,按照规定的成本项目,通过一定的物流费用汇集与分配程序和方法,最终计算出各项物流活动或作业的成本计算对象的实际总成本和单位成本。

物流成本核算是物流成本费用支出控制过程中必不可少的环节。通过物流成本核算,可以如实地反映生产经营过程中有关物流活动的实际耗费,并为物流成本分析、物流成本控制、物流成本预测、物流成本预算、物流成本决策与物流成本绩效考评等环节提供真实可靠的数据。

2. 物流成本预测

物流成本预测是根据有关物流成本数据和企业具体的发展情况,运用一定的技术方法,对未来的成本水平及其变动趋势做出科学的估计。物流成本预测是物流成本决策、物流成本预算和物流成本控制的基础工作,对提高物流成本管理的科学性和预见性起着保障作用。

3. 物流成本决策

物流成本决策是在物流成本预测的基础上,结合其他有关资料,运用一定的科学方法,从若干方案中选择一个满意方案的过程。

从物流整个流程来说,有配送中心新建、改建、扩建的决策,运输工具与装卸搬运设备设施构建决策,货物存储决策,货物合理配送决策,运输方式选取决策以及流通加工合理下料的决策等。这些决策分析常常以其总成本最小化或功能成本比最大化为目标,从而将其转化为物流成本决策问题。物流成本决策分析和目标成本的确定是编制物流成本预算的前提,也是实现物流成本的事前控制、提高经济效益的重要途径。

4. 物流成本预算

物流成本预算是根据物流成本决策所确定的方案、预算期的物流任务、降低物流成本的要求以及有关资料,通过一定的程序,运用一定的方法,以货币形式规定预算期物流各环节耗费水平和成本水平,并提出保证物流成本预算顺利实现所采取的措施。

通过物流成本预算管理,可以在物流成本的各个管控环节上给企业提出明确的目标,推动企业加强成本管理责任制,增强企业的成本意识,控制物流环节费用,挖掘降低成本的潜力,保证企业降低物流成本目标的实现。

5. 物流成本控制

物流成本控制是通过对物流成本产生的整个过程进行控制,可以及时发现存在的问题,采取纠正措施,保证物流成本目标的实现。

从企业生产经营过程来看,物流成本控制包括物流成本的事前控制、事中控制和事后控制。物流成本的事前控制是整个物流成本控制活动中最重要的环节,它直接影响将来各作业流程成本的高低。物流成本的事前控制活动主要有物流配送中心的建设控制、物流设施与设备的配备控制、物流作业过程的改进控制等。物流成本的事中控制是对物流作业过程实际耗费的实时控制,包括设备耗费的控制、人工耗费的控制、劳动工具耗费和其他费用支出的控制等方面。物流成本的事后控制是通过定期对过去某一段时间成本控制的总结与反馈来控制成本。

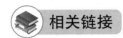 相关链接

扁鹊三兄弟的故事

魏文王问名医扁鹊说:"你们家兄弟三人,都精于医术,到底哪一位最厉害呢?"

扁鹊回答:"长兄最好,中兄次之,我最差。"

魏文王又问:"那么为什么你最出名呢?"

扁鹊答说:"我长兄治病,是治病于病情发作之前。由于一般人不知道他是在事先就铲除了病灶,所以他的名气无法传出去,只有我们家的人才知道。我中兄治病,是治病于病情初起之时。一般人以为他只能治轻微的小病,所以他的名气只及于本乡里。而我扁鹊治病,是治病于病情严重之时。一般人都看到我在经脉上穿针管来放血、在皮肤上敷药等,所以以为我的医术高明,名气因此响遍全国。"

启示:党的二十大报告指出,坚持安全第一、预防为主。

由此可见预防的重要性。从物流成本控制的角度出发分析,亦是如此,事后补救不如事中控制,事中控制不如事前预防。

6. 物流成本分析

在进行物流成本分析时,首先要对企业物流成本进行核算,然后在物流成本核算及其他有关资料的基础上,运用一定的分析方法,揭示物流成本水平变动的原因,进一步查明影响物流成本变动的各种因素,进而提出积极的建议,采取有效措施,合理地控制物流成本。

7. 物流成本绩效评价

物流成本绩效评价是全面地反映与评价一定时期内物流成本效益综合水平的重要手段,通过对物流成本绩效指标的分析,对物流成本的责任单位、责任人的工作质量与工作成效做出客观的分析与评价,从而为有效地激励成本责任单位与责任人不断改善物流成本管理工作提供依据,为企业持续提高成本利润率指明努力的方向。

上述各项物流成本管理活动是互相配合、互相依存的一个有机整体。物流成本预测是物流成本决策的前提;物流成本预算是物流成本决策所确定目标的具体化;物流成本控制是对物流成本预算的实施进行监督,以保证目标的实现;物流成本核算是对物流成本形成过程与结果的记录和反映;物流成本分析既是对物流成本目标是否实现的检验,也是对其差异成因的追踪与确认;物流成本绩效评价既是对一定时期内的物流成本与其相应成效进行综合比较,也是对物流成本管理活动成果所作总体性结论。

任务三　影响物流成本的因素及其降低途径

一、影响物流成本的因素

影响物流成本的因素很多,主要涉及以下三个方面。

1. 竞争性因素

企业所处的市场环境充满竞争,企业之间的竞争除产品的价格、性能、质量外,从某种意

义上来讲,优质的客户服务是竞争成功的关键,客户的服务水平又直接决定物流成本的高低,因此物流成本在很大程度上是由于日趋激烈的竞争而不断发生变化的,主要有以下三个影响因素。

(1) 订货周期。高效的物流系统必然可以缩短企业的订货周期,降低客户的库存,从而降低客户的库存成本,提高企业的客户服务水平与企业的竞争力。

(2) 库存水平。库存水平过低,会导致缺货成本增加;但库存水平过高,虽然会降低缺货成本,但是存货成本会显著增加。因此,合理的库存应保持在使总成本最小的水平上。

(3) 运输。不同的运输工具,其运输能力大小不等,成本也不同。运输工具的选择,一方面取决于所运货物的体积、重量及价值大小,另一方面又取决于企业对所运货物的需求程度及工艺要求。

2. 产品因素

产品的特性不同也会影响物流成本。

(1) 产品价值。一般来讲,产品的价值越大,对其所需使用的运输工具要求越高,仓储和库存成本也随着产品价值的增加而增加。

(2) 产品密度。产品密度越大,相同运输单位所装的货物越多,运输成本就越低。同理,仓库中一定空间领域存放的货物越多,库存成本就越低。

(3) 易损性。产品的易损性对物流成本的影响是显而易见的,易损性的产品对物流各环节如运输、包装、仓储等都提出了更高的要求。

(4) 特殊搬运。有些物品对搬运提出了特殊的要求。如对长、大物品的搬运,需要特殊的装载工具;有些物品在搬运过程中需要加热或制冷等,这些都会增加物流成本。

3. 空间因素

空间因素是指物流系统中企业制造中心或仓库相对于目标市场或供货点的位置关系。若企业距离目标市场太远,必然会增加运输及包装等成本;若在目标市场建立或租用仓库,也会增加库存成本,因此空间因素对物流成本的影响是很大的。

二、降低物流成本的途径

降低物流成本是企业开辟"第三个利润源泉"的重要途径,也是企业可以挖掘利润的一片绿洲。

国家发展改革委、交通运输部《关于进一步降低物流成本的实施意见》(〔2020〕10号)指出,近年来,社会物流成本水平保持稳步下降,但部分领域物流成本高、效率低等问题仍然突出,特别是受新冠肺炎疫情影响,社会物流成本出现阶段性上升,难以适应建设现代化经济体系、推动高质量发展的要求。为进一步降低物流成本、提升物流效率,可从以下几个方面进行。

为进一步降低物流成本、提升物流效率,可以从国家层面和企业层面来进行。

从国家层面来说:

1. 深化关键环节改革,降低物流制度成本

完善证照和许可办理程序,加快运输领域资质证照电子化;科学推进治理车辆超限超载;维护道路货运市场正常秩序,建立严厉打击高速公路、国省道车匪路霸的常态化工作机制;优化城市配送车辆通行停靠管理;推进通关便利化;深化铁路市场化改革,开展铁路市场化改革综合试点。

2. 加强土地和资金保障,降低物流要素成本

保障物流用地需求,对重大物流基础设施项目,在建设用地指标方面给予重点保障;完善物流用地考核,合理设置物流用地绩效考核指标;拓宽融资渠道;完善风险补偿分担机制。

3. 深入落实减税降费措施,降低物流税费成本

落实好大宗商品仓储用地城镇土地使用税减半征收等物流领域税费优惠政策;降低公路通行成本;降低铁路航空货运收费;规范海运口岸收费;加强物流领域收费行为监管。

4. 加强信息开放共享,降低物流信息成本

在确保信息安全的前提下,向社会开放与物流相关的公共信息;加强列车到发时刻等信息开放;降低货车定位信息成本,规范货运车辆定位信息服务商收费行为。

5. 推动物流设施高效衔接,降低物流联运成本

破除多式联运"中梗阻",持续推进长江航道整治工程和三峡翻坝综合转运体系建设;完善物流标准规范体系,推广应用符合国家标准的货运车辆、内河船舶船型、标准化托盘和包装基础模数。

6. 推动物流业提质增效,降低物流综合成本

推进物流基础设施网络建设,研究制定2021—2025年国家物流枢纽网络建设实施方案,继续实施示范物流园区工程,布局建设一批国家骨干冷链物流基地;培育骨干物流企业,鼓励大型物流企业市场化兼并重组;提高现代供应链发展水平;加快发展智慧物流;积极发展绿色物流。

从企业层面来说:

1. 通过采用物流标准化降低物流成本

物流标准化是以物流作为一个大系统,制定系统内部设施、机械设备、专用工具等各个分系统的技术标准。物流标准化使货物在运输过程中的基本设备统一规范,如现有托盘标准与各种运输装备、装卸设备标准之间能有效衔接,大大提高了托盘在整个物流过程中的通用性,也在一定程度上促进了货物运输、储存、搬运等过程的机械化和自动化水平的提高,有利于提高物流配送系统运作效率,从而降低物流成本。

2. 通过实行供应链管理,提高对顾客物流服务的管理来降低成本

实行供应链管理不仅要求本企业的物流体制效率化,也需要企业协调与其他企业以及客户、运输业者之间的关系,以实现整个供应链活动的效率化。

3. 借助于现代信息系统降低物流成本

要实现企业与其他企业之间的效率化交易,必须借助现代信息系统的构筑,尤其是利用互联网等高新技术来完成物流全过程的协调、控制和管理,实现从网络前端到终端客户的所有中间过程的全程服务。

4. 从流通全过程的视角来加强物流成本的管理

对于一个企业来讲,控制物流成本不仅应追求本企业的物流效率化,还应考虑从产品制成到最终用户整个流通过程的物流成本效率化,物流设施的投资和建设要视整个流通渠道的发展和要求而定。例如,有些厂商是直接面对批发商经营的,因此,很多物流中心与批发商物流中心为一体,从事大批量的商品输送。然而,随着零售业界便民店、折扣店的迅速发展,客户要求厂商必须适应这种新型的业态形式,开展直接面向零售店铺的物流活动。在这种情况下,原来的投资有可能沉淀,同时还要求建立新型的符合现代物流发展要求的物流中心或自动化的设备。因此,虽然对于企业而言,物流成本增加了,但从整个流通过程来看,却大大提高了物流绩效。

5. 通过效率化的配送降低物流成本

满足用户的订货要求,短时间、正确的进货体制是企业物流发展的客观要求。但是,随着多频度、小单位配送要求的发展,要求企业采取效率化的配送,这就必须重视配车计划管理,提高装载率以及车辆运行管理。

6. 通过削减退货来降低物流成本

退货成本也是企业物流成本中一项重要的组成部分,往往占有相当大的比重。这是因为随着退货会产生一系列的物流费,退货商品损伤或滞销而产生的经济费用以及处理退货商品所需的人员费和各种事务性费用。

任务四 物流成本的相关理论学说

深化物流成本的理论研究并将其与实践密切结合,对于更好地认识物流成本管理的规律、不断推进物流成本管理工作、提升物流成本管理水平具有重要意义。本节主要介绍物流成本的相关理论学说。

一、"黑大陆"学说

1. 简介

由于物流成本管理存在的问题及有效管理对企业的盈利和发展有重要的作用,1962年世界著名的管理学权威彼得·德鲁克指出:"流通是经济领域里的黑暗大陆。"德鲁克泛指的是流通。但是,由于流通领域中物流活动的模糊性尤其突出,是流通领域中人们更加认识不清的领域,所以"黑大陆"的说法现在主要针对物流而言。

2. "黑大陆"

"黑大陆"主要是指尚未认识、尚未了解的领域。如果理论研究和实践探索照亮了这块黑暗大陆,那么出现在人们面前的可能是一片不毛之地,也可能是一片宝藏之地。"黑大陆"学说是对20世纪经济学界存在的愚昧认识的一种批驳和反对,指出在市场经济繁荣和发达的条件下,科学技术、经济发展都没有止境。"黑大陆"学说也是对物流本身的正确评价:这个领域未知的东西还很多,理论与实践都还不成熟。

3. 原因

物流成本被看作"黑大陆",其中一个原因是在财务会计中把生产经营费用大致划分为生产成本、管理费用、营业费用、财务费用,然后再对营业费用按各种支付形态进行分类。这样,在利润表中所能看到的物流成本在整个销售额中只占极少的比重,物流的重要性当然不会被认识到。

4. 作用

"黑大陆"学说是一种未来学的研究结论,是战略分析的结论,带有较强的哲学抽象性,这一学说对于研究物流成本领域起到了启迪和动员作用。

二、"物流冰山"理论

1. 简介

物流冰山理论由日本早稻田大学的西泽修教授提出,是指当人们读财务报表时,只注意到企业公布的财务统计数据中的物流费用,而这只能反映物流成本的一部分,有相当数量的物流费用是不可见的。物流成本正如浮在水面上的冰山。

2. 物流冰山

物流冰山是指人们对物流费用的总体内容并不掌握,提起物流费用,大家只看到露出海水的冰山的一角,却看不见潜藏在海水里的整座冰山,海水中的冰山才是物流费用的主体部分。

一般情况下,企业会计科目中只把支付给外部运输、仓库企业的费用列入成本,实际这些费用在整个物流费用中确实犹如冰山的一角。因为,物流基础设施建设费和企业利用自己的车辆运输、利用自己的库房保管货物、由自己的工人进行包装、装卸等费用都没列入物流费用科目内。

一般来说,企业向外部支付的物流费用是很小的一部分,大部分是企业内部发生的物流费用,如图1-2所示。

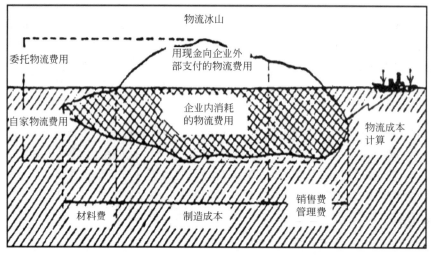

图1-2 物流冰山理论

3. 原因

物流冰山理论之所以成立,有以下三个方面的原因。

(1) 物流会计核算的范围、内容不全面,只涉及部分物流费用。目前,企业日常物流会计核算的范围着重于采购物流、销售物流环节,忽视了其他物流环节的核算。按照现代物流的内涵,物流应包括:供应物流、生产物流、企业内部物流、销售物流、逆向物流等。与此相应的物流费用包括:供应物流费用、生产物流费用、企业内部物流费用等。从核算内容看,相当一部分企业只把支付给外部运输、仓储企业的费用列入专项成本,而企业内部发生的物流费用,由于常常和企业的生产费用、销售费用、管理费用等混在一起,因而容易被忽视,甚至没被列入成本核算。其结果导致物流成本的低估或模糊,影响了会计信息的真实性,不利于相关利益者以及企业内部管理者的决策。

(2) 物流会计信息的披露与其他成本费用的披露混杂。从物流会计信息的披露看,由于物流活动贯穿于企业经营活动的始终,因而对于相关物流费用的核算基本上并入产品成本核算之中,与其他成本费用混合计入相关科目。例如,对于因取得存货而发生的运输费、装卸费、包装费、仓储费、运输途中的合理损耗、入库前的挑选整理费等,作为存货的实际成本核算,进而作为销售成本的一部分从总销售收入中扣除以得到总利润。物流会计信息与其他信息的混杂,致使有关物流的数据信息需从相关会计信息中归纳,过程复杂且数据的时效性差,不利于物流管理和绩效的评价。

(3) 部分物流费用是企业间接费用的一部分,其分配方法依然沿用传统会计方法。随着物流费用对企业利润贡献的加大,传统会计方法核算中,间接费用依据生产过程中的直接人工工时或机器工时的分配不仅歪曲了产品、服务成本,不利于生产业绩的考核、评价,而且高级管理人员基于这些数据所做的决策也是不正确的。

三、第三个利润源学说

第三个利润源的说法是日本早稻田大学的西泽修教授在1970年提出的。

人类历史上曾经有过两个大量提供利润的领域。

在生产力相对落后、社会产品处于供不应求的历史阶段,由于市场商品匮乏,制造企业无论生产多少产品都能销售出去,于是就大力进行设备更新改造、扩大生产能力、增加产品数量、降低生产成本,以此来创造企业剩余价值,即"第一个利润源"。

当产品充斥市场,转为供大于求,销售产生困难时,也就是第一个利润源达到一定极限、很难持续发展时,便采取扩大销售的办法寻求新的利润源。人力领域最初是廉价劳动,其后则是依靠科技进步提高劳动生产率,降低人力消耗或采用机械化、自动化来降低劳动耗用,从而降低成本,增加利润,即"第二个利润源"。

然而,在前两个利润源潜力越来越小,利润开拓越来越困难的情况下,物流领域的潜力被人们所重视,于是出现了西泽修教授的第三个利润源学说。第三个利润源是对物流潜力及效益的描述。经过半个世纪的探索,人们已肯定这"黑暗大陆"虽不太清晰,但绝不是不毛之地,而是一片富饶之源。

这三个利润源是着重开发生产力的三个不同要素:第一个利润源的挖掘对象是生产力中的劳动对象;第二个利润源的挖掘对象是生产力中的劳动者;第三个利润源的挖掘对象则是生产力中劳动工具的潜力,同时注重劳动对象与劳动者的潜力,特别是物流管理的效能潜力,因而更具全面性。

四、效益背反理论

效益背反是指物流的若干功能要素之间存在损益的矛盾,即某一功能要素的优化和利益发生的同时,必然会存在另一个或几个功能要素的利益损失,反之也是如此。这是一个此消彼长、此盈彼亏的现象,虽然在许多领域中这种现象都是存在的,但在物流领域中,这个现象似乎更为突出。

效益背反是物流领域中的普遍现象,包括物流成本与服务水平的效益背反和物流各功能活动的效益背反。

1. 物流成本与物流服务水平的效益背反

高水平的物流服务是由高水平的物流成本做保证的,在没有较大的技术进步的情况下,物流企业很难做到既提高物流服务水平,同时也降低物流成本。一般来讲,提高物流服务水平,物流成本就会上升,两者之间存在效益背反。通常情况下,物流服务水平与物流成本之间并非呈线性关系,如图1-3所示。

用户总希望少付费用而满足自己所有的服务要求,而供应商则希望在提供高质量服务的同时能够得到高效益回报。这两个矛盾逻辑上服从二律背反规律。一般来讲,高质量的商品一定是与较高的价格相关联的,提高质量要求,价格随之上升;优质物流服务与物流成本相关联,提高物流服务水平,物流成本随之上升。既要充分考虑压价对服务质量的影响,同时还要充分考虑物流成本对价格的影响,否则,有可能导致服务水平的下降,最终损害用户和企业双方的整体利益。

2. 物流各功能活动的效益背反

对物流企业来说,为了降低成本,减少库存、降低保管费用是一个有效的途径,但是如果大量地减少库存,可能导致企业的断货或缺货,势必影响顾客响应速度,有时可能不能满足客户或顾客的要求,从而导致企业违约等方面的成本,达不到企业的经营宗旨,影响企业的声誉,这对企业的发展是不利的。为了大幅度提高顾客响应速度,提高企业的柔性化,减少企业的缺货率,就要大幅度地增加库存,这样就会大幅度地增加企业的成本,如图1-4所示。

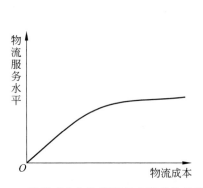

图1-3 物流成本与物流服务水平的效益背反

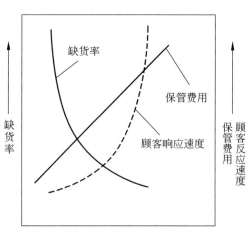

图1-4 物流各功能成本之间的效益背反

在物流功能之间,一种功能成本的消减会使另一种功能成本增多,这就要求必须从总成本出发,以系统的角度看问题,追求整个物流系统总成本的最低。

实训　国内外物流成本现状调研

实训目标:了解国内外物流成本的现状。

实训内容:通过查阅资料,了解国内外物流成本的现状,并对我国和国外发达国家的物流成本进行对比。

实训要求:以个人为单位完成任务。

实训环境:综合实训室。

实训报告:提交实训报告书。

学习总结

本项目主要介绍了物流成本及其管理、降低物流成本的途径、物流成本领域的相关理论学说四大方面的基础知识。

本项目的核心是社会物流成本和企业物流成本的构成,关于物流成本理论学说、物流成本性态和物流成本管理观念等知识,最为重要的是如何把该知识宣传贯彻到企业的作业层面,让从事物流作业的每个员工都能运用这些知识服务于自己的作业和作业管理工作,用知识武装自己,为提高物流管理的效率和效益服务,这是每个学习者要思考的问题。

学习测试

一、单项选择题

1. 将物资从供给地向需求地转移的过程,称为( )。
   A. 转移　　　　　　B. 流动　　　　　　C. 移动　　　　　　D. 物流
2. 物流成本指( )。
   A. 物流收益
   B. 物流价值
   C. 物流价格
   D. 物流活动中所消耗的物化劳动和活劳动的货币表现
3. 物流成本的削减对( )具有乘数效应。
   A. 企业利润的减少　　　　　　B. 企业资产的增加
   C. 企业利润的增加　　　　　　D. 企业资产的减少
4. 降低物流成本是企业的( )。
   A. 第一个利润源泉　　　　　　B. 第二个利润源泉
   C. 第三个利润源泉　　　　　　D. 第四个利润源泉
5. 著名的管理学权威彼得·德鲁克曾经讲过,( )是经济领域里的黑暗大陆。
   A. 仓储　　　　　　B. 运输　　　　　　C. 流通　　　　　　D. 配送
6. 效益背反理论主要包括( )与物流服务水平的效益背反和物流各功能活动的效益背反。
   A. 物流收益　　　　B. 物流价值　　　　C. 物流价格　　　　D. 物流成本

二、多项选择题

1. 进行物流成本管理的意义体现在( )。
   A. 提高企业的竞争力　　　　　　B. 为社会节省大量的物质财富
   C. 不利于调整商品的价格　　　　D. 增加国家资金积累
2. 一般而言,社会物流费用一般指( )。
   A. 运输费用　　　　B. 工资　　　　　　C. 管理费用　　　　D. 保管费用
3. 按物流成本是否具有可控性,将物流成本分为( )。
   A. 可控成本　　　　B. 不可控成本　　　C. 变动成本　　　　D. 固定成本

4. 按照物流成本与业务量之间的关系,可将物流成本分为(　　)。
   A. 可控成本　　　B. 不可控成本　　　C. 变动成本　　　D. 固定成本
5. 下列属于物流成本中重要学说的是(　　)。
   A. 黑大陆学说　　　　　　　　B. 物流冰山理论
   C. 第三个利润源　　　　　　　D. 效益背反理论

三、判断题

1. 物流成本以物流活动的整体为对象。　　　　　　　　　　　　　　　(　　)
2. 降低物流成本可以以牺牲物流服务质量为条件。　　　　　　　　　　(　　)
3. 加强物流成本管理可以改进企业的物流管理水平。　　　　　　　　　(　　)
4. 对于"第三个利润源"学说,第三个利润源的挖掘对象是生产力中的劳动者。(　　)
5. 人们对物流的关心首先应该从关心物流成本开始。　　　　　　　　　(　　)

项目二

物流成本核算

学习目标

知识目标:
(1) 了解物流成本核算的目的。
(2) 理解物流成本核算的原则。
(3) 掌握物流成本核算的程序。
(4) 掌握物流成本核算的方法。

能力目标:
(1) 能运用传统成本核算方法对物流成本进行核算。
(2) 能运用作业成本法进行物流成本核算。

素质目标:
(1) 具有踏实严谨的工作作风。
(2) 具备具体问题具体分析的能力。
(3) 具有较强的竞争意识和风险意识。

学习导图

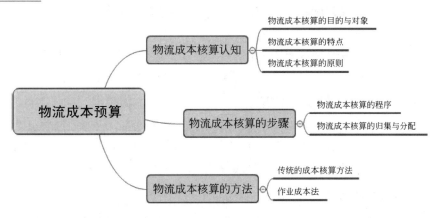

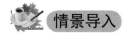

完善物流成本核算管理的思路

物流成本制度创新,拓宽了物流成本的核算范围。物流成本的概念的拓展体现为企业物流成本不仅包括物流活动的各种耗费,还应该考虑资金占用的成本,主要是库存占用资金的利息,实践中还应考虑因库存期过长造成的商品贬值、报废等,尤其是属于产品更新快、竞争激烈的行业的企业,如电子、电器、汽车等。此外,物流成本中还应包含资金周转速度的内涵,如存货周转率等指标,才能真正反映物流实际成本。

以成本会计为基础,完善物流成本的分类。物流成本的分类可按物流领域、支付形态、物流功能、归属标的、成本性质及营运管理等标准划分。可以在合理利用现行成本会计工作成果的基础上,拓宽物流成本的分类方法,将其分为直接成本、间接成本和日常费用三大项。直接成本是为完成物流工作而引起的费用,运输、仓储、原料管理、订货处理以及库存的某些方面的直接费用,是能从传统的成本会计中提取出来的。间接成本是难以割舍的费用,是作为一种物流运作的资源分配的结果,一般是在固定的基础上分摊的。间接成本和日常费用的归属方式加入了会计师的猜测和估计。

以成本核算为基础的传统会计方法仍是首选的核算技术,因为仅仅为了方便企业物流成本的计算,就立即完全放弃已比较成熟的财务会计制度,显然是不可能的,也是不必要的。但是,由于其对企业物流成本的计算是不完全的,甚至影响了物流合理化的发展,我们有必要引入一种属于更广泛的完全成本法范畴的成本核算方式:作业成本法。

企业将所有与完成物流功能有关的成本纳入以作业为基础的成本分类中,将间接成本和日常费用等资源成本正确地分摊到各类作业上,进而计算出物流服务的成本,作为成本控制的标准。总之,一项特殊的成本除非是置于物流组织管理控制下的,否则不应分配给物流因素。

资料来源:赵钢.物流成本分析与控制[M].北京:清华大学出版社,2011.

任务一　物流成本核算认知

物流成本核算就是按照国家有关的法规、制度和企业经营管理的要求,对物流服务过程中实际发生的各种劳动耗费进行计算,提供真实、有用的物流成本信息。

一、物流成本核算的目的与对象

企业物流成本核算的目的是对企业物流成本现状进行分析,从而控制物流活动的耗费,降低物流成本。由于物流活动贯穿于企业经营活动的始终,因此,明确物流成本核算的内容对物流成本的分析与控制具有非常重要的意义。

1. 物流成本核算的目的

只有正确地核算企业物流成本,明确物流成本的真实内容,才能使沉在水面下的物流费用浮出水面,正确归集和分配与物流相关的费用,从而有针对性地在维持一定物流服务水平的前提下开展降低物流成本的活动。

物流成本核算的目的具体可分为以下几个方面。

(1) 增强员工物流成本意识。物流成本核算的开展是需要企业员工理解和配合的,企业员工的参与是保证物流成本核算顺利开展的基础和条件。通过对企业物流成本的全面计算,弄清楚物流成本的高低与构成情况,使员工对物流成本有全面、深刻的认识,增强对物流成本管理的意识,从而提高企业内部对物流重要性的认识。通过物流成本核算,企业各部门可清楚地了解到物流成本的支出及在企业成本中所占的比重。

(2) 为物流经营决策提供依据。物流成本是高是低,需要进行对比,若要对比就需要提供真实、全面的数据资料,即要对物流成本的各项成本进行全面的核算,通过和行业对比、和国外企业对比、和企业历史资料对比等,找到企业物流成本管理中存在的问题,进而提出改进的方案,达到降低物流成本的目的。

(3) 评价物流成本预算的执行情况。根据核算的物流实际成本与本期的预算成本进行对比,分析本期物流成本控制工作的质量。如果物流实际成本小于物流预算成本,说明物流活动中成本控制做得较好;如果物流实际成本大于物流预算成本,说明物流活动中成本控制没有做好,需要找到原因进行改进。物流实际成本与物流预算成本的比较也可以作为评价某一部门业绩的依据。

2. 物流成本核算的对象

物流成本核算的对象是指企业或成本管理部门为归集和分配各项成本费用而确定的,以一定时间和空间范围为条件而存在的成本核算实体。

物流成本的归集与核算,取决于物流成本对象的选择。物流成本核算对象的选取方法不同,核算出的物流成本结果也将不同。若物流成本对象选取不正确,会导致物流成本核算的模糊、混乱,失去物流成本核算的意义。因此,在核算物流成本或收集相关数据之前,必须明确物流成本的核算对象,否则物流成本的核算就失去了准确性与必要性。确定成本核算对象是物流企业设置物流业务成本明细账、归集和分配物流业务费用、计算物流业务成本的基本前提,是正确进行物流成本核算的基础。

物流成本核算的对象可分为如下几类。

(1) 以某一产品为核算对象,计算产品成本中物流成本的大小。
(2) 以某一物流部门为核算对象,以此评价物流部门的成本控制质量。
(3) 以某种物流功能为核算对象,弄清完成某项物流功能花费的物流成本。
(5) 以某一地区为核算对象,了解不同地区的物流成本支出情况。
(6) 以企业全部物流活动为核算对象,核算企业物流总成本支出。
(7) 以某一物流设备和工具为核算对象。
(8) 以某一物流成本项目为核算对象。

根据物流成本核算的不同目的,所选取的核算对象也不一样。

二、物流成本核算的特点

与产品成本核算相比,企业物流成本核算的特点可以归纳为以下五个方面。

1. 核算目的是为管理活动提供依据

物流成本核算本身不是目的,而是为了加强企业经营管理特别是为物流成本的控制和优化等管理活动提供数据支持,进而为企业的成本利润预测和生产经营决策提供依据。通过物流成本核算能提高人们对物流成本重要性的认识,发现物流经营活动中的问题,促进物流管理水平的提高,否则,就会陷入一种不核算、不了解、不重视、不控制的恶性循环中,不利于企业降低物流成本,挖掘"第三个利润源泉"。

2. 核算数据不精确

由于物流成本的隐蔽性、分散性等特点,在核算过程中不可能将每个细节都分析得十分清楚。另外,作为物流成本核算前提的数据资料不仅包括会计核算提供的实际经营费用,还包括有关的统计数据技术测算的数据等,特别是隐性成本的数据资料来源不可能从现存会计资料中获得,必须经过行业统计测算,制定有关标准,再由企业有关人员根据企业自身的具体情况做适当调整,以此为标准核算隐性成本,所以其核算的数据结果往往不精确。

3. 核算标准不统一

由于不同企业的经营项目与物流模式不同,因而成本项目也不同,核算的内容与方法可以由企业根据实际需要和具体条件自行确定,其目的是削减物流成本,提高企业经济效益。而在《企业物流成本构成与计算》发布实施前,各企业对物流成本的核算和控制是分散进行的,各企业根据自己不同的理解和认识来把握物流成本,不同企业对物流成本内涵的理解、物流成本核算方法的运用各不相同,这不仅对企业自身物流成本管理产生影响,而且使企业间物流成本可比性不强。尽管《企业物流成本构成与计算》已发布实施,企业物流成本的核算有了统一、明确的依据,但系统的物流成本管理工作才刚刚启动,许多企业并未真正掌握该标准的核心。因此,物流成本核算标准的统一尚需一段时间。

4. 核算对象复杂

企业物流成本核算的对象不是单一的产品成本,而是适应企业经营管理需要的各种不同成本,以产品为核心的成本核算方法是现代会计制度的基础,在该方法下,企业物流成本被分散在各个职能部门中。

5. 核算成本高

企业物流成本涉及的范围广、环节多,而现行会计制度通常将一些应计入企业物流成本的费用计入产品成本中核算。例如,采购环节发生的运输费、装卸费、包装费、仓储费,运输途中的合理损耗等被计入材料采购成本,并随这些材料的消耗计入产品成本或期间费用,而材料的存储费用等则计入管理费用;制造过程中发生的物流费用被计入制造费用并最终分配计入产品成本;销售环节的物流费用与营销费用被计入销售费用;在商品退货以及处理废弃物等环节发生的有关费用则被计入管理费用的其他业务成本等科目。这种物流信息与其他信息的混杂,使物流成本在具体分离时存在很大的操作困难。另外,还存在一个制度规范的问题,所以核算成本较高。

三、物流成本核算的原则

为提高企业物流成本核算的质量,发挥成本核算的作用,在核算企业物流成本时,除应遵循成本会计工作的基本原则外,还应遵循以下五个原则。

1. 真实性原则

真实性原则是指在物流成本核算过程中,各项数据来源准确可靠,分配标准合理,核算方法得当,其资料能真实反映企业在核算期间的物流费用大小,特别是混合在其他职能活动中的成本和物流隐性成本。混合成本主要是考虑其分配方案,要能符合企业运作的实际情况;而对于隐性成本的核算,关键是核算方法的选择,方法合理,核算的结果自然就真实可靠。

启示:党的二十大报告指出,秉持真实亲诚理念和正确义利观,加强同发展中国家团结合作,维护发展中国家共同利益。

同时物流企业的经营过程中,也要秉持真实亲诚理念,义利合一,讲究数据的真实性,我们做人的道理亦是如此。

2. 系统性原则

由于企业物流成本是各功能的成本之和,而这些功能成本之间又相互影响,甚至效益背反。所以,在核算企业物流成本时,不能单独核算某一功能或几个功能的成本,或者直接让各功能系统核算各自的物流成本,然后简单相加。企业必须站在战略层面上进行物流成本的核算,用系统的观点妥善处理系统间的矛盾和冲突,这样才能做到全面、完整地反映企业物流成本。

3. 一致性原则

一致性原则要求企业物流成本的核算对象、成本项目、核算方法、口径等前后期一致,以使各个期间核算的物流成本具有可比性,以提高成本信息的利用程度。

4. 实效性原则

物流成本核算的目的是控制、优化、降低企业物流总成本,为企业管理部门提供决策的数据支持,所以要及时向管理部门提供有关成本构成、分布、变化等相关数据。如果数据滞后,则不能提供决策支持,核算也就失去了意义。

5. 逐步完善原则

对多数企业而言,在正常的产品成本核算体系之外,建立物流成本核算体系尚属初步尝试阶段,系统科学的物流成本核算体系尚未真正建立,这需要一个逐步建立和健全的过程。逐步完善原则是指物流成本核算必须结合企业的具体情况,如企业的性质、规模、产品结构、人员素质、物流运作水平以及外部环境等的变化情况,逐步完善自己的核算制度和方法。

任务二 物流成本核算的步骤

一、物流成本核算的程序

物流成本核算的程序一般是指对企业在生产经营过程中发生的各项物流费用,按照成本核算的要求,逐步进行归集和分配,最后计算出各项期间费用、物流总成本和各种成本对象的物流成本的基本过程。根据前述的物流成本核算原则、要求和费用的分类,可将物流成本核算的一般程序归纳如下。

1. 明确物流范围

明确物流范围是进行物流成本计算的前提。人们通常所讲的物流有:供应物流,原材料从供应商转移到工厂的物流；生产物流，从工厂的原材料购进入库起，直到工厂成品库的成品发送为止的物流；销售物流，从仓库到客户的物流；回收物流，不合格物品的返修、退货及伴随货物运输或搬运中的包装容量、装卸工具及其他可再用的旧杂物等，经过回收、分类、再加工、使用的流动过程；废弃物流，对生产过程中的副产物及生活中的废弃物进行收集、分类、加工、包装、搬运、处理过程的过程。物流的范围很广阔，所以，从哪里开始到哪里为止，作为物流成本的计算对象，会引起物流成本发生很大的变化。

2. 确定物流功能范围

物流功能范围是指在运输、保管、配送、包装装卸、信息管理等众多的物流功能中选择某种物流功能作为计算对象。可以想象，把所有的物流功能作为计算对象的成本与只把运输和保管这两种功能作为计算对象所得到的成本相差悬殊。

3. 审核原始记录

成本核算是以有关的原始记录为依据的，如计算材料费用的领料单或领料登记表，计算工资费用的考勤记录和业务量记录等。为了保证成本核算的真实、正确和合法，成本核算人员必须严格审核有关的原始记录，审核其内容是否填写齐全、数字计算是否正确、签章是否齐全、费用应不应该、所耗费用的种类和用途是否符合规定、用量有无超过定额或计划等。只有审核无误的原始记录才能作为成本计算的依据。

审核原始记录要对企业发生的各项支出进行严格的审核和控制，并按照国家的有关规定确定其应否计入物流成本，以及应计入生产成本还是期间费用。也就是说，要在对各项支出的合理性、合法性进行严格审核、控制的基础上，对不符合制度和规定的费用以及各种浪费、损失等加以制止或追究经济责任。

4. 确定成本计算对象

成本计算的过程，就是按照一定的成本计算对象分配归集物流费用的过程。成本计算对象是指成本计算过程中归集、分配物流费用的对象，即物流费用的承担者。成本计算对象不是由人们主观随意规定的，不同的生产经营类型从客观上决定了不同的成本计算对象。企业可以根据自己生产经营的特点和管理要求的不同，选择不同的成本计算对象来归集、分配物流费用。确定成本计算对象，是设置成本明细账、分配物流费用和计算物流成本的前提。不同的成本计算对象，也是区分不同成本计算方法的主要标志。

5. 确定成本项目

为了正确反映成本的构成，必须合理地规定成本项目。成本项目要根据具体情况与需要设置，既要有利于加强成本管理，又要便于正确核算物流成本。企业一般应设置直接材料、燃料及动力、直接人工和间接费用等成本项目。在实际工作中，为了使成本项目更好地适应企业的生产经营特点和管理要求，企业可以对上述成本项目进行适当的调整。在规定或者调整成本项目时，应考虑以下几个问题。

（1）各项费用在管理上有无单独反映、控制和考核的需要。

（2）各项费用在物流成本中所占比重的大小。

（3）某种费用专设成本项目所增加的核算工作量的大小。

对于管理上需要单独反映、控制和考核的费用，以及在物流成本中所占比重比较大的费用，应设成本项目；否则，为了简化成本核算工作，不必专设成本项目。

6. 处理跨期费用的摊提工作

跨期费用是指按照权责发生制原则,虽在本期支付但应由本期和以后各期共同负担的物流费用,以及本期尚未支付但应由本期负担的物流费用。对于这类物流费用,在会计核算上采用待摊或预提的办法处理。将在本月开支的成本和费用中应该留待以后月份摊销的费用,计入待摊费用;将在以前月份开支的待摊费用中本月应摊销的成本和费用,摊入本月成本和费用;将本月尚未开支但应由本月负担的成本和费用,预提计入本月的成本和费用。

7. 进行成本归集和分配

将应计入本月物流成本的各项物流费用,在各种成本对象之间按照成本项目进行归集和分配,计算出按成本项目反映的各种成本对象的成本,这是本月物流费用在各种成本对象之间横向的归集和分配。

8. 设置和登记成本明细账

为了使成本核算结果真实、可靠、有据可查,成本计算的过程必须有完整的记录,即通过有关的明细账或计算表来体现计算的全过程。要正确计算各种对象的成本,必须正确编制各种费用分配表和归集的计算表,并且登记各类有关的明细账,这样才能将各种费用最后分配、归集到成本的明细账中,计算出各种对象的成本。

二、物流成本核算的归集与分配

要做到成本归集正确,一是费用划分要正确,如果费用划分错误,应由甲对象负担的费用,误归入乙对象的成本,则成本计算就不可能正确;二是汇总要按一定的程序进行,如果汇总程序错乱,就会发生费用漏记或重记的情况,影响成本计算的正确性。物流成本的分配包括物流成本位置分配和物流成本承担者分配。物流成本位置核算要回答的问题是:在某一核算期内,各个成本位置发生了哪些成本?各是多少?成本位置核算是在成本归集的基础上完成的。通过成本位置核算,还可将不能直接计入最终产品的成本分摊到最终产品上。物流成本承担者在核算时要回答的问题是:在某一核算期内,企业发生了哪些成本?为谁发生的?各是多少?物流成本承担者具有双重任务,一是要对每个效益单位的成本进行评价,二是对核算期内总生产成本进行评价。前者称为单位产品成本核算,后者称为企业经济效益核算。

1. 物流成本归集

物流成本归集是指对企业生产经营过程中所发生的各种物流费用,按一定的对象,如各种产品、作业、各个车间或部门所进行的成本数据的收集或汇总。收集某类成本的聚集环节,称为成本归集点。

对于直接材料、直接人工,应按成本核算对象,如按物流服务的品种、批别、步骤,进行归集。而对于间接费用,则应按发生地点或用途进行归集,然后再计入各成本对象的成本。成本核算对象是指作为企业或成本管理部门,为归集和分配各项成本费用而确定的、以一定时期和空间范围为条件而存在的成本核算实体。

物流成本如何归集与核算,取决于对所评价与考核的成本核算对象的选择。物流成本核算对象的选择,主要取决于物流范围、物流功能范围、物流成本费用范围和物流成本控制等。物流成本核算对象的选择,不仅影响成本核算方法的选择,而且会直接影响物流成本的核算结果。因此，正确地确定物流成本核算对象，是进行物流成本核算的基础。

2. 物流成本分配

物流成本分配是指在有多个物流成本核算对象的情况下，为求得各成本核算对象的成本，对不能直接计入成本核算对象的费用，在按照费用发生的地点和用途归集后，按一定分配标准进行的分配。成本的分配是指将归集的间接成本分配给成本对象的过程，也叫间接成本的分摊或分派。

成本分配要使用某种参数作为成本的分配基础。可供选择的分配基础有许多：人工工时、机器台时、占用面积、直接人工工资、订货次数、采购价值、品种数、直接材料成本、直接材料数量等。

为了合理地选择分配基础，正确分配间接物流成本，需要遵循以下原则。

（1）因果原则。因果原则是说资源的使用导致成本的发生，两者有因果关系，因此应当按使用资源的数量在对象间分摊成本。按此原则，要确定各对象使用资源的数量，如耗用的材料、工时、机时等，按使用资源的数量比例分摊间接物流成本。

（2）受益原则。成本分配的受益原则可以概括为谁受益，谁负担；负担多少，视受益程度而定。这一原则，要求选用的分配标准能够反映受益者受益的程度，谁受益多，谁多承担成本，应按受益比例分摊间接成本。按此原则，成本管理人员要确定间接物流成本的受益者，如房屋维修成本按各部门的面积分摊，广告费按各种项目的业务额分摊等。因果原则看"起因"，受益原则看"结果"，两者是有区别的。

（3）公平原则。公平原则是指物流成本分配要公平地对待涉及的双方。在根据成本确定对外销售价格和内部转移价格时，合理的成本是合理价格的基础，因此计算成本时要对供销双方公平合理。公平是个抽象的概念，不具有可操作性，因此在实务中政府规范或有权威的标准成为公平原则的具体尺度。

（4）承受能力原则。承受能力原则是假定利润高的部门耗用的间接成本大，应按成本对象的承受能力分摊较多的间接物流成本，如按部门的营业利润分摊公司总部的费用。

（5）成本效益性原则。成本分配也要讲究成本效益比，即成本分配本身也是有成本的，而成本分配所带来的效益要远大于成本分配的成本才行。当然这种成本效益比不好计算，这就要求在进行成本分配工作时注意适度，不要将大量的时间和精力放在一些意义不大的数据收集和计算上，而且要注意成本分配带来的效果。

（6）及时性原则。及时性原则是指要及时将各项成本费用分配给受益对象，不要将本应在上期或下期分配的成本费用分配给本期。不及时分配成本费用必然会影响成本的及时计算和计算结果的准确性，也必然会影响成本信息的质量，造成经济决策的失误。

（7）基础性原则。成本分配要以完整的、准确的原始记录为依据，不能凭主观臆断乱分配，更不能故意混乱成本分配秩序，制造虚假成本信息。如果各项基础工作做不好，必然使成本分配工作陷入被动局面。

（8）管理性原则。成本分配要有利于企业加强成本管理。成本是一个综合性指标，既可以用来进行经济预测和决策，又可以用来编制成本计划，考核各部门的业绩，因此提高成本分配的科学性，对提高成本管理水平是极为有利的。

（9）多元性原则。成本分配标准是多元的，成本分配方法是多样化的，成本分配的目的也是多元的。因此在进行成本分配时，要灵活地加以应用，不能固定不变地采用一个分配标准、一种分配方法。成本分配只有遵循多元性原则,才能逐步科学化,才能更好地发挥其应有的作用。

任务三　物流成本核算的方法

物流成本核算方法是指按一定的物流成本对象归集生产经营费用,以便计算出各种产品总成本和单位成本的方法。

一、传统的成本核算方法

最基本的物流成本核算方法有品种法、分批法、分步法。物流成本核算方法的确定,在很大程度上取决于企业生产经营的特点和成本管理的要求。例如,在大量、大批、单步骤物流活动的情况下,只要求将产品的品种作为物流成本核算对象,这种物流成本核算方法就称为品种法。又如,在单件、小批、多步骤的生产情况下,由于物流活动是按照客户的订单组织生产的,因此,产品成本就应该按照订单进行核算,这种物流成本核算方法称为分批法。而在大量、大批、多步骤物流活动的情况下,按照产品的生产步骤核算产品成本的方法称为分步法。

1. 品种法

产品成本核算的品种法是以产品的品种(如劳务作业种类)作为成本核算对象来归集生产经营费用、核算产品成本的一种成本核算方法。这种方法适用于大量、大批、单步骤经营的企业,也可用于不需要分步骤计算成本的多步骤、大量、大批经营的企业。在品种单一的情况下,可采用简单法计算产品成本。在生产经营多品种的情况下,就需要按产品的品种分别设置成本明细账。

对于物流活动的产品成本核算,品种法是一种计算工作比较简单的方法。这个方法一般运用于大量、大批、单步骤的简单生产,如运输作业等。这类生产往往品种单一,采用封闭式生产,月末一般没有在产品。即使有在产品,数量也很少,所以一般不需要将生产经营费用在完工产品与在产品之间进行划分。当期发生的物流费用总和就是该种完工产品的总物流成本。总物流成本除以作业量,就可以计算出该产品的单位成本。在简单法下,生产经营中发生的一切费用都属于直接费用,可以直接计入该种产品成本。

2. 分批法

产品成本核算的分批法是按照产品批别(如劳务作业的批次)归集生产经营费用、计算产品成本的方法。它主要适用于单件、小批量、管理上不要求分步骤计算成本的企业。

分批法成本核算的主要特点如下。

(1)成本核算对象是产品的批别(单件生产为件别)。在小批和单件生产中,产品的种类和每批产品的批量大多是根据用户的订单确定的,因而按批、按件计算产品成本,往往也就是按照订单计算产品成本。因此,这种方法又称为订单法。

(2)在分批法下,为了保证各批产品成本计算的正确性,各批产品成本明细账的设立和结算,应与生产任务通知单的签发和结束紧密配合,因此产品成本计算是不定期的。成本核算期与产品的生产周期基本一致,而与核算报告期不一致。

(3)在分批法下,由于成本核算期与产品的生产周期基本一致,因而在计算月末产品成本时,一般不存在完工产品与在产品之间分配费用的问题。

3. 分步法

产品成本核算的分步法是按照产品的生产步骤归集生产经营费用、计算产品成本的一种方法。它适用于大量、大批、多步骤生产,即适用于多环节、多功能、综合性营运的物流企业。在这类企业中,产品生产可以分为若干个生产步骤,往往不仅要求按照产品品种计算成本,而且还要求按照生产步骤计算成本,以便为考核和分析各种产品及各生产步骤的成本计划的执行情况提供资料。分步法成本核算的主要特点如下。

（1）成本核算对象是各种产品的生产步骤。因此,在核算产品成本时,应按照产品的生产步骤设立产品成本明细账。如果只生产一种产品,成本核算对象就是该种产品及其所经过的各生产步骤,产品成本明细账应该按照产品的生产步骤开立。如果生产多种产品,成本核算对象就是各种产品及其所经过的各生产步骤,产品成本明细账应该按照每种产品的各个生产步骤设立。

（2）由于大量、大批、多步骤生产的产品往往跨月陆续完工,月末各步骤如有未完工的在产品,为核算完工产品成本,需要将归集在生产成本明细账中的生产经营费用在完工产品和在产品之间进行费用分配。

（3）除了按品种核算和结转产品成本外,还需要核算和结转产品的各步骤成本。其成本核算对象是各种产品及其所经过的各个加工步骤。

二、作业成本法

作业成本法(简称 ABC)也称为作业成本会计,是以成本动因理论为基础,通过对作业进行动态追踪,反映计量作业和成本对象的成本,评价作业业绩和资源利用情况的方法,同时也是在产品之间合理分配企业产品制造费用或在物流作业之间合理分配间接物流成本的有力工具。

1. 作业成本法的基本概念

（1）作业。在作业成本法中,作业就是指企业为提供一定量的产品或劳务所消耗的人力、技术、原材料、方法和环境等的集合体,或者说,作业是企业为提供一定的产品或劳务所发生的、以资源为重要特征的各项业务活动的统称。

作业是汇集资源耗费的第一对象,是资源耗费与产品成本之间的连接中介。作业成本法将作业作为成本计算的基本对象,并将作业成本分配给最终产出(如产品、服务或客户),形成产品成本。

一个企业,特别是物流企业,其作业多种多样,十分复杂。从作业成本法角度看,有必要对其进行分类。

① 按成本层次分类。

a. 单位作业。单位作业是可使单位产品受益的作业,如机器的折旧及动力等。这种作业的成本与其产品产量成正比变动。

b. 批别作业。批别作业是可使一批产品受益的作业,如对每批产品的检验、机器准备与调试、原料处理、订单处理等。这类作业的成本与产品的批数成正比变动,而与批量大小无关。

c. 产品作业。产品作业是可使某种产品受益的作业,如对每一种产品编制生产计划、材料清单或变更工程设计等。这种作业的成本与产品产量及批量大小无关，但与产品种类的多少成正比变动。

d. 工序作业。工序作业是计算加工成本的基础。

② 按作业与成本动因的关系密切程度分类。

a. 专属作业。专属作业是只与某产品生产有关的作业。

b. 共同消耗作业。共同消耗作业是与多种产品生产有关的作业。共同消耗作业又可细分为批次动因作业、数量动因作业、工时动因作业和价值管理作业等。

（2）成本动因。成本动因是指导致企业成本发生的各种因素，也是成本驱动因素。它是引起成本发生和变动的原因，或者说是决定成本发生额与作业消耗量之间内在数量关系的根本因素。例如，直接人工小时、机器小时、产品数量、准备次数、订购次数、收取订单数量、检验次数等。

成本动因按其对作业成本的形成及其在成本分配中的作用可分为资源动因和作业动因。

① 资源动因。资源动因也称为作业成本计算的第一阶段动因，主要用在各作业中心内部成本库之间分配资源。

按照作业会计的规则，作业量的多少决定着资源的耗用量，资源耗用量的高低与最终的产品量没有直接关系。资源消耗量与作业量的这种关系称为资源动因。

资源动因反映着资源被各种作业消耗的原因和方式，它反映某项作业或某组作业对资源的消耗情况，是将资源成本分配到作业中的基础。例如，搬运设备所消耗的燃料直接与搬运设备的工作时间、搬运次数或搬运量有关，那么搬运设备的工作时间、搬运次数或搬运量即为该项作业成本的资源动因。

② 作业动因。作业动因也称为作业成本计算的第二阶段动因，主要用于将各成本库中的成本在产品之间进行分配。

作业动因是各项作业被最终产品消耗的原因和方式，它反映的是产品消耗作业的情况，是将作业中心的成本分配给产品或劳务对象的标准，是资源消耗转化为最终产出成本的中介。

（3）作业中心与作业成本库。作业中心是成本归集和分配的基本单位，它由一项作业或一组性质相似的作业组成。

一个作业中心就是生产流程的一个组成部分。根据管理上的要求，企业可以设置若干个不同的作业中心，其设立方式与成本责任单位相似。作业中心与成本责任单位的不同之处在于：作业中心的设立以同质作业为原则，是相同的成本动因引起的作业的集合。

由于作业消耗资源，所以伴随作业的发生，作业中心也就成为一个资源成本库，也称为作业成本库。

2. 作业成本法的基本原理

作业成本法的理论基础是成本因素理论，即企业间接制造成本的发生是企业产品生产所必需的各种作业所"驱动"的结果，其发生额的多少与产品产量无关，而只与"驱动"其发生的作业数量相关，成本驱动因素是分配成本的标准。

作业成本法的基本原理是：根据"作业耗用资源，产品耗用作业，生产导致作业的产生，作业导致成本的发生"的指导思想，以作业为成本计算对象，首先依据资源动因将资源的成本追踪到作业,形成作业成本,再依据作业动因将作业的成本追踪到产品,最终形成产品的成本。

3. 作业成本法的特点

作业成本法与传统成本法相比有如下特点。

(1) 作业成本法提供的会计信息,并不追求传统成本会计法下的"精确"计算,只要求数据能够准确到保证制订计划的正确性即可。

(2) 作业成本法有利于企业进行产品成本控制。在产品设计阶段,可以通过分析产品成本动因对新产品的影响,达到降低产品成本的目的;而在产品生产阶段,则可以通过成本系统反馈的信息,降低新产品成本,并减少无价值的作业活动。

(3) 作业成本法可用于分析企业生产能力的利用情况。以成本动因计算的作业量,将能更准确地反映企业实际消耗的作业量水平。如果将作业成本系统建立在标准成本计算法上,将会提高间接成本差异分析的有效性。

(4) 作业成本法可用于制定产品生产种类的决策。产品的开发、减产和停产等决策与企业未来经营活动密切相关,因而企业的未来差量收入和差量成本将变为对决策有用的关键信息。作业成本信息则为预测这些未来成本数据提供了基础。

4. 作业成本法的核算程序

(1) 按工作内容区分不同类型的作业。在企业的生产活动过程中,构成价值链上的业务内容各不相同。在作业成本法下,根据业务内容区分出不同类型的作业,如材料整理准备、机器设备调整准备、机器设备维修保养、产品运送、产品质量检验等。

(2) 分析成本与作业间的关系,确定各项作业的作业动因。在作业成本法下,开展每种作业所发生的成本是按产品生产消耗的作业动因数量分配的,为此要分析成本与作业之间的关系,确定每种作业的作业动因。作业动因是引起某类作业成本发生的活动或因素。例如,材料整理准备作业的成本主要受整理原材料的数量影响,机器设备调整准备作业的成本主要受机器设备调整准备小时数的影响,生产线上产品运送作业发生的成本主要受可能为生产线上运送产品的数量影响等。因此,材料整理数量就是材料整理准备作业的作业动因,机器调整工时就是设备调整准备作业的作业动因,生产线上运送产品的数量就是产品运送作业的作业动因。

(3) 设置成本库并归集资源耗费到作业中心。成本库以作业中心为对象,把具有相同作业动因的作业所耗费的资源归集到一起。这一过程包括以下两个环节。

① 按照资源动因把资源的消耗一项一项地分配到作业。首先,可以通过分析作业所花费的人工时间、人工等级等确定人工成本。其中,直接人工工资可以直接查询获取,间接人工工资则可以通过调查人员数量、所从事作业及人工分布情况获取。

② 把具有相同作业动因的作业合并形成作业中心,再将作业中心各项作业的资源耗费合并加总在一起。

(4) 基于作业成本动因,确定各作业成本库的成本分配率并分配成本。按照两步制分配程序,在归集同质作业成本库后,需要从中选取恰当的作业成本动因,把各作业成本库中的作业成本除以作业动因的单位数,计算出以作业动因为单位的成本分配率,即作业率。接着根据成本对象耗用的作业量和作业率,将作业成本分配到产品或服务中。典型的作业动因包括采购订单份数、验收单份数、检验报告数或时数、零部件储存数、支付次数、直接人工小时、机器小时、调整次数和制造周转次数等。应该说,与传统成本核算法相比,作业成本法因其"相关性"提高而大大提升了成本信息的精确度,从而有利于企业利用成本信息进行管理决策。

实训 物流企业成本核算现状调研

实训目标:了解现代物流企业中常见的物流成本核算存在的问题。

实训内容:让学生具体地调查某一物流企业成本核算的现状,可以通过各种途径调查所需资料,然后针对调查结果分析企业物流成本核算中的问题及改进措施,并将调查结果以调查报告的形式提交。

实训要求:以小组为单位完成任务,每组5~7人,设一名组长。

实训环境:综合实训室。

实训报告:提交实训报告书。

学 习 总 结

本项目主要介绍了物流成本核算的认知、步骤及方法三大方面的基础知识。通过本项目的学习,着重让学生了解当下物流企业成本核算的现状,并运用所学的知识分析企业物流成本核算中的问题及改进措施。

学 习 测 试

一、单项选择题

1. 采用科学方法对发生过的各种物流成本进行计算、归集是物流成本管理的(　　)内容。

　　A. 核算　　　　　B. 预算　　　　　C. 决策　　　　　D. 控制

2. 现在越来越多的企业推行(　　),这是一种进行物流成本归集核算的有效方法。

　　A. 作业成本法　　B. 经验法　　　　C. 数量法　　　　D. 规划论法

3. (　　)是以产品的品种(如劳务作业种类)作为成本计算对象来归集生产经营费用,计算产品成本的一种成本计算方法。

　　A. 作业成本法　　B. 品种法　　　　C. 分步法　　　　D. 分批法

二、判断题

1. 加强物流成本的核算,建立成本考核制度,可以降低物流成本。　　　　　　(　　)

2. 物流成本核算是物流成本管理的中心环节。　　　　　　　　　　　　　　(　　)

3. 通过对企业物流成本的全面计算,弄清楚物流成本的高低与构成情况,使员工对物

流成本有全面、深刻的认识,增强对物流成本管理的意识,从而提高企业内部对物流重要性的认识。（　　）

4.物流成本核算能增强员工的成本意识。（　　）

三、简答题

1.简述物流成本核算的步骤。

2.常见的物流成本核算的方法有哪些?

项目三

物流成本预测与决策

学习目标

知识目标：
（1）了解物流成本预测的概念。
（2）了解物流成本预测的步骤。
（3）掌握物流成本预测的方法。
（4）了解物流成本决策的概念。
（5）了解物流成本决策的步骤。
（6）掌握物流成本决策的方法。

能力目标：
（1）能运用高低点法进行物流成本预测。
（2）能运用学习曲线法进行物流成本预测。
（3）能运用时间序列分析法进行物流成本预测。
（4）能运用回归分析法进行物流成本预测。
（5）能运用量本利法进行物流成本决策。
（6）能运用价值工程分析法进行物流成本决策。
（7）能运用物流成本最低法进行物流成本决策。
（8）能运用差量分析法进行物流成本决策。

素质目标：
（1）具备事前控制能力。
（2）具备解决具体问题的能力。
（3）具备团队合作能力。

学习导图

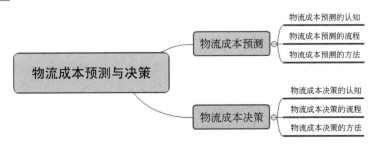

情景导入

物流成本预测与决策是物流成本管理过程中既相互区别又密切联系的两个活动阶段。物流成本预测为物流成本决策提供科学依据。物流成本决策是物流成本管理的关键。美国著名管理学家郝伯特·A.西蒙认为"管理就是决策,决策就是管理"。

面临物流资讯奇缺、物流基建落后、第三方物流公司资质参差不齐的实际情况,国内同行物流成本居高不下,而安利(中国)的储运成本却仅占全部经营成本的4.6%。安利能够实现低成本经营,完全得益于其科学的物流决策。

(1)非核心环节业务外包决策。安利的"店铺+推销员"的销售方式,对物流储运有非常高的要求。安利物流储运系统的主要功能是将安利工厂生产的产品及向其他供应商采购的印刷品、辅销产品等先转运到位于广州的储运中心,然后通过不同的运输方式运抵各地的区域仓库(主要包括沈阳、北京及上海外仓)暂时储存,再根据需求转运至设在各省市的店铺,并通过家居送货或店铺等销售渠道推向市场。与其他公司所不同的是,安利储运部同时还兼管着全国近百家店铺的营运、家居送货及电话订货等服务。所以,物流系统的完善与效率,在很大程度上影响整个市场的有效运作。

(2)仓库半租半建决策。从安利的物流运作模式来看,至少有两个方面是值得国内企业借鉴的。首先,是投资决策的实用主义。在美国,安利仓库的自动化程度相当高;而在中国,很多现代化的物流设备并没有被采用,因为美国土地和人工成本非常高,而中国这方面的成本还比较低。两相权衡,安利弃高就低。正如安利的一位负责人所说:"如果安利在中国的销售上去了,有了需要,我们才考虑引进自动化仓库。"

任务一　物流成本预测

企业要在激烈的竞争中立于不败之地,就必须对未来的状况做出正确的估计,并以这种估计作为决策和计划的客观基础。正所谓"凡事预则立,不预则废",对于企业的物流成本管理工作来说尤为如此。在物流成本管理工作中,物流成本预测具有十分重要的意义。

物流成本预测可以使企业对未来的物流成本水平及其变化趋势做到"心中有数",并能与物流成本分析一起为企业的物流成本决策提供科学的依据,以减少决策过程中的主观性和盲目性。

一、物流成本预测的认知

1. 物流成本预测的含义

预测是针对目前还不明确的某一事物,根据其过去和现在的已知资料信息,估计和推测未来可能出现的状况。

物流成本预测是指依据掌握的经济信息和历史物流成本资料以及物流成本与各种技术经济因素的相互依存关系,采用科学的方法,对企业未来物流成本水平及其变化趋势做出的科学推测和估计。

物流成本预测对被研究对象的发展趋势有指导意义。这种规律性可以被人们所认识和掌握,并据此事先对它们的发展变化进行科学的估计。各种成本预测具有以下三个共同的特征。

(1) 各种成本预测都以不同程度的历史资料为依据。
(2) 各种成本预测都涉及未来。
(3) 各种成本预测都存在不稳定性。

2. 物流成本预测的意义

(1) 物流成本预测为企业物流成本决策提供依据。通过物流成本预测,可以为企业物流成本决策的制定提供大量的数据和资料,特别是有关企业所处的市场环境及其发展变化趋势的资料。

(2) 物流成本预测为确定目标成本打下基础。目标成本的正确制定是以成本预测为依据的,只有在采用科学的方法预测成本的基础上,目标成本的确定才具有实际意义。

(3) 物流成本预测可提高企业的经济效益。经济效益是企业经营活动的根本,提高经济效益是企业经营管理的目标。而做好经营管理的条件之一就是积极做好成本预测工作。

二、物流成本预测的流程

为了保证预测结果的客观性,企业在进行物流成本预测时,通常分为以下几个具体步骤。

1. 确定预测目标

进行物流成本预测,首先要有一个明确的目标。如果没有明确的预测目标,预测工作将会带有很大的盲目性。只有预测目标明确,预测工作才能做到抓住重点、有的放矢,提高预测工作的效率。物流成本预测的目标又取决于企业对未来的生产经营活动欲达成的总目标。物流成本预测目标确定之后,便可明确物流成本预测的具体内容。

2. 收集和审核相关历史资料

资料是预测的依据,有了充分的资料,才能为市场预测提供可靠的数据。物流成本指标是一项综合性指标,涉及企业的生产技术、生产组织和经营管理等各个方面。在进行物流成本预测前,必须尽可能全面地收集和审核相关的资料,注意去粗取精、去伪存真。

3. 选择预测方法

市场预测方法有很多,但并不是每种预测方法都适合所有被预测的问题。预测方法是否选用得当,将直接影响预测的精确性和可靠性。

4. 建立预测模型

在进行预测时,必须对已收集到的有关资料,运用相关的数学方法进行科学地加工处理,建立科学的预测模型,借以揭示有关变量之间的规律性联系。

5. 做出预测结论

这是预测过程的关键阶段。它是在选择预测方法或建立预测模型的基础上,对物流成本未来趋势做出最终的预测结论。

6. 评价与修正预测值

以历史资料为基础建立的预测模型可能与未来的实际状况有一定的偏差,且预测本身就有一定的假定性,因此必须采用一些科学方法对预测的结果进行综合的分析判断,对存在的偏差及时予以修正。

7. 编写预测报告

报告的内容一般包括资料的收集和审核过程、预测方法的选择、预测模型的建立、对预测模型的检验、得出的预测结果、对预测结果的评价、修正的原因与方法、修正预测结果以及其他需要说明的问题等。

物流成本预测的流程如图 3-1 所示。

三、物流成本预测的方法

物流成本预测的方法有很多,具体可以分为两类:一类是以调查为基础的经验判断法,也叫定性预测法;另一类是以统计资料为基础的分析计算法,也叫定量预测法,如图 3-2 所示。

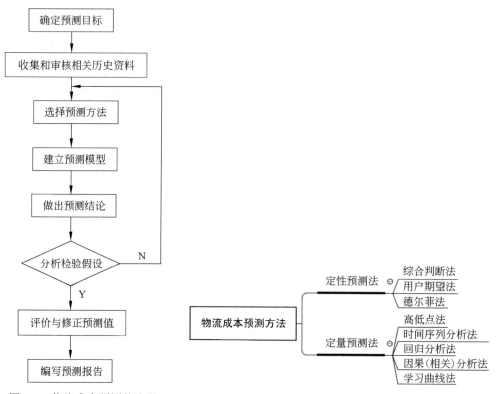

图 3-1 物流成本预测的流程

图 3-2 物流成本预测的方法

1. 定性预测法

定性预测法是预测人员根据已有的历史资料,凭借个人的经验和综合分析、判断能力,对未来成本的变化趋势做出预测。这种方法在缺乏预测资料,影响未来变化趋势的因素复杂而繁多,又难以采用定量分析的方法时采用。它的优点是耗时低,时间短,易于应用。定性预测法主要有以下具体方法。

(1) 综合判断法。该方法是组织若干了解情况的人员,要求他们根据对客观情况的分析和自己的经验,对未来情况做出各自的估计,然后将每个人的预测值进行综合,得出预测结果。该方法的优点是能综合不同个人的知识、经验和意见,得出的预测结果比较全面;其缺点是可能受限于预测者对相关情况的了解。

（2）用户期望法。当企业已经与自己的客户签订了较长期的物流及其他方面的合作协议，或者企业自己的业务对象范围有限、数量不多时，客户对企业未来业务的增长量、变化趋势和成本的期望值就是自己企业未来发展的预测值。企业应及时根据这些期望发展的情况调整各种资源配置，适应未来的发展。

（3）德尔菲法。德尔菲法是以匿名发表意见的方式进行的，即专家之间互不见面、不得互相讨论、不发生横向联系，只与调查人员单线联系，通过多轮次调查专家对问卷所提问题的看法，经过反复征询、归纳、修改，最后汇总成专家大致相同的看法，以此作为预测的结果。德尔菲法的实施程序如图3-3所示。

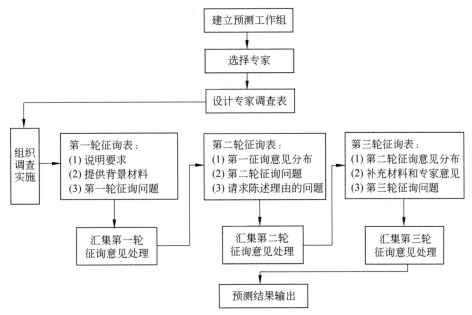

图3-3 德尔菲法的实施程序

2. 定量预测法

定量预测法是借助历史统计资料，运用一定的数学模型，通过计算与分析来确定物流成本的未来发展以及数量方面的变动趋势。定量预测法包括高低点法、时间序列分析法、回归分析法、因果（相关）分析法和学习曲线法。

（1）高低点法。建立直线方程 $y=a+bx$。其中，y 表示一定时期的物流成本，a 表示固定成本，b 表示单位变动成本，x 表示物流业务量，bx 表示全部变动成本。以物流成本历史资料中的物流业务量最高和最低两个时期的物流成本数据为依据，计算出系数 a 和 b，再利用 $y=a+bx$，推算出计划物流业务量下的物流成本水平，具体步骤如下。

① 将最高业务量下的总成本和最低业务量下的总成本进行比较，确定系数 b，计算公式为

$$b=\frac{最高业务量下总成本-最低业务量下总成本}{最高业务量-最低业务量}$$

② 将最高点成本（或最低点成本）、最高点业务量（或最低点业务量）和第一步求得的 b 代入 $y=a+bx$，求出 a，计算公式为

$$a=最高点总成本-bx\ 最高点业务量$$

或

$$a = 最低点总成本 - bx\ 最低点业务量$$

③ 将计划业务量与 a、b 值代入 $y = a + bx$，计算出计划期的物流成本。

注意：当业务量的最高点和成本的最高点不在同一期，业务量的最低点与成本的最低点也不在同一期时，可以以业务量为依据确定最高点和最低点，或者以成本为依据确定最高点和最低点。最高点和最低点确定后，其他数据必须对应。

例 3-1 已知某企业 2024 年 1—6 月物流总成本与配送次数的关系如表 3-1 所示，请用高低点法求解物流总成本与配送次数之间的关系模型。

表 3-1 某企业 2024 年 1—6 月物流总成本和配送次数的关系

月　份	1	2	3	4	5	6
次数/次	6	5	7	8	10	9
总成本/万元	150	130	180	200	240	235

解：
① 选择高低点坐标高点 (10, 240)，低点 (5, 130)。
② $b = (240 - 130) \div (10 - 5) = 22$（万元/次）。
③ $a = 130 - 22 \times 5 = 20$（万元）。
④ 得出成本模型 $y = 20 + 22x$。

(2) 时间序列分析法。按时间顺序（如年、季、月）加以排列，构成数列，从而寻求规律，用来推测同样条件下、同一问题的未来发展状况，这种方法叫作时间序列分析法，也称外推法。它比较适合客观情况变化不大的定量分析。

① 简单平均法。简单平均法将过去几个时期的实际观察数据相加后求其平均值作为预测值。其计算公式为

$$Y = \frac{X_t + X_{t-1} + \cdots + X_{t-N+1}}{N} \quad (t \geq N)$$

例 3-2 某企业 2024 年 1—6 月的仓储成本如表 3-2 所示，请用简单平均法预测 2024 年 7 月的仓储成本。

表 3-2 某企业 2024 年 1—6 月的仓储成本

月　份	1	2	3	4	5	6
仓储成本/千元	44	50	45	60	55	70

解：根据简单平均法的公式求得 2024 年 7 月的仓储成本为

$$Y_7 = (44 + 50 + 45 + 60 + 55 + 70) \div 6 = 54（千元）$$

② 加权平均法。加权平均法是根据每个时期观察值的重要程度，分别给予不同的权数，求出加权平均值作为预测值。其计算公式为

$$Y_{n+1} = \frac{w_1 x_1 + w_2 x_2 + \cdots + w_n x_n}{w_1 + w_2 + \cdots + w_n} = \frac{\sum_{i=1}^{n} w_i x_i}{\sum_{i=1}^{n} w_i}$$

式中,Y_{n+1} 表示第 $n+1$ 期的预测值;x_i 表示第 i 期的实际值;w_i 表示第 i 期的权数;n 表示期数。

例 3-3 远程物流公司 2024 年 7—12 月的运输成本如表 3-3 所示,预测 2025 年 1 月该公司的运输成本。假如给予各期的权数依次为 7、8、9、10、11、12,请计算。

表 3-3 远程物流公司 2024 年 7—12 月的运输成本

月 份	7	8	9	10	11	12	合计
运输成本/万元	116	120	130	122	132	134	754

解:
$$Y_{2021}=\frac{116\times 7+120\times 8+130\times 9+122\times 10+132\times 11+134\times 12}{7+8+9+10+11+12}=126.70(万元)$$

③ 移动平均法。移动平均法是按顺序将组距由前往后移动,产生多个移动平均值,根据这些移动平均值来确定预测值的预测方法。

设实际发生值的时间序列是 X_t,组距为 N,将 X_t 以组距 N 移动求得平均值序列为 M_t,其计算公式为

$$M_t=\frac{X_t+X_{t-1}+\cdots+X_{t-N+1}}{N} \quad (t\geqslant N)$$

例 3-4 已知某零售配送中心 2024 年 1—8 月的配送成本如表 3-4 所示。

表 3-4 某零售配送中心 2024 年 1—8 月的配送成本

月 份	1	2	3	4	5	6	7	8
配送成本/万元	10	12	11	10	8	9	10	12

解: 采用短序列进行预测,取 $N=3$,用简单平均法计算 9 月的预测值。
$$M=\frac{9+10+12}{3}=10.3(万元)$$

④ 指数平滑法。指数平滑法根据近期数据比远期数据对预测的影响更大的情况,而给近期数据较大的权数,具体做法是以本期实际值和预测值为基数,分别给予两者不同的权数,计算出指数平滑预测值作为预测的结果。其计算公式为

$$Y_{t+1}=\alpha X_t+(1+\alpha)Y_t$$

式中,Y_{t+1} 表示下期的预测值;X_t 表示本期的实际值;Y_t 表示本期的预测值;α 表示平滑系数$(0<\alpha<1)$,平滑系数 α 的大小选择:α 值越大,则近期资料的影响越大;α 值越小,则近期资料的影响越小,一般取值为 0.3~0.7。

(3) 回归分析法。回归分析法是把一定时期的实际物流成本变化量填列在坐标图上,其分布会呈现一定的趋势,这一趋势在坐标图上可用一条直线代表,即回归直线。将这条直线延伸,可以用来预测。回归方程为

$$Y=a+bt$$

式中,Y 表示预测销售量;t 表示预测时间序列;b 表示回归直线的斜率;a 表示纵轴截距。

a、b 常数用最小二乘法求出,公式为

$$a = \frac{\sum Y_i}{n}, \quad b = \frac{\sum Y_i t_i}{\sum t_i^2}$$

式中,Y_i 表示各期的销售量;t_i 表示各期的距差(离中差);n 表示资料的期数。

例 3-5 某第三方物流运输企业 1—5 月的实际运输成本如表 3-5 所示,要求以此来预测 6 月的运输成本。

表 3-5 某第三方物流运输企业 1—5 月的实际运输成本

月 份	1	2	3	4	5
运输成本/万元	48	53	57	54	58

解:根据回归分析法步骤,列出表 3-6。

表 3-6 计算过程

月份(n)	运输成本 Y_i/万元	t_i	$t_i Y_i$	t_i^2
1	48	−2	−96	4
2	53	−1	−53	1
3	57	0	0	0
4	54	1	54	1
5	58	2	116	4
合计	270	0	21	10

求得

$$a = 270 \div 5 = 54, \quad b = 21 \div 10 = 2.1$$
$$Y = 54 + 2.1t, \quad Y_6 = 54 + 2.1 \times 3 = 60.3(万元)$$

(4) 因果(相关)分析法。因果(相关)分析法是根据经济现象之间的相互关系进行预测的一种预测方法。其基础预测公式仍然是一元回归公式:

$$Y = a + bX$$

a、b 均为未知参数,它们可用最小二乘法解得,公式为

$$a = \overline{Y} - b\overline{X}, \quad b = \frac{\sum X_i Y_i - \overline{X} \sum Y_i}{\sum X_i^2 - \overline{X} \sum X_i}$$

式中,$\overline{X}$ 表示 X_i 的平均值;$\overline{Y}$ 表示 Y_i 的平均值。

(5) 学习曲线法。学习曲线也称为经验曲线,随着产品累计产量的增加,单位产品的成本会以一定的比例下降。

学习曲线有广义和狭义之分。狭义的学习曲线又称为人员学习曲线,它是指直接作业人员个人的学习曲线。广义的学习曲线是指某一行业或某一产品在其产品寿命周期的学习曲线,是融合技术进步、管理水平提高等许多人努力的学习曲线。

学习曲线法

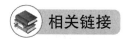

学习曲线

学习曲线法是在飞机制造业中首先被发现的,利用数据和资料为企业经营管理工作提供预测和决策依据的一种方法,是引起非线性成本的一个重要原因。美国康奈尔大学的商特博士总结飞机制造经验得出了学习曲线规律,认为每当飞机的产量积累增加1倍时,平均单位工时就下降约20%,即下降到产量加倍前的80%。商特将累积平均工时与产量的函数称为学习曲线。

学习曲线体现了熟能生巧。学习曲线是分析采购成本、实施采购降价的一种重要工具和手段。学习效果受许多因素的影响,主要如下。

(1) 操作者的动作熟练程度,这是影响学习曲线的最基本因素。

(2) 管理技术的改善,正确的培训、指导,充分的生产准备与周到的服务,工资奖励及惩罚等管理政策的运用。

(3) 产品设计的改善。

(4) 生产设备与工具的质量。

(5) 各种材料的连续供应和质量。

(6) 信息反馈的及时性。

(7) 专业化分工程度。

启示:党的二十大报告指出,加快建设国家战略人才力量,努力培养造就更多大师、战略科学家、一流科技领军人才和创新团队、青年科技人才、卓越工程师、大国工匠、高技能人才。

大国工匠如何而来?其实这就是学习曲线的道理。只有在平时不断的练习,不断的积累,才能熟能生巧,才能成为工匠!

任务二 物流成本决策

物流成本决策是根据物流成本分析与物流成本预测所得的相关数据、结论及其他资料,运用定性与定量的方法,选择最佳成本方案的过程。具体来说,就是以物流成本分析和预测的结果等为基础建立适当目标,拟订几种可以达到该目标的方案,根据成本效益评价从这几个方案中选出最优方案的过程。

物流成本决策不仅是成本管理的重要职能,也是企业生产经营决策体系中的重要组成部分。由于物流成本决策所考虑的是价值问题,更具体地讲,是资金耗费的经济合理性问题,因此物流成本决策具有较大的综合性,对其他生产经营决策起着指导和约束作用。

一、物流成本决策的认知

1. 物流成本决策的含义

物流成本决策者为了达到某种特定的目标,在调查、预测和对物流成本规律性认识的基础上,运用一定的科学方法,从若干可供选择的方案中选出一个令人满意的方案作为未来行动的指南的过程就叫物流成本决策。

2. 物流成本决策的意义

伴随着市场经济的不断发展,物流成本决策对于企业的生存和发展有着越来越重要的作用。

(1)物流成本决策是企业管理体制改革的客观要求。企业自主经营、自负盈亏的性质决定了企业必须对经营结果负责,对企业自身与广大员工负责。

(2)物流成本决策是企业提高经济效益的迫切需要。企业为了增强自身的竞争能力和适应能力,必须不断研究改进物流过程和降低物流成本的方法,不断提高经济效益,并从中求得发展。严格地讲,这一切都有赖于科学的物流成本决策。

(3)物流成本决策是企业内外部环境条件变化的必然结果。一方面,随着生产的社会性愈加强烈,企业外部环境条件处于急剧的变化之中,为了适应这种形势,必须从节约资金耗费的角度来规划企业的活动;另一方面,生产的高技术与大规模越来越明显,生产投资额不断提高,耗费也日渐增加。因此,企业应对自身的物流活动进行合理控制,而这又要依赖于物流成本决策。

(4)物流成本决策是现代化成本管理的重要特征。近年来,管理科学的进步已对成本管理产生了重大影响,人们已经认识到,单一的计划管理和行政手段远远不能满足现代化生产经营管理的需要。应用新理论、采取新方法、更新传统的成本管理方式也就顺理成章。在目前阶段,这种更新最具必要性和可能性的莫过于实施物流成本决策了,这也是现代化成本管理的重要标志。

二、物流成本决策的流程

物流成本决策的流程如图 3-4 所示。

三、物流成本决策的方法

物流成本决策的方法如图 3-5 所示。

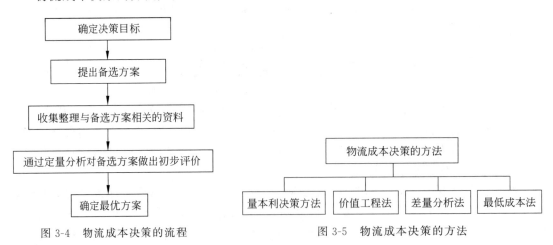

图 3-4 物流成本决策的流程　　　　图 3-5 物流成本决策的方法

1. 量本利决策方法

量本利决策方法也称盈亏平衡分析法,是根据产量、成本、利润三者之间的关系进行盈亏分析的一种数学方法。它是一种简便有效、使用范围较广的定量决策方法,广泛应用于生产方案选择、目标成本预测、利润预测、价格制定等决策问题。

企业的成本可分为固定成本和变动成本。所谓固定成本,是指在一定的生产能力范围内,其总额相对固定,不随产量或销量变化的成本,如办公费、固定资产折旧、管理人员的工资等。固定成本总额不变,而单位产品分摊的固定成本的高低与产量变化成反比。所谓变动成本,是指在一定条件下,其总额随产量或销量的变动而变动的成本,如原材料、产品包装费、生产工人工资等。单位产品可变成本保持不变。产量、成本、利润三者之间的关系如图3-6所示。

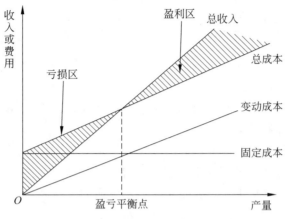

图 3-6 产量、成本、利润三者之间的关系

量本利分析法的基本公式为

$$M = S - C = P \cdot Q - (F + V_a \cdot Q)$$

式中,S 表示销售额;P 表示销售单价;Q 表示产销量;C 表示总成本;F 表示固定成本;$V_a \cdot Q$ 表示变动成本;V_a 表示单位产品变动成本;M 表示利润。

盈亏平衡时 $M=0$,企业不盈不亏,则有

$$Q_0 = \frac{F}{P - V_a}$$

式中,Q_0 表示盈亏平衡点的产量。

其他相关公式如表3-7所示。

表 3-7 其他相关公式

类　　型	公　　式	注　解
成本总额 C	$C = F + V_a \cdot Q$	F:固定成本 Q:产量 V_a:单位变动成本 P:销售单价
销售收入总额 S	$S = P \cdot Q$	
利润 M	$M = S - C$	
盈亏平衡点产量 Q_0	$Q_0 = \dfrac{F}{P - V_a}$	
盈亏平衡点销售额 S_0	$S_0 = P \cdot Q_0$	
盈利目标为 M' 时的产量 Q'	$Q' = \dfrac{F + M'}{P - V_a}$	
盈利目标为 M' 时的销售额 S'	$S' = P \cdot Q'$	

例 3-6 某物流运输企业的固定成本为50万元,单位运价为80元,单位可变成本为40元。

(1) 企业不亏本,最少要完成多少运输量?
(2) 若企业目标利润为 30 万元,企业应完成多少运输量?
(3) 若本年预计运输量为 50 000 吨千米,其利润额或亏损额是多少?

解:

(1) $Q_0 = \dfrac{F}{P-V_a} = \dfrac{500\,000}{80-40} = 12\,500$(吨千米)

(2) $Q = \dfrac{M+F}{P-V_a} = \dfrac{300\,000+500\,000}{80-40} = 20\,000$(吨千米)

(3) $M = P \cdot Q - (F + V_a \cdot Q) = 80 \times 50\,000 - (500\,000 + 40 \times 50\,000) = 150$(万元)

2. 价值工程法(功能成本法)

价值工程法是根据价值工程原理,按功能成本的匹配关系,达到优化成本设计和实现成本控制目的的一种方法。

(1) 价值工程的含义。价值工程是通过各相关领域的协作,对所研究对象的功能与成本进行系统分析和不断创新,旨在提高所研究对象价值的思想方法和管理技术。这里的"价值"定义可以用下面的公式表示:

$$V = \dfrac{F}{C}$$

量本利分析法

式中,V 为价值(value);F 为功能(function);C 为成本或费用(cost)。

价值工程的定义包括以下几方面的含义。

① 价值工程的性质属于一种思想方法和管理技术。
② 价值工程的核心内容是对功能与成本进行系统分析和不断创新。
③ 价值工程的目的在于提高产品的"价值"。若把价值的定义结合起来,便应理解为旨在提高功能对成本的比值。
④ 价值工程通常是由多个领域协作而开展的活动。

(2) 价值工程分析法的特点。

① 以使用者的功能需求为出发点。
② 对所研究对象进行功能分析,并系统研究功能与成本之间的关系。
③ 致力于提高价值的创造性活动。
④ 有组织、有计划、有步骤地开展工作。

(3) 价值工程的一般工作程序。开展价值工程活动一般分为 4 个阶段、12 个步骤,具体流程如表 3-8 所示。

表 3-8 价值工程的一般工作程序

阶 段	步 骤	应回答的问题
准备阶段	(1) 对象选择 (2) 组成价值工程小组 (3) 制订工作计划	价值工程的对象是什么?
分析阶段	(4) 收集整理信息资料 (5) 功能系统分析 (6) 功能评价	该对象的用途是什么? 成本和价值是多少?

续表

阶　段	步　　骤	应回答的问题
创新阶段	（7）方案创新 （8）方案评价 （9）提案编写	是否有替代方案？ 新方案的成本是多少？ 能否满足需求？
实施阶段	（10）审批 （11）实施与检察 （12）成果鉴定	

（4）提高价值的途径。价值工程分析法的目的在于提高产品（服务）的价值，即以相对低的生命周期成本（即生产成本和使用成本之和）确保实现必要的功能。

① 在产品功能不变的前提下，降低成本。

② 在成本不变的前提下，提高产品的功能。

③ 在产品成本略有增加的同时，显著增加产品的功能。

④ 在不影响产品主要功能的前提下，适当降低一些次要功能，或消除不必要功能，从而使成本显著降低。

⑤ 运用科技手段或改变产品结构，采用新工艺、新材料等措施，既提高功能也降低成本。

（5）价值工程分析法的步骤。

① 计算功能评价系数。它反映某零件（工序、物流环节）功能重要程度的三个指标，其计算公式为

$$功能评价系数 = \frac{某零件的功能分数}{全部零件的功能分数之和}$$

② 计算成本系数。它反映当前各零件成本（即当前各零件的单位变动成本）在总成本中所占的比重。其计算公式为

$$成本系数 = \frac{某零件成本}{组成该产品的全部零件总成本}$$

③ 计算价值系数。它反映功能与成本之间的匹配情况，价值系数偏小者，应作为成本控制的重点，其计算公式为

$$价值系数 = \frac{功能评价系数}{成本系数}$$

④ 根据功能评价系数将产品的目标成本在各零件之间进行分配，其计算公式为

$$某零件的目标成本 = 该产品的目标成本 \times 功能评价系数$$

⑤ 计算各零件成本降低额，拟定降低成本的措施。

3．差量分析法

在决策分析中，差量是指不同备选方案之间的差异，差量又分为差量收入、差量成本和差量利润。差量分析是指在充分分析不同备选方案差量收入、差量成本和差量利润的基础上，从中选择最优方案的方法。

价值工程分析法

差量分析法的基本思路如下。

（1）分别计算不同备选方案中物流总成本的数额，并以总成本最低的

方案作为首选方案。

(2) 当要实施某方案时,可以计算方案实施后有哪些物流成本会下降且下降了多少,哪些物流成本会上升且上升了多少。

(3) 用减差法,只要上升的成本数低于下降的成本数,则该方案可取。

4. 最低成本法

最低成本法是进行物流仓储类决策时经常用到的决策方法。企业自建仓库、租赁公共仓库和合同制仓库各有优势,这时的物流仓储成本决策实际上就是对仓储类型的选择,其依据就是选择物流总成本最低的方案。

实训 企业物流成本预测与决策

实训目标:对物流成本预测和决策有一个总体的认识;能够运用不同的预测和决策方法来解决实际问题。

实训内容:W 公司运输车队每年固定成本总额为 60 000 元,为企业内部相关部门提供物流运输服务收费每吨千米 0.5 元,每年的运输量为 200 000 吨千米。

(1) 当单位运输成本为 0.3 元时,计算该运输车队盈亏临界点的业务量和营业额。

(2) 计算该运输车队的单位变动成本应该控制的上限。

(3) 近年来随着原油价格的不断上涨,该车队的单位运输成本最低能控制在每吨千米 0.3 元,试分析这时车队的每吨千米的定价最低是多少。

(4) 若内部的物流单位运输价格不能提高,只能维持每吨千米 0.5 元的价格,单位运输成本最低为 0.3 元,试分析该车队应该将固定成本控制在什么水平。

(5) 若该车队只能将固定成本控制在 50 000 元,单位运价为 0.5 元,单位运输成本为 0.3 元,在这种情况下,车队至少要运输多少吨千米才行。

实训要求:

(1) 确定实训内容,进行具体方案的预测和决策。

(2) 实训以小组为单位,根据班级情况,每组 5~7 人,设一名组长。组员相互协作完成此项实训。

(3) 实训之前,熟悉和掌握相关的知识。

(4) 实训结果在班上交流后分组打印上交。

实训环境:综合实训室。

实训报告:提交实训报告书。

学 习 总 结

本项目主要介绍物流成本预测与决策两大方面的基础知识。

物流成本预测是进行物流成本预算的基础,也是事前管理工作的重要体现。

物流成本预测方法多种多样,有易有难,关键要敢于在实战中使用,并养成良好的使用习惯。

针对不同核算对象和主体核算其盈亏平衡点,有助于提高管理工作的质量,建议重点掌握该方法的使用步骤,做到举一反三。价值工程法是物流成本决策的重要方法,它与实际的物流作业密切相关,建议好好掌握,并着重掌握其应用技术和技巧。

学 习 测 试

一、单项选择题

1.（　　）是根据有关成本数据和企业具体的发展情况,运用一定的技术方法,对未来的成本水平及其变动趋势做出科学的估计。

　　A. 物流成本预测　　B. 物流成本分析　　C. 物流成本决策　　D. 物流成本核算

2. 在物流成本预测的基础上,结合其他有关资料,运用一定的科学方法,从若干个方案中选择一个满意的方案的过程,指的是物流成本管理的(　　)。

　　A. 核算　　　　　　B. 决策　　　　　　C. 预测　　　　　　D. 预算

3.（　　）是借用历史统计资料,运用一定的数学模型,通过计算与分析来确定物流成本的未来发展以及数量方面的变动趋势。

　　A. 定性预测法　　　B. 定量预测法　　　C. 综合判断法　　　D. 专家调查法

4.（　　）是组织若干了解情况的人员,要求他们根据对客观情况的分析和自己的经验,对未来情况做出各自的估计,然后将每个人的预测值进行综合,得出预测结果。

　　A. 综合评价法　　　B. 用户期望法　　　C. 专家调查法　　　D. 比较分析法

二、多项选择题

1. 物流成本预测的方法分为(　　)两大类。

　　A. 定性预测法　　　B. 定量预测法　　　C. 比较分析法　　　D. 专家调查法

2. 定量预测方法可以分为(　　)。

　　A. 高低点法　　　　B. 时间序列分析法　C. 学习曲线法　　　D. 回归分析法

3. 进行物流成本决策的方法有(　　)。

　　A. 量本利分析法　　B. 价值工程法　　　C. 最低总成本法　　D. 差量分析法

三、计算题

1. 已知某仓储公司 2024 年 1—4 季度保管量和物流总成本的资料如表 3-9 所示,请用高低点法求解物流总成本与配送次数之间的关系模型,并计算当保管量为 25 万吨时成本为多少?

表 3-9　某仓储公司 2024 年 1—4 季度保管量和物流总成本资料

季　度	1	2	3	4
保管量/万吨	10	8	5	15
总成本/万元	8	7	4	10

2. 某公司 2024 年全年的采购成本如表 3-10 所示。

表 3-10　某公司 2024 年全年的采购成本　　　　　　　　　　单位：万元

月份	1	2	3	4	5	6	7	8	9	10	11	12
采购成本	200	220	230	260	250	230	260	300	280	290	300	320

(1) 根据上表资料,用简单平均法对2025年1月的采购成本进行预测。

(2) 根据上表资料,用移动平均法对2025年1月的采购成本进行预测($n=3$)。

3. 某仓储企业储存某产品的总固定成本为60 000元,单位变动成本为每件1.8元,储存价格为每件3元。假设某方案带来的保管量为100 000件,问该方案是否可取?保本的保管量是多少?目标利润为30 000元时的保管量是多少?

项目四

物流成本预算

学习目标

知识目标：
(1) 了解物流成本预算的概念。
(2) 理解物流成本预算的步骤。
(3) 掌握弹性预算法。
(4) 理解零基预算法。

能力目标：
(1) 能运用弹性预算法进行物流成本预算。
(2) 能运用零基预算法进行物流成本预算。
(3) 能填报和编制企业业务成本预算表。
(4) 能执行物流成本预算,并监控、分析和评估预算执行效果。

素质目标：
(1) 培养较强的信息搜集和分析能力。
(2) 培养发现及探索问题的能力。
(3) 具备团队合作的职业素养和踏实负责的工作态度。

学习导图

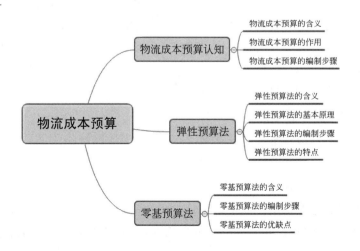

情景导入

物流成本预算离一线作业员工很远吗？答案是否定的。

大多数企业都比较重视物流成本管理的事前控制，就是在物流活动发生前以及物流成本生成前采用科学的手段给未来未知的物流成本限定一个值，该手段主要包括预测、预算以及与之配套的制度等。有了这个标准后，在具体的物流作业中就要严格按照这个标准去执行。

我们通常会认为，预算不是企业领导的事情，就是企业财务部的事情，与一般的作业层面没有什么关系。这种观点是十分错误的。某知名企业在企业预算编制基本要求中明确提出"全员参与、当家理财"的口号，并进一步按照"谁管什么业务谁编制什么预算"的原则布置预算编制工作，充分调动企业全体员工参与预算管理的积极性。预算编制的根据如下。

（1）要编制预算，首先要求所有员工将自己经手的每项物流活动量化为具体的成本和财务数据。这是一项十分重要的技能，只有基于对自己作业的充分了解和熟练掌握，才有可能实现。

（2）该员工必须具有良好的预测能力，拥有过去、现在作业发生的各种数据，并对未来业务的趋势和环境变化具有敏感性，不仅关注自己的作业，还关注上下游作业、企业内外部作业，是一个有责任心的人。

（3）该员工还必须具有良好的成本节约意识和自觉的成本节约行动力，愿意用自己编制的预算约束自己的作业行动。

总之，这样的人才是企业需要的人，也是企业的主人。

任务一　物流成本预算认知

为了控制物流成本，使物流成本保持在一定的水平上，需要在物流活动发生前进行预算控制，从而为今后物流成本的管理提供一定的参考依据和评价准则。

一、物流成本预算的含义

物流成本预算是以货币形式及其他数量形式反映的有关企业未来一定时期内全部物流活动的行动计划与相应措施的数量说明。

物流成本预算通过采用一定的方法在物流活动发生前对物流成本支出进行预算，是对成本的事前控制。物流成本预算包括运输成本的预算、仓储成本的预算、包装费用的预算、配送成本的预算、装卸成本的预算和流通加工成本的预算。

二、物流成本预算的作用

物流成本预算作为物流系统成本计划的数量反映，是控制物流活动的重要依据和考核物流部门业绩的标准。它具有以下几方面的作用。

1. 物流成本预算具有战略性

物流成本预算是对将要发生即未来的物流活动进行成本预测，从而可以掌握未来物流成本状况，对未来物流成本控制具有充分的主动性，进而可以通过预算来监控战略目标的实施进度,这样有助于控制开支。

2. 物流成本预算是建立具体目标的依据

物流成本预算运用货币量度来表达,具有高度的综合能力,经过综合平衡后可以使各级各部门的目标与企业的整体目标一致。企业内部各级各部门之间是相互依存、相互影响的,在工作中只有协调一致才能最大限度地实现企业降低物流成本的总目标。各级各部门只有明确了工作目标,才能促使他们通过各种途径完成各自的责任目标,从而最终实现企业物流成本的总目标。

建立总物流成本预算,然后把总目标分解到企业内部各级各部门。各级物流活动运营部门明确成本管理和控制目标后,根据本部门的具体职责和任务,依据物流成本总目标制定自己部门的物流成本目标,从而控制物流成本,避免了企业各级各部门从本部门的利益出发,增加物流总成本的支出。比如采购部门为了降低本部门的采购成本支出,实行大批量、少次数订货,但增加了仓储部门的任务量,增加了仓储成本。

3. 物流成本预算是进行业绩评价的标准

科学的预算目标可以成为企业对各级各部门进行业绩评价的标准。将各级各部门发生的实际物流成本与预算成本相比较,可以评价部门物流工作的执行情况。物流成本预算在为业绩评价提供参照值的同时,管理者也可以根据预算成本的实际执行结果去不断修正、优化业绩评价体系,确保评价结果更加符合实际,真正发挥评价与激励的作用。

总之,通过物流成本预算可以比较及时和准确地预测物流成本的未来信息,从而使物流成本管理者明确工作的目标和方向,起到评价与激励的作用。

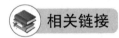
相关链接

凡事预则立,不预则废

凡事预则立,不预则废。"预",意为无论做什么事,事先做足准备,便可取得成功,否则就会失败。

古今之成大事者,必对所成之事做深刻剖析,做到充分准备,方可成功。楚汉相争时,如果没有张良的"运筹帷幄之中",刘邦便无法决胜千里之外;东汉末年,群雄并起,纷乱战争中,如果诸葛亮对每一次战事不做预先准备,无"神机妙算"之能,当今历史中便无"火烧赤壁"之事,更无三国鼎立之说。可见,凡事"预先准备"对其成败具有重要影响。

"凡事预则立,不预则废",自古已矣,至今尤重。科技日新月异、变幻莫测,生活节奏快马加鞭,生存挑战接踵而至。生活压力与日俱增。生活中,总有这样的懊恼:如果我早一点行动,结果会不会不一样;如果之前都安排好,现在就不会这样了;如果我详细了解过,可能就不会发生这样的事了……

"挑战与机遇并存",我们必须事先对事情做充分的分析、对结果进行科学预见,才能正确指导自己的具体行动,促使事情向我们所期望的方向发展。这里的计划不仅仅指当前所要做的工作,还有长远的目标与计划,每一个目标都要有更精细的计划。做事没有计划,结果不是"眉毛胡子一把抓",就是"盲人摸象",只见树木不见森林。对于没有计划的人来说,生活就是"走一步看一步""当一天和尚撞一天钟"。"不预则废",如果只顾眼前的行动,不假思索,不顾长远的结果,必然会给工作和日常生活带来失败与挫折。

启示:凡事预则立,不预则废。一年之计在于春,一日之计在于晨。做出科学的计划,事事未雨绸缪,立刻行动吧,学习和工作将会变得有条不紊、秩序井然。

三、物流成本预算的编制步骤

在编制物流成本预算前,需要收集有关的资料,资料包括以前的成本数据和现在的影响因素等。在对有关资料深入分析的基础上,企业结合自身的特点,采用适当的方法进行成本预测,确定目标成本。根据预测的结果和相关的因素,调整数据,进行试算平衡。财务部应根据试算平衡得到的成本变动幅度及相关资料,拟定各成本责任部门和所属单位成本控制指标。财务部根据每个部门的预算计划,按照业务性质,营运支出,进行综合平衡,编制各项成本预算。

物流成本预算的编制步骤如图 4-1 所示。

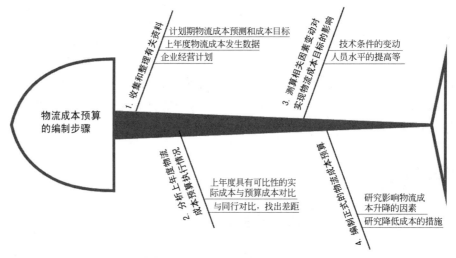

图 4-1 物流成本预算的编制步骤

任务二 弹性预算法

一、弹性预算法的含义

弹性预算法也称为变动预算法或滑动预算法,它是相对固定预算而言的一种预算方法。编制预算的传统方法是固定预算法,即根据固定业务量水平(如产量、运输量、销售量)编制出预算的方法。这种预算的主要缺陷是:当实际发生的业务量与预期的业务量发生较大偏差时,各项变动费用的实际发生数与预算数之间就失去了可比基础。在市场形势多变的情况下,这种偏差出现的可能性极大,因而将导致固定预算失去应有的作用。为了弥补按传统方法编制预算所造成的缺憾,保证实际数同预算数的可比性,就必须根据实际业务量的变动对原预算数进行调整,于是就产生了"弹性预算"。所谓"弹性预算",是指在编制费用预算时,预先估计到计划期内业务量可能发生的变动,编制出一套能适应多种业务量的费用预算,以便分别反映各种业务量情况下开支费用水平。由于这种预算随着业务量的变化而变化,本身具有弹性,因此称为弹性预算。

二、弹性预算法的基本原理

弹性预算法的基本原理是:把成本费用按成本习性分为变动费用与固定费用两部分。由于固定费用在其相关范围内,其总额一般不随业务量的增减而变动,因此在按照实际业务量对预算进行调整时,只需调整变动费用即可。

设固定预算中的费用预算总额为

$$Y = a + bX$$

式中,Y 表示费用预算总额;a 表示固定费用总额;b 表示单位变动成本;X 表示计划业务量。

如果实际业务量为 X',按实际业务量调整后的费用预算总额为 Y',则

$$Y' = a + bX'$$

三、弹性预算法的编制步骤

编制弹性预算时,应按照多种物流经营活动水平和收入、成本、费用与物流经营活动之间的数量关系来编制预算。

1. 选取恰当的业务量计量对象及单位

业务计量对象的选取应以代表性强、直观性好为原则。

2. 确定业务量的变动范围

确定业务量的变动范围应满足其业务量实际变动的需要,确定的方法有以下几种。

(1) 把业务量范围确定在正常业务量的 80%~120%。

(2) 把历史上的最低业务量和最高业务量分别作为业务量范围的下限和上限。

(3) 对预算期的业务量做出悲观和乐观预测,分别作为业务量的上限和下限。

3. 选择弹性预算的表达方式

弹性预算的表达方式主要有列公式法和表法。

例 4-1 某制造厂有三台闲置的机器,生产能力利用率达到 100% 时为 9 300 台时,投资一项学生用钢木小床桌项目,现进行预算编制,为了回避风险,故运用弹性预算法。制造费用预算资料如表 4-1 所示。

表 4-1 制造费用预算资料

项 目	固定费用/元	变动费用/(元/台时)
折旧	10 000	
保险	9 000	
燃油		2.00
原材料		1.00
生产工人工资	13 000	0.35
维修费	1 500	0.10
合计	33 500	3.45

解:

(1) 公式法。从表 4-1 中可以得知:

固定成本费用总额 $a = 10\,000 + 9\,000 + 13\,000 + 1\,500 = 33\,500$(元)

变动成本费用率 $b = 2 + 1 + 0.35 + 0.10 = 3.45$(元/台时)

成本性态模型 $y = a + bx = 33\,500 + 3.45x$

若生产能力利用率为 90%～105% 任意一点上的制造费用预算数(生产能力利用率达到 100% 时为 9 300 台时),即业务量 x 在 8 370～9 765 台时,则制造费用 $= 33\,500 + 3.45 \times 9\,300 = 65\,585$(元)。

(2) 列表法。为了便于费用的分项控制和考核,进一步按照费用项目列出不同业务量水平下的弹性预算表,具体内容如表 4-2 所示。

表 4-2　某制造厂制造费用预算表(2024 年度)　　　　　　　　　单位:元

项　　目	90%～105% 机器台时			
	90%	95%	100%	105%
	8 370	8 835	9 300	9 765
1. 变动费用项目	43 377	44 981	46 585	48 190
燃油	16 740	17 670	18 600	19 530
原材料	8 370	8 835	9 300	9 765
生产工人工资	15 930	16 092	16 255	16 418
维修费	2 337	2 384	2 430	2 477
2. 固定费用	19 000	19 000	19 000	19 000
折旧费	10 000	10 000	10 000	10 000
保险费	9 000	9 000	9 000	9 000
生产制造费用预算数	62 377	63 981	65 585	67 190

根据表 4-2 可知:生产能力利用率达到 90%、机器开动 8 370 台时,制造费用可控制在 62 377 元;生产能力利用率达到 95%、机器开动 8 835 台时,制造费用可控制在 63 981 元,依此类推。

根据预测,如果生产能力利用率为 100% 时,销售收入可达到 108 万元,机器开动 8 370 台时,可使销售收入达到 972 000 元;机器开动 8 835 台时,可使销售收入达到 1 026 000 元。具体内容如表 4-3 所示。

表 4-3　某制造厂利润预算表(2024 年度)　　　　　　　　　单位:元

项　　目	90%～105% 销售收入			
	90%	95%	100%	105%
	972 000	1 026 000	1 080 000	1 134 000
变动成本	43 377	44 981	46 585	48 190
固定成本	19 000	19 000	19 000	19 000
毛利润	909 623	962 019	1 014 415	1 066 810

由表4-3可知,如果企业投资学生用钢木小床桌,生产能力100%地利用,每年可为本企业创造利润1 014 415元,对于一个小企业来说,这是项有利可图的好生意,所以,该制造厂决定投资。

由此可见,小企业如果能够对所要投资的项目事先进行财务预算,可以避免投资的盲目性,增加成功的可能性。而弹性预算简便易行,是一种有利于小企业财务管理工作的好方法。

四、弹性预算法的特点

弹性预算法具有以下特点。

1. 具有较大的灵活性

按弹性预算法编制的预算能够反映预算期内与一定相关范围内的可预见的多种业务量水平相对应的不同预算值,从而扩大了预算的适用范围,便于预算指标的调整。

2. 具有更好的控制作用

由于预算按成本的形态区分为固定成本和变动成本两项,所以在进行成本控制时容易对不同形态的成本特性采取不同的控制方式,有利于在事后细致分析各项费用节约或超支的原因,并及时解决问题,能更好地发挥物流成本控制的作用。

3. 具有简化预算工作的作用

只要各项资源消耗数量、价格等参考资料不变,弹性预算一经编制,便可连续使用。如果其中某些项目的成本发生了变化,只需对其进行调整即可,其他项目成本不变,从而可大大减少工作量,避免了在实际情况发生变化时对预算做频繁的修改。

任务三　零基预算法

一、零基预算法的含义

零基预算法全称为"以零为基础编制计划和预算的方法",是指在编制预算时对于所有的物流成本预算支出均以零为基础,不考虑前期的情况如何,重新研究分析每项预算是否有必要支出和支出数额的大小。

零基预算法不以历史数据为基础,一切预算收支都建立在成本—效益分析的基础上,重新审查每项物流活动对实现企业目标的意义和效果,重新对各项物流活动进行优先次序排列,依据每项物流活动的重要程度和优先次序分配资金和其他资源,以此达到效益最大化。

零基预算过程就是对企业的所有物流活动进行再评价,看看哪些活动的资金应该取消;哪些活动的资金应该增加;哪些活动的资金应该减少;哪些活动的资金应当维持目前的水平等。

由于物流系统的一些改变在企业中是前所未有的,所以在进行相关预算时,没有合适的参考依据,因此只能采用零基预算法。资金和其他资源的分配是根据计划的活动水平确定的,只有通过实践才能证明预算是否正确、合理。

二、零基预算法的编制步骤

零基预算法的编制主要分为以下四个步骤。

1. 编制本单位的费用预算方案

按照企业或物流系统计划的目标和任务，列出在计划期内发生的费用项目，并说明各项费用开支的目的以及需要的具体数额。

2. 进行成本—效益分析，分配资金

对每项费用进行成本—效益分析，根据分析结果对各项费用的轻重缓急进行优先次序排列。根据预算期可动用的资金及其他资源情况，依据项目的轻重缓急次序分配资金，落实预算。

3. 企业中各基层业务独立编制预算

由企业提出总体目标，然后各基层预算单位从企业的总目标和自身的责任目标出发，编制本单位为实现上述目标的费用预算方案，在方案中必须详细说明项目的目的、性质、作用以及需要开支的费用数额。

4. 编制并执行预算

资金分配方案确定后，就制作正式稿件，经审核批准后下达执行。执行中遇有偏离预算的地方要及时纠正，遇有特殊情况要及时修正，遇有预算本身的问题要找出原因，总结经验，不断提高预算水平。

三、零基预算法的优缺点

1. 零基预算法的优点

零基预算法的优点主要体现在以下几个方面。

（1）有利于提高员工的成本控制意识。零基预算法不考虑过去的成本水平，对所有的物流活动成本均以零为起点进行观察和分析。这就需要动员企业的全体员工参与预算编制，这样可剔除物流活动中不合理的因素。有利于调动基层单位参与预算编制的主动性。由于零基预算法不受过去预算的约束，以实际需要为出发点，所以能充分发挥各级费用管理人员的积极性和创造性；而且还能促使各基层单位精打细算，充分调动基层单位参与预算编制的主动性、积极性和创造性。

（2）有利于提高预算管理水平。零基预算法以部门物流活动的需要考虑成本的支出，而不是以人数为准，资金分配合理、经济预算更加切合实际情况。由于资金是分给了物流活动而不是部门或人，这样就大大地增加了物流成本预算的透明度，使各级部门之间的矛盾减少，整个预算的编制和执行也能逐步规范，预算管理水平得以提高。

（3）有利于提高资金使用效率。对每项物流活动都经过成本—效益分析，对各项物流活动发生的合理性、经济性都要进行分析计算，评价出物流项目的重要程度及金额大小，从而使有限的资金流向最重要的物流活动，使所分配的资金得到更加合理、有效的使用，进而提高资金的使用效率。

2. 零基预算法的缺点

零基预算法的缺点主要体现在以下两个方面。

（1）由于零基预算法的一切开支均以零为起点进行分析研究，预算编制的工作量较大、费用较高。

（2）对物流活动及物流费用的评价具有不同程度的主观性。

针对零基预算法的缺点,合理的解决办法是:每 3～5 年编制一次零基预算,以后几年内再做适当调整,以减少浪费,提高预算效率。

实训　企业物流成本预算管理

实训目标:学会运用弹性预算法编制企业的预算表。

实训内容:某运输企业正在编制 2025 年的运输成本预算,由运输车队负责年终进行考核。经过多年的分析,结合 2020 年各项运输成本的数据,确定各项变动运输的变动成本率分别是:燃料费为 0.8 元/吨千米,维修费为 0.5 元/吨千米,轮胎费为 0.6 元/吨千米,其他费用为 0.45 元/吨千米。另外,根据 2024 年实际情况,并考虑预算期的变化因素,确定预算期支付各项固定运输成本的数额如下:运输设备折旧费为 5.5 万元,养路费为 2.2 万元,交通管理费为 3.2 万元,其他固定成本为 1.1 万元。经业务部门预测,公司 2025 年可能完成商品运输任务为 250 万吨千米。

(1)根据上述资料,试编制企业 2025 年度自营运输成本的预算报告。

(2)若 2025 年度运输车队的实际完成业务量高于或者低于 250 万吨千米,范围在 210 万～290 万吨千米,试编制一份运输成本弹性预算报告。

实训要求:以小组为单位完成任务。

实训环境:综合实训室。

实训报告:提交实训报告书。

学习总结

本项目主要介绍物流成本预算认知、弹性预算法、零基预算法三大方面的基础知识。本章的核心是弹性预算法。通过本章的学习,能够运用弹性预算法编制企业的相关预算;掌握预算方法的选取;最重要的是意识到预算的重要性。

学习测试

一、单项选择题

1. 编制预算的传统方法是(　　)。
   A. 弹性预算　　　B. 固定预算　　　C. 差量预算　　　D. 零基预算

2. 弹性预算也称为(　　)。
   A. 变动预算　　　B. 固定预算　　　C. 差量预算　　　D. 零基预算

3. 弹性预算的表达方式主要有列表法和(　　)。
   A. 乘数法　　　　B. 变动法　　　　C. 公式法　　　　D. 作业法

4. (　　)是相对于增量预算而言以零为基础编制预算和计划的方法。
   A. 弹性预算　　　B. 归纳预算　　　C. 滚动预算　　　D. 零基预算

5. (　　)又称连续预算或永续预算,是指预算期为一年,每过去一个月(季、年)就在期末增加一个月(季、年)的预算。

A. 弹性预算　　　　B. 归纳预算　　　　C. 滚动预算　　　　D. 零基预算

二、多项选择题

1. 弹性预算法的表达方式主要有（　　）。

   A. 列表法　　　　B. 变动法　　　　C. 公式法　　　　D. 作业法

2. 弹性预算法所确定的业务量变动范围,应满足其业务量实际变动的需要,确定的方法有（　　）。

   A. 把业务量范围确定在正常业务量的80%～120%

   B. 把业务量范围确定在正常业务量的60%～140%

   C. 把历史上的最低业务量和最高业务量分别作为业务量范围的下限和上限

   D. 对预算期的业务量做出悲观预测和乐观预测,分别作为业务量的上限和下限

3. 零基预算（　　）。

   A. 也称为"以零为基础编制计划和预算"

   B. 将每项费用项目的所得与所费进行对比,权衡利害得失,并区分轻重缓急,按先后顺序排列,并分出等级。一般以必不可少的业务及其发生的费用为第一层次,必须保证;然后依据业务内容和费用多少,依次列为第二层次、第三层次等,作为领导人决策的依据

   C. 对任何一项预算支出,不是以过去或现有费用水平为基础,而是都以零为起点

   D. 从根本上考虑每项预算支出的必要性及数额的多少

三、判断题

1. 弹性预算就是固定预算。　　　　　　　　　　　　　　　　　　　　　　　（　　）

2. 弹性预算的表达方式只有列表法。　　　　　　　　　　　　　　　　　　　（　　）

项目五

物流成本控制

学习目标

知识目标:
(1) 理解物流成本的含义。
(2) 掌握物流成本控制的方法。

能力目标:
(1) 能运用目标成本法进行物流成本控制。
(2) 能运用标准成本法进行物流成本控制。
(3) 能运用因素分析法进行物流成本控制。

素质目标:
(1) 养成认真细心、善于优化和分配的工作习惯。
(2) 培养系统思考、统筹规划的习惯。
(3) 能够从全局思考,全面细致地完成各项工作。

学习导图

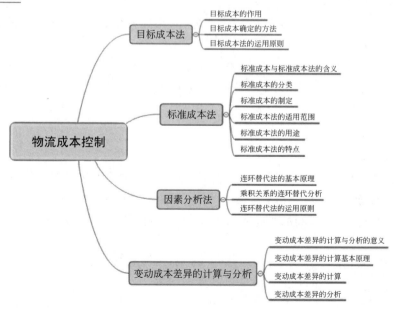

情景导入

随着人们对物流成本节约能给企业以及整个社会带来巨大效益的认识不断加深,物流成本控制问题受到普遍的关注。尤其是与欧美发达国家相比,目前我国物流成本居高不下。物流成本控制是物流管理中一个很重要的组成部分,而"第三个利润源"也主要是通过降低物流成本来实现的。因此,加强物流成本的控制已成为提高物流经济效益的重要手段。

物流成本控制是根据计划目标,对成本发生和形成过程及影响成本的各种因素与条件施加主动影响,以保证实现物流成本计划的一种行为。现代物流成本控制是企业全员控制、全过程控制、全环节控制和全方位控制,是商品使用价值和价值结合的控制,是经济和技术相结合的控制。

任务一 目标成本法

目标成本是一种预计成本,是指产品、劳务、工程项目等在其生产经营活动开始前,根据预定的目标所预先制定的产品、劳务、工程项目等在生产和营建过程中各种耗费的标准,是成本责任单位、成本责任人应努力的方向与目标。

目标成本法是指企业以市场为导向,以目标售价和目标利润为基础确定产品的目标成本,各环节通力合作,共同实现目标成本的成本管理方法。

一、目标成本的作用

通过对目标成本的确认,并在实际工作中为之努力,将使目标成本发挥以下作用。

(1)充分调动企业各个部门或各级组织以及职工个人的工作主动性、积极性。使上下级之间、部门之间、个人之间相互配合,围绕共同的目标成本而努力做好本职工作。

(2)目标成本是有效进行成本比较的一种尺度。将成本指标层层分解落实,使其与实际发生的生产费用进行对比,揭示差异,查明原因,采取措施,以防止损失和浪费的发生,起到控制成本的作用。

(3)确认目标成本的过程,也是深入了解和认识影响成本各因素的主次关系及其对成本的影响程度的过程。这将有利于企业实行例外管理原则,将管理的重点转到影响成本差异的重要因素上,从而加强成本控制。

二、目标成本确定的方法

1. 倒扣测算法

倒扣测算法是根据通过市场调查确定的顾客或服务对象可接受的单位价格(如售价、劳务费率等),扣除企业预期达到的单位产品利润和根据国家规定的税率预计的单位产品税金,以及预计单位产品预期期间费用而倒算出单位产品目标成本的方法。其计算公式为

单位产品目标成本=预计单价-单位产品目标利润-预计单位产品税金-
预计单位产品期间费用

例 5-1 某新产品预计单位产品售价为 2 000 元,单位产品目标利润为 300 元,国家规

定该产品税率为10%,预计单位产品期间费用为200元。根据倒扣测算法计算式,可求得该产品的单位产品目标成本。

解:该产品的单位产品目标成本为

$$2\,000-300-2\,000\times 10\%-200=1\,300(元)$$

2. 比价测算法

比价测算法是将新产品与曾经生产过的功能相近的老产品进行对比,凡新老产品结构相同的零部件,按老产品现有成本指标测定;与老产品不同的零部件,应按预计的新的材料消耗定额、工时定额、费用标准等加以估价测定。这种方法适用于对老产品进行技术改造的目标成本的测定。

例 5-2 某企业在 T-1 型产品的基础上,通过技术改造,推出 T-2 型新产品。原 T-1 型产品单位产品成本为 100 元,共由甲、乙、丙、丁 4 个零件组成。T-2 型产品中的甲零件选材改用工程塑料代替不锈钢材料,每件节约成本 3 元;乙零件提高抛光精度,每件增加成本 2 元;丁零件材料进行烤漆工艺处理,每件增加成本 3 元;丙零件材料与工艺无变化。

解:据题意可推定 T-2 型产品的单位产品目标成本为

$$100-3+2+3=102(元)$$

3. 本量利分析法

本量利分析法是指在利润目标、固定成本目标和销量目标既定的前提下,对单位变动成本目标进行计算的方法(具体内容详见项目三)。

4. 功能成本分析法

功能成本分析法是根据价值工程原理,试图以尽可能少的成本为用户提供其所需求的必要功能或必要服务,或按功能与成本的匹配关系,将产品成本按组成产品的各个零部件的必要功能进行合理分配,以达到优化成本设计和实现成本控制目的的一种方法(具体内容详见项目三)。

确定目标成本的方法除上述几种方法外还可以直接选择某一先进成本作为目标成本,可以是国内外同种产品的先进成本,也可以是本企业历史最好的成本水平,还可以是按平均先进水平确定的定额成本或标准成本,也可以根据企业的历史成本结合未来的成本降低措施和上级下达的成本降低任务进行综合测算确定。

三、目标成本法的运用原则

运用目标成本法控制成本,并不是为了单纯地削减成本。单纯地追求削减成本,将导致原材料的购进价格或档次的降低,甚至减少单一产品的物料投入(减料),或者降低工艺过程的造价(偷工),最终导致产品质量的下降,甚至失去已经拥有的市场。

因此如何科学地降低成本,求得生产成本和产品质量的均衡是目标成本管理的重要命题。

由于成本形成于生产全过程,费用发生在每一个环节、每一件事情、每一项活动上,因此,要把目标成本层层分解到各个部门甚至个人。

由于目标成本是根据预测和企业经营目标要求制定的、一定规划期内所要实现的成本水平,所以目标成本应比已经达到的实际成本低,但又是经过努力可以达到的。

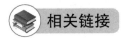

相关链接

跳一跳，摘桃子

现代心理学讲"跳一跳，摘桃子"，强调目标的确定应该是在力所能及的范围内再稍作努力就可以达到的。目标太高，连跳数次仍然摘不到桃子，人们会认为努力也是白费劲儿，最终丧失信心；目标太低，无须跳就能摘到桃子，会使人们失去跳的动力，不利于发掘潜能。所以目标太高或太低都不利于个体才能的有效发挥。

启示：党的二十大报告指出，到二○三五年，我国发展的总体目标是：经济实力、科技实力、综合国力大幅跃升，人均国内生产总值迈上新的大台阶，达到中等发达国家水平。

这一目标经过我们全国人民的努力，是可以达到的。同时在物流中，目标成本应比已经达到的实际成本低，但又是经过努力可以达到的。这也警示同学们，不论是在学习中，还是在将来的工作中，都要学会制定合理的目标。

任务二　标准成本法

一、标准成本与标准成本法的含义

1. 标准成本的含义

标准成本有以下两种含义。

（1）"单位产品的标准成本"，它是根据产品的标准消耗量和标准单价计算出来的，表达式为

$$单位产品标准成本 = 单位产品标准消耗量 \times 标准单价$$

（2）"实际产量的标准成本"，它是根据实际产品产量和成本标准计算出来的，表达式为

$$标准成本 = 实际产量 \times 单位产品标准成本$$

2. 标准成本法的含义

标准成本法是指以预先制定的标准成本为基础，将标准成本与实际成本进行比较，核算和分析成本差异的一种产品成本计算方法，它也是加强成本控制、评价经济业绩的一种成本控制制度。它的核心是按标准成本记录和反映产品成本的形成过程与结果，并借以实现对成本的控制。

二、标准成本的分类

按照制定标准成本所依据的生产技术和经营水平分类，可将标准成本分为理想标准成本、正常标准成本和现实标准成本。

（1）理想标准成本是现有生产条件所能达到的最优水平的成本，这种成本难以实际制定。

（2）正常标准成本是根据正常的工作效率、正常的生产能力利用程度和正常价格等条件制定的标准成本，它一般只用来估计未来的成本变动趋势。

（3）现实标准成本是根据适用期合理的耗费量、合理的耗费价格和生产能力可能的利用程度等条件制定的切合适用期实际情况的一种标准成本。标准成本法一般采用这种标准

成本。

三、标准成本的制定

产品成本一般由直接材料成本、直接人工成本和制造费用三大部分构成,标准成本也应按这三大部分分别确定。标准成本的制定可以通过编制标准成本单来进行。

在制定时,其中每一个项目的标准成本均应分为用量标准和价格标准。其中,用量标准包括单位产品消耗量、单位产品人工小时等,价格标准包括原材料单价、小时工资率、小时制造费用分配率等。

1. 直接材料成本

直接材料成本是指直接用于产品生产的材料成本,它包括标准用量和标准单位成本两方面。

(1) 材料标准用量,首先,要根据产品的图样等技术文件进行产品研究,列出所需的各种材料以及可能的代用材料,并说明这些材料的种类、质量及库存情况。其次,通过对过去用料经验的记录进行分析,采用其平均值,或最高值与最低值的平均数,或最节省的数量,也可通过实际测定或技术分析等取得数据,科学地制定用量标准。用量标准主要由技术部门制定。

(2) 材料的标准单价一般由财务部门和采购部门等共同制定。

直接材料标准成本计算公式为

$$直接材料标准成本 = 单位产品用量标准 \times 材料标准单价$$

2. 直接人工成本

直接人工成本是指直接用于产品生产的人工成本。在制定产品直接人工成本标准时,首先要对产品生产过程加以研究,研究有哪些工艺、作业或操作、工序等。其次要对企业的工资支付形式与制度进行研究,以便结合实际情况来制定标准。直接人工的价格标准就是标准工资率,它通常由劳动工资部门根据用工情况制定。直接工资标准成本计算公式为

$$直接工资标准成本 = 单位产品标准工时 \times 小时标准工资率$$

3. 制造费用

制造费用可以分为变动制造费用和固定制造费用两部分。这两部分制造费用都按标准用量和标准分配率的乘积计算,标准用量一般都采用工时表示,计算公式为

$$固定制造费用分配率 = \frac{固定费用预算总额}{标准总工时}$$

$$固定制造费用标准成本 = 单位产品标准工时 \times 固定制造费用分配率$$

$$变动制造费用分配率 = \frac{变动费用预算总额}{标准总工时}$$

$$变动制造费用标准成本 = 单位产品标准工时 \times 变动制造费用分配率$$

四、标准成本法的适用范围

标准成本法适用于产品品种较少的大批量生产企业,而单件、批量小和试制性生产的企业则比较少用。标准成本法可以简化存货核算的工作量,对于存货品种变动不大的企业尤为适用。

标准成本法的关键在于标准成本的制定,标准成本要有合理性、切实可行性,并要求有高水平的技术人员和健全的管理制度。

标准成本法适用于标准管理水平较高且产品的成本标准比较准确、稳定的企业。我国工业企业的产品成本若按照平时按标准成本计算,月末必须调整为实际成本。

五、标准成本法的用途

(1) 作为成本控制的依据。通过计算和分析实际成本与标准成本的偏差,确定偏差产生的因素及影响数值,进而明确成本控制的方向与目标。

(2) 代替实际成本作为存货计价的依据。由于标准成本中已去除了各种不合理因素,以它为依据,进行材料在产品和产成品的计价,可使存货计价建立在更加健全的基础上。

(3) 作为经营决策的成本信息。由于标准成本代表了成本要素的合理近似值,因而可以作为定价依据,并可作为本量利分析的原始数据资料,以及估算产品未来成本的依据。

(4) 作为登记账簿的计价标准。使用标准成本来记录材料、在产品和销售账户,可以简化日常的账务处理和报表的编制工作。标准成本管理系统较为复杂,与企业各项活动密切相关,实际当中可采用相关软件来进行数据处理。标准成本管理系统与企业各项管理工作的关系如图 5-1 所示。

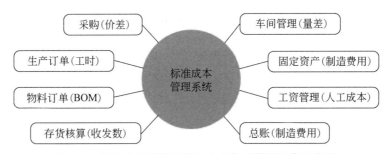

图 5-1　标准成本管理系统与企业各项管理工作的关系

六、标准成本法的特点

1. 脱离标准成本的差异明细化

标准成本法往往根据一定时期实际产量的实际消耗量和实际价格与实际产量的标准消耗量以及标准价格的计算比较来揭示差异。标准成本法下的差异具体包括材料成本差异(材料用量差异、材料价格差异),直接人工成本差异(直接人工工资率差异、直接人工效率差异),变动制造费用差异(变动制造费用开支差异、变动制造费用效率差异),固定制造费用差异(固定制造费用开支差异、固定制造费用能力差异、固定制造费用效率差异)等四大项九种,计算口径较窄。

2. 设置专门科目核算各种差异

标准成本法下要为各种成本差异专门设置许多总账科目进行核算。例如,对材料成本差异,应设置"材料价格差异"和"材料用量差异"账户;对固定制造费用差异,应设置"固定制造费用开支差异、固定制造费用能力差异和固定制造费用效率差异"等账户,并详细列于利润表中。

3. 成本责任化

标准成本法下,成本必须分为变动成本和固定成本,分清哪些责任由采购部门负责(如材料价格差异),哪些责任由车间负责(如材料用量差异),哪些责任由生产部门负责(如固定制造费用开支差异)等,资料详细、系统,强调全面管理,有利于各职能部门、生产车间分清责任、相互配合,有利于经济责任制的建立。

任务三　因素分析法

因素分析法是利用统计指数体系分析现象总变动中各个因素影响程度的一种统计分析方法。在成本分析中采用因素分析法,就是逐一测定构成成本(因变量)的各种因素(自变量)的数值变动对成本实际数与计划数之差的影响程度,并据此对企业的成本计划执行情况做出评价。因素分析法包括连环替代法、差额分析法、指标分解法、定基替代法。本节着重介绍连环替代法。

一、连环替代法的基本原理

成本分析所采用的连环替代法,也叫连锁替代法,是在测定各个因素变动对相应成本指标的影响数值时通常使用的方法。

这种分析方法的思路是:某一成本指标 M 由 $A_1, A_2, \cdots, A_n$ 诸因素构成,当诸因素数值发生变动时,即 $A_1, A_2, \cdots, A_n$ 分别变化为 $A_1', A_2', \cdots, A_n'$ 时,则成本指标 M 变化为 M'。如果以各因素的变化值 $A_1', A_2', \cdots, A_n'$ (通常为实际数)依次逐个地替换其原值(通常为标准数、计划数或上期数),每次替换后所得的结果减去前一次结果,其差额即为该次替换的那个因素的影响数值。

二、乘积关系的连环替代分析

某一成本指标与其因素的关系式为

$$M = A_1 A_2 A_3$$

当诸因素 A_1、A_2、A_3 的数值均发生变化时

$$M' = A_1' A_2' A_3'$$

成本指标变动差额为

$$\Delta M = M' - M$$

通过因素变化值依次替换原值 A,来测定其对 M 的影响数值,方法如表 5-1 所示。

表 5-1　连环替代法因素分析方法

替代序号	替代过程	算式编号	影响因素	影响差额
替代前(M)	$A_1 A_2 A_3$	①	—	—
第一次替代	$A_1' A_2 A_3$	②	$A_1 \to A_1'$	②-①
第二次替代	$A_1' A_2' A_3$	③	$A_2 \to A_2'$	③-②
第三次替代(M')	$A_1' A_2' A_3'$	④	$A_3 \to A_3'$	④-③
差额合计			$\Delta M = M' - M$	
替代顺序			A_1', A_2', A_3'	

例 5-3　某车间某月生产某产品需耗用某材料,该产品产量、材料单耗及材料单价的计划数与实际数如表 5-2 所示。

表 5-2 材料费用计算表

项　　目	计量单位	计　划	实　际
产品产量	件	210	200
材料单耗	kg/件	10	12
材料单价	元/kg	5	4
材料费用	元	10 500	9 600

要求：根据表 5-2 的资料，采用连环替代法分析各因素变动对材料费用的影响。

解：据表 5-2 可知：

$M=$ 材料费用 $=$ 产品产量 $\times$ 材料单耗 $\times$ 材料单价

$\Delta M=$ 材料费用实际数 $-$ 材料费用计划数 $=9\ 600-10\ 500=-900$（元）

可编制连环替代法因素分析表，如表 5-3 所示。

表 5-3 连环替代法因素分析表　　　　　　　　　　单位：元

替代序号	替代过程	算式编号	影响因素	影响差额
替代前(M)	$210\times10\times5=10\ 500$	①	—	—
第一次替代	$\underline{200}\times10\times5=10\ 000$	②	$210\to200$	②$-$①$=-500$
第二次替代	$200\times\underline{12}\times5=12\ 000$	③	$10\to12$	③$-$②$=2\ 000$
第三次替代(M')	$200\times12\times\underline{4}=9\ 600$	④	$5\to4$	④$-$③$=-2\ 400$
差额合计			$\Delta M=-500+2\ 000-2\ 400=-900$	
替代顺序			产品产量、材料单耗、材料单价	

三、连环替代法的运用原则

（1）反应性原则。将要分析的某项经济指标构造为若干个因素的关系式，注意经济指标的组成因素应能够反映形成该项指标差异的内在构成原因，否则，计算的结果就不准确。如材料费用指标可分解为产品产量、单位消耗量与单价的乘积。但它不能分解为生产该产品的天数、每天用料量与产品产量的乘积。因为这种构成方式不能全面反映产品材料费用的构成情况。

（2）联系性原则。计算成本指标的实际数与基期数（如计划数、上期数等），从而形成两个相联系的成本指标。这两个指标的差额，即实际指标减基期指标的差额，就是因素分析的对象。

（3）顺序性原则。合理确定各因素的替代顺序。在确定经济指标因素的组成时，其先后顺序就是分析时的替代顺序。在确定替代顺序时，应从各个因素相互依存的关系出发，使分析的结果有助于分清经济责任。替代的顺序一般是先替代数量指标，后替代质量指标；先替代实物量指标，后替代货币量指标；先替代主要指标，后替代次要指标。

（4）可计算性原则。其方法是以基期数为基础，用实际指标体系中的各个因素，逐步顺序地替换。每次用实际数替换基数指标中的一个因素，就可以计算出一个指标。每次替换后，实际数保留下来，有几个因素就替换几次，就可以得出几个指标。在替换时要注意替换顺序,应采取连环的方式,不能间断,否则计算出来的各因素的影响程度之和,就不能与经济指标实际数、基期数的差异额(即分析对象)相等。

(5) 影响程度原则。计算各因素变动对经济指标的影响程度,其方法是将每次替代所得到的结果与这一因素替代前的结果进行比较,其差额就是这一因素变动对经济指标的影响程度。

(6) 相等性原则。将各因素变动对经济指标影响程度的数额相加,应与该项经济指标实际数与基期数的差额(即分析对象)相等。

任务四 变动成本差异的计算与分析

产品成本的日常控制,是通过计算其所耗工料费的实际变动成本与标准变动成本之间的成本差异,并对其差异产生的原因进行因素分析后,采取相应的措施来实现的。

一、变动成本差异的计算与分析的意义

以产品所耗用工料费的标准价格、标准消耗量编制的费用预算与所耗用工料费的实际价格、实际消耗量所反映的费用执行结果之间,必然会出现数额上的差异。凡实际变动成本大于预算变动成本(或标准变动成本)的差异,称为不利差异;凡实际变动成本小于预算变动成本(或标准变动成本)的差异,称为有利差异。

变动成本差异是可以计算出来的,并且可以对其进行因素分析,以确定各因素对差异的影响数额,并追根溯源,对不利差异的影响因素进行必要的控制。

变动成本差异的计算与分析是成本控制的一项重要工作,其在成本控制中的作用如图 5-2 所示。

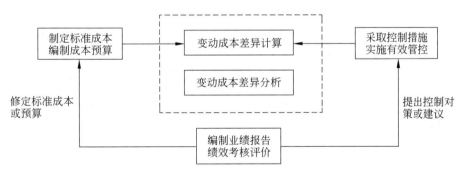

图 5-2 变动成本差异的计算与分析在成本控制中的作用

二、变动成本差异的计算基本原理

由于产品的标准变动成本可分解为直接材料、直接人工和变动制造费用三个成本项目,而这三个成本项目都具有单独的价格标准和用量标准,因此,这三个成本项目的成本差异都可概括为"实际价格×实际数量"与"价格标准×用量标准"之差。其基本原理如图 5-3 所示。

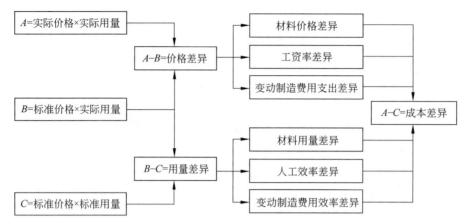

图 5-3 变动成本差异的计算基本原理

三、变动成本差异的计算

1. 价格差异的计算

例 5-4 现以百汇物流公司的某流通加工车间甲工位的甲产品成本数据为例(见表 5-4 和表 5-5),说明变动成本差异的计算方法。

表 5-4 单位产品标准成本数据资料

成本项目	用量标准		价格标准		标准成本	
	数量	单位	数量	单位	数量	单位
直接材料	4	kg/件	2	元/kg	8	元/件
直接人工	2	h/件	10	元/h	20	元/件
变动制造费用	2	h/件	4	元/h	8	元/件
合计	—	—	—	—	36	元/件

表 5-5 该车间某月实际成本数据资料(实际产量 60 件)

摘要	实际数量		实际价格		实际成本	
	数量	单位	数量	单位	数量	单位
耗用直接材料	235	kg	2.2	元/kg	517	元
耗用直接人工	110	h	1.1	元/h	1 210	元
变动制造费用	110	h	3.8	元/h	418	元
合计					2 145	元

解:

(1) 材料价格差异的计算。材料价格差异是由于实际的采购价格与其标准价格不一致所造成的,其责任应由采购供应部门承担。因此,在计算其材料价格差异额时,计算式中的实际数量应为实际采购量,而不是实际耗用量。其计算公式为

材料价格差异 = 实际价格 × 实际采购数量 − 标准价格 × 实际采购数量
= 实际采购数量 × (实际价格 − 标准价格)

实际工作中,材料价格差异以表格形式计算和报告,如表 5-6 所示。

表 5-6　材料价格差异计算表

材料名称	实际采购量/kg	实际价格/(元/kg)	标准价格/(元/kg)	单位价格差/(元/kg)	价格差异总额/元
算式编号	①	②	③	④=②－③	⑤=④×①
甲材料	300	2.2	2	0.2	60

由表 5-6 可知,因甲材料采购价格的上升所产生的材料价格差异(即超支)总额为 60 元。

(2) 工资率差异的计算。工资率差异也称为直接人工的价格差异。它是实际工时按实际工资率计算的人工成本,与按标准工资计算的人工成本之间的差额。其计算公式为

$$工资率差异 = 实际工资率 \times 实际工时 - 标准工资率 \times 实际工时$$
$$= 实际工时 \times (实际工资率 - 标准工资率)$$

或

$$工资率差异 = 实际工资额 - 标准工资率 \times 实际工时$$

实际工作中,工资率差异是以表格形式进行计算的,如表 5-7 所示。

表 5-7　工资率差异计算表

工资等级	实际工时/h	实际比率/(元/h)	标准工资率/(元/h)	单位工资率差异/(元/h)	工资率差异总额/元
算式编号	①	②	③	④=②－③	⑤=④×①
××级	110	11	10	1	110

如果该工位的工人工资标准不一致,可分开计算,然后再加以汇总。

(3) 变动制造费用支出差异的计算。变动制造费用支出差异是指变动制造费用的价格差异,也称为变动制造费用耗费差异。它是实际发生的变动制造费用与按实际工时计算的标准变动制造费用之间的差额。其计算公式为

$$变动制造费用支出差异 = 实际变动制造费用比率 \times 实际工时 - 标准变动制造费用比率 \times 实际工时$$
$$= 实际工时 \times (实际变动制造费用比率 - 标准变动制造费用比率)$$

或

$$变动制造费用支出差异 = 实际变动制造费用 - 标准变动制造费用比率 \times 实际工时$$

本例变动制造费用支出差异的计算如表 5-8 所示。

表 5-8　变动制造费用支出差异计算表

工位	实际工时/h	变动制造费用			
		实际比率/(元/h)	标准比率/(元/h)	比率差异/(元/h)	差异总额/元
算式编号	①	②	③	④=②－③	⑤=④×①
甲单位	110	3.8	4	－0.2	－22

2. 用量差异的计算

（1）材料用量差异的计算。材料用量差异是指材料标准价格按实际耗用量计算的材料成本与按标准耗用量计算的材料成本之间的差额，它反映直接材料成本的数量差异。其计算公式为

$$材料用量差异 = 标准价格 \times 实际用量 - 标准价格 \times 标准用量$$
$$= 标准价格 \times (实际用量 - 标准用量)$$

例 5-4 材料用量差异的计算如表 5-9 所示。

表 5-9　材料用量差异计算表

材料名称	标准价格 /(元/kg)	实际用量 /kg	标准用量 /kg	用量差异 /kg	用量差异总额 /元
算式编号	①	②	③	④=②-③	⑤=④×①
甲材料	2	235	240	-5	-10

表 5-9 中的实际用量，是指该工位加工甲产品所耗用的甲材料的实际用量，而并非是实际采购量；标准用量 240kg 是以甲产品的实际产量 60 件，与甲材料的标准用量 4kg/件相乘计算出来的。

（2）人工效率差异的计算。人工效率差异是指直接人工成本的数量差异，它是指标准工资率按实际工时计算的人工成本与按标准工时计算的人工成本之间的差额。其计算公式为

$$人工效率差异 = 标准工资率 \times 实际工时 - 标准工资率 \times 标准工时$$
$$= 标准工资率 \times (实际工时 - 标准工时)$$

上式中的标准工时是指本期实际产量与直接人工用量标准的乘积。

例 5-4 人工效率差异的计算如表 5-10 所示。

表 5-10　人工效率差异计算表

工资等级	标准工资率 /(元/h)	实际工时 /h	标准工时/h	工时差异 /h	人工效率差异总额 /元
算式编号	①	②	③	④=②-③	⑤=④×①
××级	10	110	120	-10	-100

表 5-10 中的标准工时 120h，是直接人工用量标准 2h/件与甲产品实际产量 60 件的乘积。

（3）变动制造费用效率差异的计算。变动制造费用效率差异是指变动制造费用在工时用量上的差异，用以反映工作效率的情况，它是以标准变动制造费用比率与实际工时计算的变动制造费用与按标准工时计算的变动制造费用之间的差额。其计算公式为

$$变动制造费用效率差异 = 标准变动制造费用比率 \times 实际工时 - 标准变动制造费用比率 \times 标准工时$$
$$= 标准变动制造费用比率 \times (实际工时 - 标准工时)$$

例 5-4 变动制造费用效率差异的计算如表 5-11 所示。

表 5-11 变动制造费用效率差异计算表

工 位	标准费用比率/(元/h)	实际工时/h	标准工时/h	工时差异/h	效率差异总额/元
算式编号	①	②	③	④=②－③	⑤=④×①
甲单位	4	110	120	－10	－40

3. 变动成本差异的汇总

上述各项差异的计算,应通过汇总表的形式加以综合反映。例 5-4 变动成本差异汇总表如表 5-12 所示。

表 5-12 变动成本差异汇总表

成 本 差 异	差异额/元	差异属性	可能的责任部门
材料成本差异	50	—	
材料价格差异	60	价格差异	采购、企业外部
材料用量差异	－10	用量差异	生产、采购、维修
人工成本差异	10	—	
工资率差异	110	价格差异	生产、人事
人工效率差异	－100	用量差异	生产、维修、采购
变动制造费用差异	－62		
变动制造费用支出差异	－22	价格差异	生产、供应
变动制造费用效率差异	－40	用量差异	生产、维修、采购
合　计	－2	—	—

从表 5-12 中可以看出,材料价格差异对生产部门(生产班组或工人)来说是不可控的,所以在计算生产部门的成本差异额(成本绩效)时,不应包括材料价格差异。因此,该生产工位的可控成本差异额(成本业绩)应为－2－60＝－62(元)。

四、变动成本差异的分析

1. 材料价格差异的分析

材料价格差异主要是因材料实际采购价格与其计划价格发生偏差而产生的,与采购部门的采购工作质量密切相关,可作为评价采购部门业绩的重要依据,一般不能用来评价生产耗用部门的成本业绩。例 5-4 中的材料价格差异超支 60 元,属不利差异,应查明原因并进行必要的控制。

材料价格差异的责任部门是企业的采购供应部门,因为影响材料采购价格的各种因素(如交货方式、运输工具、材料质量、购货折扣等)通常由采购部门控制和决策。当然,有些因素也是采购部门无法控制或抉择的,如国家对原材料、燃料的价格进行上调,或由于种种原因使原材料价格普遍上涨,或由于生产部门责任紧急购入等因素,均可导致材料价格的不利差异。另外,也有相反的情况,会出现非采购部门的原因造成材料价格的有利差异。但不论哪种情况,都要进一步做出量化分析,以便明确各有关部门的经济责任。

2. 工资率差异的分析

工资率差异常为不利差异,其原因可能是企业提高了职工工资水平所致,或该工位更换为技术等级高的工人,或对该工位的工人工资进行了晋级,或临时加班提高了工时津贴等。

在实际工作中,如果在技术等级低的工位上安排了技术等级高(相应工资级别高)的工人,也会产生不利的工资率差异,这是工资费用控制的重点。

3. 变动制造费用支出差异的分析

变动制造费用支出差异反映的不仅是费用支付价格方面的节约或超支,同时也包括各费用明细项目在用量方面的节约或浪费。因此,对变动制造费用的各明细项目有必要加以详细分析,找出超支的主要原因。例如,对变动制造费用进一步分解为间接材料、间接人工、动力费等,并从其价格与用量两个方面进行详细分析。

4. 材料用量差异的分析

导致材料用量差异的因素主要包括生产工人的技术熟练程度和对工作的责任感、加工设备的完好程度、材料的质量和规格是否符合规定要求,以及产品质量控制是否健全、有无贪污盗窃等。显然,材料的质量问题或工艺要求的变化而导致的材料用量增加,不应由生产部门负责。

例如,采购部门为压低材料进价,大量购入劣质材料而造成的生产部门用料过多,甚至增加了废次品等,由此而产生的材料用量差异应由采购部门负责。由于设备维修部门原因而使设备失修,出现材料用量上的浪费现象,也必然反映在材料用量差异上,而这部分差异应由设备维修部门负责。

在剔除非生产部门责任造成的用量差异后,对剩余的用量差异应查找出原因,看其是否由于工人粗心大意、缺乏训练或技术水平较低等原因造成。

5. 人工效率差异的分析

人工效率差异实质上是反映在实际生产过程中工时的利用效率。实耗工时与实耗标准工时不一致,说明其生产效率(以工时表示)的高低。实耗工时小于标准工时,说明其生产效率高;反之,说明其生产效率低。

实耗工时高低的决定因素是多方面的,如工人的责任心、生产积极性、技术水平、时间利用程度、机器设备利用程度等均可能对生产效率产生影响。在一般情况下,人工效率差异应由生产部门负责;但如果是由于采购部门购入不合格的材料或因停工待料、机器维修、工艺调整甚至停电、停水等生产部门无法控制的因素而导致的人工效率差异,应由相应的责任部门负责。

6. 变动制造费用效率差异的分析

变动制造费用效率差异也是反映在实际生产过程中工时的利用效率情况,这项差异应称为工时的效率差异,但人们已习惯称之为变动制造费用效率差异。此项差异的因素分析方法,基本与人工效率差异的分析方法相同。

实训　企业物流成本影响因素分析

实训目标:找出影响物流成本的因素;学会计算每种因素对成本的影响程度。

实训内容:2021年9月某企业某种原材料费用的实际值是9 240元,而其计划值是8 000元。实际比计划增加1 240元。由于原材料费用是由产品产量、单位产品材料消耗用量和材料单价3个因素的乘积构成的,因此,可以将材料费用这一总指标分解为3个因素。现假定这3个因素的数值如表5-13所示。逐个分析它们对材料费用总额的影响方向和程度。

表5-13 材料费用的影响因素及数值表

项　　目	单位	计划值	实际值
产品产量	件	100	110
单位产品材料消耗量	千克	8	7
材料单价	元	10	12
材料费用总额	元	8 000	9 240

实训要求:
(1) 确定实训内容,进行因素分析。
(2) 实训以小组为单位,根据班级情况,每组5～7人,设一名组长。组员相互协作完成此项实训。
(3) 实训之前,进行相关的知识的熟悉和掌握。
(4) 实训结果在班上交流后分组打印上交。
实训环境:综合实训室。
实训报告:提交实训报告书。

学 习 总 结

本项目主要介绍物流成本控制的方法(目标成本法、标准成本法、因素分析法)的基础知识。

物流成本控制贯穿物流的整个过程,而且成本控制是一项复杂而庞大的系统工程,各部门应同心协力,统筹兼顾,形成控制合力。如果各部门之间有不同意见,应及时沟通交流,不等"小问题"演变成"大麻烦",将其消灭在萌芽状态下。因此,必须靠物流企业各部门协调统一,领导层齐心合力,上下达成共识,才能最大限度地减少财物浪费和降低消耗。

在实际的成本控制过程中,要学会运用目标成本法、标准成本法等对成本进行控制。

学 习 测 试

一、单项选择题

1. 某企业1月利用装卸搬运辅助设施完成的A货物的实际变动费用为2 400元,标准变动费用600元,则变动费用成本差异为(　　　)元。
　　A. 1 800　　　　B. 1 900　　　　C. 2 000　　　　D. 2 500
2. 利润=单位价格×销售量-单位变动成本×销售量-固定成本,这是(　　　)方法的计算公式。
　　A. 倒扣测算法　　B. 本量利分析法　　C. 比价测算法　　D. 顺序测算法
3. (　　　)是指运用预算的方法,设定成本费用标准,将实际物流成本(费用)与预算标准作比较,发现并纠正不利差异,提高经济效益。

  A. 物流成本降低 B. 物流成本控制 C. 物流成本预测 D. 物流成本分析

二、判断题

1. 连环替代法中各因素的替代顺序没有先后,先替代哪个因素都可以。（　　）

2. 产品成本由直接材料、直接人工和制造费用三大部分构成。（　　）

3. 标准成本法往往根据一定时期实际产量的实际消耗量和实际价格与实际产量的标准消耗量和标准价格的计算比较来揭示差异。（　　）

4. 材料价格差异的责任部门是企业的采购供应部门,因为影响材料采购价格的各种因素(如交货方式、运输工具、材料质量、购货折扣等)通常由采购部门控制和抉择。（　　）

PART 2

第二部分
操 作 篇

项目六

运输成本管理

学习目标

知识目标：
(1) 了解运输成本的概念。
(2) 了解运输成本的构成。
(3) 掌握汽车运输成本的计算。
(4) 掌握海洋运输成本的计算。
(5) 掌握降低运输成本的方法。

能力目标：
(1) 能计算汽车运输成本。
(2) 能计算海洋运输成本。

素质目标：
(1) 能够理论联系实际，针对问题提出解决方案，具有精益求精的精神。
(2) 具有诚实、守信、求实创新、服务奉献的敬业精神。
(3) 具有良好的职业道德品质，形成团结协作、分工合作的职业观念。

学习导图

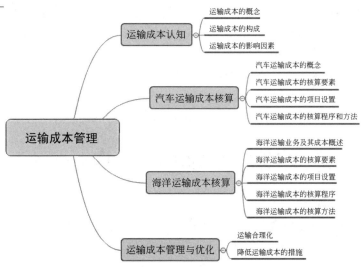

沃尔玛降低运输成本的经验之谈

沃尔玛百货有限公司（以下简称"沃尔玛"）是世界上最大的商业零售企业，在物流运营过程中，尽可能地降低成本是其经营的哲学。

沃尔玛有时采用空运，有时采用船运，有时采用卡车公路运输。在中国，沃尔玛百分之百地采用公路运输，所以如何降低卡车运输成本，是沃尔玛物流管理面临的一个重要问题，为此他们主要采取了以下措施。

（1）沃尔玛使用一种尽可能大的卡车，大约有16米加长的货柜，比集装箱运输卡车更长或更高。沃尔玛把卡车装得非常满，产品从车厢的底部一直装到最高，这样非常有助于节约成本。

（2）沃尔玛的车辆都是自有的，司机也是他们的员工。沃尔玛的车队大约有5 000名非司机员工，还有3 700多名司机，车队每周一次运输里程可以达7 000～8 000千米。

（3）对于运输车队来说，保证安全是节约成本最重要的环节。沃尔玛的口号是"安全第一，礼貌第一"，而不是"速度第一"。在运输过程中，卡车司机都非常遵守交通规则。沃尔玛定期在公路上对运输车队进行调查，卡车上面都带有公司的号码，如果看到司机违章驾驶，调查人员就可以根据车上的号码报告，以便于进行惩处。沃尔玛认为，卡车不出事故就是节省公司的费用，就是最大限度地降低物流成本，由于狠抓了安全驾驶，运输车队已经创造了300万公里无事故的纪录。

（4）沃尔玛采用全球定位系统对车辆进行定位，因此在任何时候调度中心都可以知道这些车辆在什么地方、离商店有多远、还需要多长时间才能运到商店，这种估算可以精确到小时。沃尔玛知道卡车在哪里、产品在哪里，就可以提高整个物流系统的效率，有利于降低成本。

（5）沃尔玛的连锁商场的物流部门实行24小时工作制，无论白天或晚上都能为卡车及时卸货。另外，沃尔玛的运输车队利用夜间进行从出发地到目的地的运输，从而做到了当日下午进行集货，夜间进行异地运输，翌日上午即可送货上门，保证在15～18个小时内完成整个运输过程，这是沃尔玛在速度上取得优势的重要措施。

（6）沃尔玛的运输成本比供货厂商自己运输产品要低，所以厂商也使用沃尔玛的卡车来运输货物，从而做到了把产品从工厂直接运送到商场，大大节省了产品流通过程中的仓储成本和转运成本。

沃尔玛的集中配送中心把上述措施有机地组合在一起，做出最经济合理的安排，从而使沃尔玛的运输车队能以最低的成本高效率地运行。

思考：通过阅读案例，分析沃尔玛是如何降低卡车运输成本的。你从中得到了哪些启示？

任务一 运输成本认知

一、运输成本的概念

运输功能是整个现代物流的七大基本功能之一，占有很重要的地位，运输成本也占据了物流成本的"半壁江山"，因此运输成本的有效控制对物流总成本的节约具有举足轻重的作用。

运输成本是指承运人为完成一定的客、货运输量而消耗的物化劳动和活劳动的总和。本书阐述的重点是货物运输。因此,这里的运输成本专指承运人为完成特定的货物位移而消耗的物化劳动和活劳动的总和。

运输成本是衡量运输活动的综合性指标,它能比较全面地反映运输活动的经营管理水平。运输量的多少、运输工具和设备的利用程度、燃料的消耗水平、货币资金的运用情况及物流企业运输调度水平等最终都可以通过运输成本反映出来。因此,不断降低运输成本是物流企业的重要任务之一。

二、运输成本的构成

不同的运输方式所涉及的运输成本有所不同,但根据我国《企业会计准则》的相关规定,一般可以将成本分为两部分,即直接营运成本和间接营运成本。

1. 直接营运成本

直接营运成本是指与运输营运生产直接相关的各种支出,包括直接从事运输营运生产活动人员的工资和福利费,也包括运输营运生产过程中直接消耗的燃料费、材料费、折旧、修理费、过路费、养路费等。

2. 间接营运成本

间接营运成本是指为组织运输生产活动而发生的各种辅助费用和管理费用。间接营运成本一般不能直接计入成本计算对象,需要按照一定的标准在不同的计算对象间进行分摊。值得说明的是,间接营运成本只是在运输过程中形成的需要分摊的各项费用,并不涉及企业行政管理部门的管理费用。

三、运输成本的影响因素

影响运输成本的因素是多样化、综合性的,这就要求采用系统的观点对运输成本进行综合分析。在控制物流运输成本的过程中,也要进行综合治理,多管齐下。

由于物流功能要素之间存在效益背反,物流其他功能要素对运输成本的降低也起到重要的影响。如为了降低运输成本,组织大规模运输,成组运输,大批量、少批次运输有利于节约运输成本,但这无疑会增加物流的仓储成本,造成企业资金积压,不利于资金的快速循环和周转;反之,为降低仓储成本,企业可以采用"零库存"等先进的生产和管理理念,把库存的压力转移给运输、配送、生产环节,采用多批次、小批量的采购模式,在降低库存成本的同时,必然会增加运输成本。综合考虑,运输成本的影响因素包括以下六点。

1. 运输距离

运输距离是影响运输成本的主要因素,因为它直接对劳动、燃料和维修保养等变动成本发生作用。运输距离和运输成本的关系如图 6-1 所示,图中说明了以下两个要点:①总成本曲线不是从原点开始的,因为它的存在与距离无关,但与货物的提取和交付活动所产生的固定费用有关;②单位成本曲线是随距离增加而降低的一个函数。

2. 运输量

运输量是影响运输成本最重要的因素。运输量越大,单位运输成本就越低,如图 6-2 所示,它说明每单位重量的运输成本随运输量的增加而减少。之所以会产生这种现象,是因为提取和交付活动的固定费用以及行政管理费用可以随装载量的增加而被分摊。这种关系对企业物流管理部门的启示是,小批量的物品应该整合成更大的运输量,以期利用规模经济性。

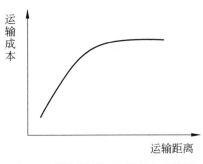

图6-1 运输距离和运输成本的关系

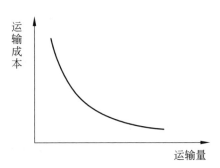

图6-2 运输量与运输成本的关系

3. 运输时间要求

运输时间和运输成本是不同运输方式相互竞争的重要条件,运输时间与成本的变化必然带来运输方式的改变。换句话说,这两个因素的重要性日益增强。

运输时间和运输成本之所以如此重要,在于企业物流需求发生了改变。运输服务的需求者一般是企业,目前企业对缩短运输时间、降低运输成本的要求越来越强烈,这主要是在当今经营环境较复杂、困难的情况下,只有不断降低各方面的成本,加快商品周转,才能提高企业经营效率,实现竞争优势。所以,在企业的物流运输体系中,准时制(JIT)运输在急速普及,这种运输方式要求为了实现企业库存的最小化,对其所需的商品在必要的时间内以必要的量进行运输。JIT运输方式要求缩短从订货到进货的时间。正因为如此,从进货方来讲,为了实现迅速进货,必然会在各种运输方式中选择最为有效的运输方式从事物流活动。

4. 产品密度

产品密度把重量和空间方面的因素结合起来考虑。这类因素之所以重要,是因为运输成本通常表示为每单位重量所花费的金额,如每吨千米金额数或每担金额数等。在重量和空间方面,单独的一辆运输卡车更多的是受到空间限制,而不是重量限制。即使该产品的重量很轻,车辆一旦装满,就不可能再增加装运数量。既然运输车辆实际消耗的劳动成本和燃料成本主要不受重量影响,那么产品的疏密度越高,相对地可以把固定运输成本分摊到增加的重量上,使这些产品所承担的单位重量的运输成本相对较低。产品密度与运输成本的关系如图6-3所示。

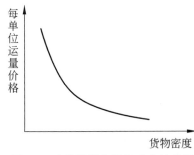

图6-3 产品密度与运输成本的关系

5. 产品的可靠性

对容易损坏或者容易被偷盗的、单位价值高的货物(如计算机、珠宝及家用娱乐产品等)而言,可靠性是非常重要的一个指标,货物运输时,需要承运人提供的可靠性越大,货物的运输成本就越高。其他因货物种类不同,其重要性也不同,影响可靠性的因素包括产品是否是危险品,是否需要牢固、严格的包装等,对化学行业和塑料行业的产品而言,这些因素尤其重要。

6. 产品的装载性能

产品的装载性能是指产品的具体尺寸及其对运输工具(如铁路车、拖车或集装箱)空间利用程度的影响。例如,谷物、矿石和散装石油具有良好的装载性能,因为这些货物可以完全填满运输工具(如火车车厢、货车车厢、管道等),其他货物,如车辆、机械和牲畜,都不具有良好的装载性能。货物的装载性能由其大小、形状和弹性等物理特性决定。具有古怪的尺寸和形状,以及超重或超长等特征的产品,通常不能很好地进行装载,因此浪费运输工具的空间,尽管装载能力的性质与产品密度相关,但很可能存在这样的情况,具有相同密度的产品,其装载性能差异很大。一般来说,具有标准矩形的产品要比形状古怪的产品更容易装载。

总之,降低运输成本是企业在任何时期都十分强调的战略,尤其是在企业经营处于微利的环境条件下,运输成本的下降是企业生存、发展的重要手段之一,物流成本一直被称作企业经营中的"黑暗大陆",只有真正高度重视运输成本的削减,选择合适的运输方式,才能使物流成为企业利润的第三个利润源泉。

任务二 汽车运输成本核算

一、汽车运输成本的概念

汽车运输成本是汽车货物运输生产过程中所产生的以货币形式表现的全部耗费。汽车运输生产过程是指运用汽车运输工具实现货物的位移过程,在此过程中所形成的全部耗费既包括车辆折旧、燃料消耗及其他相关配件工具的损耗,又包括参与运输过程的所有工作人员的人工费用,还包括在运输过程中参与车辆管理调度所发生的管理费用。

汽车运输总成本是指汽车运输企业完成一定运输工作量所支付的各种生产费用的总和。汽车运输单位成本是分摊到单位产品(千吨千米)上的成本。

二、汽车运输成本的核算要素

1. 成本计算的对象

汽车运输成本是汽车运输企业按照不同车型完成的各项运输业务计算的成本。也就是说,要按照不同车型完成的各项运输业务进行费用的归集和分配。因此,汽车运输企业应以不同燃料、不同厂牌、不同类型、不同用途的营运车辆作为成本计算的对象。

2. 成本计算的单位

汽车运输成本的计算单位是以汽车运输工作量(货物周转量)的计量单位(吨千米)为计量依据的,是实际运送货物吨数与运距的乘积。为计算方便,一般营运车辆通常以千吨千米为成本计算单位。

此外,在核算过程中还会用到车吨日、千胎千米摊提额、千车千米折旧额、千车千米大修理费用预提额等中间单位。特种车,如零担车、冷藏车、油罐车,其成本计算单位也为千吨千米,但是大型车组的成本计算单位可为千吨位小时;集装箱车辆的成本计算单位为千标准箱千米。

其中,车吨日是指某种营运车的数量、单位载重量和每月的营运天数的乘积,该概念可以衡量某车型某月的劳动量;千胎千米摊提额是用于衡量营运车辆平均行驶1 000千米轮胎的磨损值;千车千米折旧额是用于衡量营运车辆平均行驶1 000千米所摊销的折旧额;千车千米大修理费用预提额是用于衡量营运车辆平均行驶1 000千米所摊销的大修理费用。

需要注意的是,集装箱以20英尺(1英尺=0.304 8米)为标准箱;小于20英尺的集装箱,每箱按1标准箱计算;40英尺或其他大于20英尺的集装箱,每箱按1.5标准箱计算。

3. 成本计算期

汽车运输企业一般按月、季、年计算累计成本,一般不计算在产品成本。营运车辆在经营跨月运输业务时,一般以行车路单签发日期所归属的月份计算其运输成本。

4. 理论方法

(1)里程法。在计算汽车运输成本时,往往会用到里程法。里程法在分配费用额时,根据行驶里程定额和营运车辆当月行驶的里程数来确定当月的费用消耗,本着"多耗用多分配"的原则,这种方法可以较为合理地分配相关费用。

(2)年限法。在计算汽车运输成本时,还会用到年限法。与里程法不同,年限法是根据车辆行驶年限将总费用平均分配到当月,该方法更侧重于费用分配的均衡性。

三、汽车运输成本的项目设置

根根运输企业会计制度的规定,汽车运输成本项目包括直接营运成本和间接营运成本两大部分。在汽车运输活动中,直接营运成本体现为车辆直接费用,间接营运成本包括辅助营运费用和营运间接费用两项,具体内容如下。

1. 车辆直接费用

车辆直接费用是指可以直接计入车辆营运成本的成本项目。

(1)人工费。人工费是指按规定支付给营运车辆司机的基本工资、按规定计提的福利费用、工资性津贴和生产性奖金。实行承包经营企业的司机人员个人所得的承包收入也包括在本项目内。

(2)轮胎费。轮胎费是指营运车辆所耗用的外胎、内胎、垫带的费用支出及轮胎翻新费和零星修补费。

(3)修理费。修理费是指营运车辆进行各级维护和小修所发生的工料费、修复旧件费用、行车耗用的机油费用及车辆大修费用。

(4)车辆折旧。车辆折旧是指营运车辆按规定方法计提的折旧。

(5)燃料费。燃料费是指营运车辆运行和生产经营过程中所耗用的各种燃料费用,如耗用汽油、柴油等的费用。

(6)公路运输管理费。公路运输管理费是指按规定向公路运输管理部门缴纳的运输管理费。

(7)车辆保险费。车辆保险费是指向保险公司缴纳的营运车辆的保险费用。

(8)税金。税金是指按规定缴纳的车船使用税。

(9)事故费。事故费是指营运车辆在运行过程中因行车肇事所发生的事故损失,扣除保险公司赔偿后的事故费用。因车站责任发生的货损、货差损失及不可抗拒的原因造成的非常损失,不在本项目内核算。

(10) 其他费用。其他费用是指不属于上述各项的车辆营运费用,包括行车杂支、随车工具费、篷布绳索费、中途故障救济费、车辆牌照和检验费、洗车费、停车住宿费、过桥费、过渡费、高速公路建设费等。

2. 辅助营运费用

辅助营运费用是指辅助生产部门发生的费用,企业的辅助生产部门主要是指为企业车辆和装卸机械进行维修作业而设的保养厂或车间。企业发生的辅助营运费用通常包括以下几个方面。

(1) 辅助生产部门进行各级维护和小修作业所发生的业务费用。
(2) 辅助生产部门自制设备和配件所发生的材料等费用。
(3) 辅助生产部门进行零件修补、旧件修复等业务所发生的各种消耗。
(4) 企业辅助生产部门的人员工资、福利费。
(5) 企业辅助生产部门发生的各项管理费用。
(6) 辅助生产部门对外修理所发生的各种耗费。

3. 营运间接费用

营运间接费用是指不能直接计入成本计算对象的各种间接费用,但不包括企业行政管理部门(总公司或公司)的管理费用。营运间接费用主要有以下两个方面。

(1) 车队管理费是指基层营运车队所发生的营运管理费用。
(2) 车站经费是指基层车站的营运管理费用。

四、汽车运输成本的核算程序和方法

1. 核算程序

汽车运输成本的核算程序主要是指汽车运输成本的会计核算程序。

(1) 根据汽车运输企业营运管理的要求,确定成本计算对象、成本计算单位、成本项目和成本计算方法。

(2) 根据费用支出和运输过程中消耗的原始凭证,按照成本计算对象、费用类别和部门对运输营运费用进行归集、分配并编制各种费用汇总表,包括工资分配表、燃料和轮胎损耗汇总表、低值易耗品摊销表、固定资产折旧及大修理费用提存计算表、轮胎摊销分配表等。

(3) 根据各种费用汇总表或原始凭证,登记各种相应账户,如"辅助营运费用""营运间接费用""待摊费用""预提费用"等,并将辅助营运费用、营运间接费用按成本计算对象分配并编制如运输支出、其他业务支出等各项支出汇总表,确定各项业务应负担的费用,计算运输业务成本。

(4) 运输企业根据车队、车站上报的成本核算资料,汇总分配企业各项费用,编制企业运输业务总成本和单位成本计算单。

2. 核算方法

(1) 车辆直接费用。

① 人工费。对于有固定车辆的司机和工作人员的工资,按照实际发生的数额直接计入相关运输成本;对于没有固定车辆的后备司机或工作人员,其工资按营运车吨位或营运车吨日分配计入相关成本,计算公式为

$$每营运车吨日工资分配额 = \frac{应分配的后备司机或工作人员的工资总额}{总营运车吨日}$$

$$某车型应分摊的司机工资 = 该车型实际总营运车吨日 \times 每营运车吨日工资分配额$$

这里的工资总额包含后备司机或工作人员的基本工资、奖金及各种福利费等。

② 轮胎费。外胎的一般领用按实际发生数直接计入当月运输成本,当一次领用轮胎较多时,可在一年内分月摊入各月运输成本,一般按每千胎千米摊提额和月度内实际行驶胎千米数计算,计算公式为

$$千胎千米摊提额(分配率) = \frac{外胎计划价格 - 计划残值}{新胎到报废行驶里程定额 \div 1\,000}$$

$$某车型某月应计摊提费用 = 千胎千米摊提额 \times 该车型该月实际行驶胎千米 \div 1\,000$$

③ 修理费。营运车辆因维护和修理而领用的各种材料、配件、修理等费用直接计入成本,预提的大修理费用则根据大修理费用提存计算表按月分配计入成本。

营运车辆大修理费用的预提有两种方法:按照实际行驶里程计算预提;按照使用年限预提。通常,企业对营运车辆的大修理费用按照实际行驶里程计算预提,而大型车的大修理费用则按照使用年限预提。

a. 按照实际行驶里程计算预提,计算公式为

$$某车型营运车千车千米大修理费用预提额(分配率) = \frac{预计大修理次数 \times 每次大修理费用}{该车行驶里程定额 \div 1\,000}$$

$$某车型营运车千车千米大修理费用提存额 = 某车型营运车千车千米大修理费用预提额(分配率) \times 该车型营运车当月行驶里程 \div 1\,000$$

b. 按照使用年限预提,计算公式为

$$某车型营运车月大修理费用提存额 = \frac{预计大修理次数 \times 每次大修理费用}{预计使用年限 \times 12}$$

④ 车辆折旧。一般营运车辆的折旧,按里程法计算。特种车、大型车按年限法计算。在计算营运车辆折旧时,要注意车辆折旧总额的确定。运输企业营运车辆的折旧总额应为

$$营运车辆折旧总额 = 车辆原值 - 预计残值 + 预计清理费用$$

a. 里程法的计算公式为

$$某车型营运车千车千米折旧额(分配率) = \frac{该车型折旧总额}{该车型行驶里程定额 \div 1\,000}$$

$$某车型营运车月折旧额 = 该车型营运车千车千米折旧额(分配率) \times 该车型营运车当月行驶里程 \div 1\,000$$

b. 年限法的计算公式为

$$某车型营运车折旧额 = \frac{该车型折旧总额}{预计使用年限 \times 12}$$

⑤ 燃料费。营运车辆消耗的燃料应根据行车路单或其他有关燃料消耗报告所列实际消耗量计算,直接计入成本。燃料消耗计算的范围与期间,应与车辆运行情况相一致,以保证燃料实际消耗量与当月车辆行驶总里程和所完成的运输周转量相对应。

实行满油箱制的运输企业,在月初、月末油箱加满的前提下,车辆当月加油的累计数,即为当月燃料实际消耗数,企业根据行车路单领油记录核实的燃料消耗统计表,即可计算

当月燃料实耗数。也就是说,实行满油箱制的企业,当月燃料实际消耗量为当月实际领油数。

实行实地盘存制的企业,应在月底实地测量车辆油箱存油数,并根据当月行车路单加油记录计算各车实际耗用的燃料数,计算公式为

$$本月燃料消耗量 = 月初结存 + 本月领用数 - 月末结存$$

⑥ 其他费用。除上述费用外,有时还会涉及保险费、过路费、运输管理费等其他和运输活动有关的杂费,对于这部分费用应按照实际支出数额及受益期限分摊计入成本。

(2) 辅助营运费用。辅助营运费用的计算应按照计算对象和费用类别进行归集,并按受益部门和一定的方法进行分配。能够直接计入各成本计算对象的,应直接计入;不能直接计入的间接费用,如辅助生产部门人员的人工费用和车间经费等间接费用,要采取适当的方法分配计入成本计算对象。通常情况下,企业辅助营运部门的间接费用按照各项业务耗费的工时数进行分配,其计算公式为

$$辅助营运部门间接费用单位工时分配额(分配率) = \frac{辅助营运部门间接费用总额}{辅助生产实际总工时}$$

$$各车型应分摊辅助营运费用额 = 各车型实际耗用工时 \times 辅助营运部门间接费用单位工时分配额(分配率)$$

最后汇总各车型营运车辆耗费的辅助营运费用,计算公式为

$$辅助营运费用 = 辅助直接费用 + 辅助间接费用$$

(3) 营运间接费用。营运间接费用的分配一般分成两步。

① 将发生的营运间接费用在基层运营单位的主营业务(即基层车队的运输业务或基层车站为运输业务所发生的车站业务)和其他业务之间进行分配。其分配标准通常采用车队发生的车辆直接费用和其他业务的直接费用之和,通过这两种直接费用之间的比例将营运间接费用分摊到有关业务中,计算公式为

$$营运间接费用分配率 = \frac{当月营运间接费用总额}{主营业务直接费用 + 其他业务直接费用}$$

$$主营业务应分摊的营运间接费用 = 当月运输业务直接费用 \times 营运间接费用分配率$$

② 将分配到主营业务(运输业务)的营运间接费用再次分摊到各相关的运输成本计算对象中,即在各车型之间进行分配,计算公式为

$$按各车型分摊营运间接费用分配率 = \frac{主营业务应分摊的营运间接费用}{该车队各车型营运直接费用总额}$$

$$某车型应分摊的营运间接费用 = 当月该车型直接费用总额 \times 按各车型分摊营运间接费用分配率$$

汽车运输业务的营运间接费用的分配过程如图 6-4 所示。

(4) 计算总成本和单位成本。汽车运输业务的总成本是指成本计算期各运输成本计算对象,即各种类型车辆的运输成本总额之和,计算公式为

$$汽车运输总成本 = \sum 各车型运输总成本$$

某车型运输总成本是指成本计算期内该车型按其成本项目归集的运输总成本,包括车辆直接费用(人工费、轮胎费、修理费、车辆折旧、燃料费等)、辅助营运费用和营运间接费用,

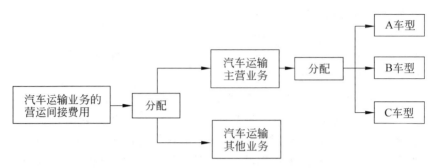

图 6-4　汽车运输业务的营运间接费用的分配过程

计算公式为

$$某车型的单位运输成本 = \sum 该车型各成本项目的成本$$

某车型运输单位成本是指成本计算期内，按该车型完成单位运输周转量（千吨千米）所计算的成本额，计算公式为

$$某车型的单位运输成本 = \frac{该车型当月运输总成本}{该车型的当月运输周转量}$$

（5）编制成本计算单。根据《企业会计准则》，成本计算单应按照成本计算对象分别编制。一般情况下，成本计算单中应包含各成本项目及总成本和单位成本的数据。不同的企业可以根据自身的实际情况设置成本计算单的格式与内容。

3. 汽车运输成本核算实例

例 6-1　华阳货运有限公司 2024 年 4 月的汽车运输成本资料如下。

（1）4 月，A 车型营运 30 天，共行驶 20 000 千米，运量为 2 000 吨，领用燃料 2 000 升，每升 8 元；A 车型一次性领用轮胎 30 个，每个 1 000 元，总残值 5 000 元，该批轮胎行驶里程定额 800 000 千米；本月共支付保险费等 4 000 元。

（2）4 月，B 车型营运 30 天，共行驶 100 000 千米，运量为 4 000 吨，领用燃料 6 000 升，每升 6 元；B 车型一次性领用轮胎 60 个，每个 800 元，总残值 10 000 元，该批轮胎行驶里程定额 1 000 000 千米；本月共支付保险费等 10 000 元。

（3）本车队每辆车有一名固定司机，工资为 5 000 元/月，全车队有 3 名后备司机，工资为 3 000 元/月。

（4）4 月，附属维修辅助车间发生职工工资 4 000 元，发生其他车间经费 5 000 元。另外，进行日常维护消耗材料费共 8 000 元，其中 A 车型消耗材料 3 000 元，B 车型消耗材料 5 000 元。该车间该月完成的各项修理业务共计耗用 160 小时，生产零配件业务耗用 140 小时。A 车型耗用修理工时 60 小时、生产零配件工时 40 小时。B 车型耗用修理工时 100 小时、生产零配件工时 100 小时。

（5）4 月，发生车站经费、车队管理费共 26 000 元，管理人员工资及福利共 18 000 元，其他业务直接费用共 26 575 元。

（6）其他的车辆基本数据如表 6-1 所示。

表 6-1 华阳货运有限公司车辆数据资料

指　　标	A 车型	B 车型
数量/辆	5	10
原值/(元/辆)	200 000	150 000
计划残值/(元/辆)	6 000	5 000
预计清理费/(元/辆)	1 000	1 000
使用年限/年	10	10
行驶里程定额/(千米/辆)	500 000	500 000
载重/(吨/辆)	16	6
每日运输次数	1	2
每年大修理费用	5 000	8 000
每年大修理次数	1	1

根据汽车运输成本核算步骤与方法,完成该公司 2024 年 4 月汽年运输总成本和单位成本的核算。

解：

(1) 车辆直接费用。

① 人工费。

a. 计算营运车吨日。

A 车型车吨日＝5×16×30×1＝2 400(车吨日)

B 车型车吨日＝10×6×30×2＝3 600(车吨日)

b. 计算费用分配率。

后备司机每营运车吨日工资分配率＝3 000×3÷(2 400＋3 600)＝1.5

c. 计算各车型应负担的后各司机工资费用。

A 车型应负担后备司机工资＝2 400×1.5＝3 600(元)

B 车型应负担后备司机工资＝3 600×1.5＝5 400(元)

d. 计算各车型应负担的总工资费用。

A 车型应负担工资成本＝5 000×5＋3 600＝28 600(元)

B 车型应负担工资成本＝5 000×10＋5 400＝55 400(元)

② 轮胎费。

a. 计算千胎千米摊提额。

A 车型干胎千米摊提额＝(30×1 000－5 000)÷(800 000÷1 000)＝31.25(元)

B 型千胎千米摊提额＝(60×800－10 000)÷(1 000 000÷1 000)＝38(元)

b. 计算各车型当月应摊提轮胎费用。

A 车型当月应摊提轮胎费＝31.25×20 000÷1 000＝625(元)

B 车型当月应摊提轮胎费＝38×100 000÷1 000＝3 800(元)

③ 修理费。考虑到实际情况,我们按里程法进行计算。

a. 计算各车型的千车千米大修理费用预提额(分配率)。

　　　　A车型千车千米大修理费用预提额＝1×5 000÷(500 000÷1 000)＝10(元)
　　　　B车型千车千米大修理费用预提额＝1×8 000÷(500 000÷1 000)＝16(元)
　　b. 计算各车型月大修理费用提存额。
　　　　A车型月千车千米大修理费用提存额＝10×20 000÷1 000＝200(元)
　　　　B车型月千车千米大修理费用提存额＝16×100 000÷1 000＝1 600(元)
④ 车辆折旧。考虑到实际情况,我们按里程法进行计算。
　　a. 计算各车型千车千米折旧额(分配率)。
A车型千车千米折旧额＝(200 000－6 000＋1 000)÷(500 000÷1 000)＝390(元)
B车型千车千米折旧额＝(150 000－5 000＋1 000)÷(500 000÷1 000)＝292(元)
　　b. 计算各车型当月车辆折旧额。
　　　　A车型当月车辆折旧额＝390×20 000÷1 000＝7 800(元)
　　　　B车型当月车辆折旧额＝292×100 000÷1 000＝29 200(元)
⑤ 燃料费。计算各车型当月燃料费。
　　　　A车型当月燃料费＝8×2 000＝16 000(元)
　　　　B车型当月燃料费＝6×6 000＝36 000(元)
⑥ 其他费用。本月A车型共支付保险费、养路费等其他费用总计4 000元。本月B车型共支付保险费、养路费等其他费用总计10 000元。
(2) 辅助营运费用。
① 计算辅助营运费用单位工时分配额(分配率)。
　　　　单位工时分配额＝(4 000＋5 000)÷(160＋140)＝30
② 计算各车型应分摊的辅助营运费用额。
　　　　A车型分摊辅助营运费用额＝30×(60＋40)＝3 000(元)
　　　　B车型分摊辅助营运费用额＝30×(100＋100)＝6 000(元)
③ 汇总各车型的辅助营运费用。
　　　　A车型的辅助营运费用＝3 000＋3 000＝6 000(元)
　　　　B车型的辅助营运费用＝5 000＋6 000＝11 000(元)
(3) 营运间接费用。
① 汇总直接费用。
本月A车型直接费用＝28 600＋625＋200＋7 800＋16 000＋4 000＝57 225(元)
本月B车型直接费用＝55 400＋3 800＋1 600＋29 200＋36 000＋10 000＝136 000(元)
本月运输业务直接费用＝57 225＋136 000＝193 225(元)
② 计算车队运输业务应分摊的营运间接费用。
　　　　分配率＝(26 000＋18 000)÷(193 225＋26 575)≈0.2
　　　　运输主营业务应分摊的营运间接费用＝193 225×0.2＝38 680(元)
　　　　其他运输业务应分摊的营运间接费用＝26 575×0.2＝5 315(元)
③ 计算各车型分摊的营运间接费用。
　　　　按车型分摊营运间接费用分配率＝38 680÷193 225≈0.2
　　　　A车型应分摊的营运间接费用＝57 225×0.2＝11 445(元)
　　　　B车型应分摊的营运间接费用＝136 000×0.2＝27 200(元)

(4) 计算总成本和单位成本。

① 计算各车型总成本。

A 车型总成本＝车辆直接费用＋辅助营运费用＋营运间接费用
　　　　　　＝57 225＋6 000＋11 445＝74 670(元)

B 车型总成本＝车辆直接费用＋辅助营运费用＋营运间接费用
　　　　　　＝136 000＋11 000＋27 200＝174 200(元)

② 计算各车型周转量。

A 车型周转量＝20 000×2 000＝40 000 000(吨千米)＝40 000(千吨千米)

B 车型周转量＝100 000×4 000＝400 000 000(吨千米)＝400 000(千吨千米)

③ 计算各车型单位成本。

A 车型单位成本＝总成本÷周转量＝74 670÷40 000≈1.87(元/千吨千米)

B 车型单位成本＝总成本÷周转量＝174 200÷400 000≈0.44(元/千吨千米)

(5) 编制成本计算单。运输成本计算单按照 A 车型、B 车型分别编制,如表 6-2 和表 6-3 所示。

表 6-2　2024 年 4 月 A 车型成本计算单

项　　目	总成本/元	单位成本/(元/千吨千米)
车辆直接费用	57 225	1.43
辅助营运费用	6 000	0.15
营运间接费用	11 445	0.29
合计	74 670	1.87

表 6-3　2024 年 4 月 B 车型成本计算单

项　　目	总成本/元	单位成本/(元/千吨千米)
车辆直接费用	136 000	0.34
辅助营运费用	11 000	0.03
营运间接费用	27 200	0.07
合计	174 200	0.44

任务三　海洋运输成本核算

一、海洋运输业务及其成本概述

海洋运输成本是海洋货物运输生产过程中所产生的以货币形式反映的全部耗费。海洋运输业务按运输距离的长短可以分为沿海运输业务和远洋运输业务。

1. 沿海运输业务及其成本

沿海运输业务是海运企业营运船舶在近海航线上的运输业务。沿海运输船舶往来于沿海港口之间,在通常情况下运输距离较近、航次时间较短,数日内即可往返一次。船舶进出港口,由港口单位提供码头设备和各种服务,航运单位按规定向港口单位交付各种港口使用费。

海运企业船舶吨位较大、费用较多，所以应按照单船或类型船归集船舶营运费用，计算货运成本。海运企业的运输船舶，有时从事非运输工作，如船舶临时出租、援救遇难船舶等工作，应属于其他业务，所发生的船舶费用应在计算船舶运输成本时予以计算并扣除。

2. 远洋运输业务及其成本

远洋运输业务通常是指国际航线运输业务。远洋运输船舶来往于国内外港口之间，运输距离较长，每次航行时间常在一个月以上，甚至长达数月之久。远洋运输具有船舶吨位大、航次时间长的特点。

由于管理上的需要，远洋运输量需要按船舶航次统计，运输收入需要按船舶已完航次计算。因此，船舶营运成本的计算不仅要按单船，还要按不同航次，以便正确划分与计算各航次的运输效益。

远洋运输船舶在进出国内港口时使用码头设备，与沿海船舶一样需要按规定向港口单位支付各种港口使用费；货运业务由港口代理，支付代理费用。远洋船舶在进出国外港口时需要按各港口的规定支付各种港口使用费；在国外港口，船舶运输业务由代理行代理，并向其支付代理费用。船舶通过海峡，需支付海峡通行费。按照国际运输规定，船方往往根据运输条款支付某些运输业务费用，如垫舱费、装卸费用、揽货佣金、理货费用等，远洋运输业务的成本构成与沿海和内河船舶运输有着明显的不同。

二、海洋运输成本的核算要素

1. 成本计算的对象

海洋运输成本的计算对象是海洋运输业务中涉及的各类型船舶或航线，由于海洋运输业务分为沿海运输业务和远洋运输业务，因此，计算对象也有所不同。

（1）沿海运输业务的成本计算对象。沿海运输以各种类型船舶的运输业务为成本计算对象，据此开设成本计算单。

（2）远洋运输业务的成本计算对象。远洋运输成本是按照航次进行费用的归集，因此，远洋运输的成本计算对象更为具体，即各类型船舶的已完航次，并据此开设成本计算单。

2. 成本计算期

（1）沿海运输业务的成本计算期。沿海运输业务的成本计算期是日历月。每月末最后一天为成本计算截止时间，计算已完航次成本。沿海运输业务航线较短、航行时间不长、航次频繁，船舶运输虽然按航次组织，但是各月末未完航次成本数额较为均衡，因此，为了简化成本计算，沿海运输业务以日历月为成本计算期。

（2）远洋运输业务的成本计算期。远洋运输业务以航次为成本计算期。航次是指船舶按照命令运载货物完成一个完整的运输生产过程。船舶的航次时间应从上一航次最终港卸空所载货物时起，到本航次最终卸空所载货物时为止。远洋运输航次时间长、船舶费用多，为了正确计算成本，远洋运输分船按航次计算成本，计算报告期已完航次的成本，将报告期末未完航次的费用转入下期。

3. 成本计算的单位

海洋运输成本的计算单位是指运输周转量的计量单位，一般为千吨千米。海运企业沿海运输、远洋运输的船舶完成运输周转量都按当月（季、年）已完航次统计的到达量计算。

三、海洋运输成本的项目设置

海洋运输成本分为海运直接费用和营运间接费用两类,对于租船和使用集装箱运输的企业,还包括船舶租费和集装箱固定费用。

1. 海运直接费用

海运直接费用是指海洋运输企业在营运过程中,所发生的可以直接计入运输成本核算对象的各种费用,具体包括以下几个方面。

(1) 航次运行费用。航次运行费用是指船舶在运行过程中可以直接归属于航次负担的费用。

① 燃料费。燃料费是指船舶在航行、装卸、停泊等时间内耗用的全部燃料费用。

② 港口费。港口费是指船舶进出港口、停泊、过境等应付的港口费用。它包括船舶吨税、灯塔费、引水费、拖轮费、码头费、浮筒费、系解缆费、海关检验费及海峡通过费、运河费等。

③ 货物费。货物费是指运输船舶载运货物所发生的应由船方负担的业务费用,如装卸工工资、加班费、装卸工具费、下货费、翻仓费、货物代理费等。

④ 中转费。中转费是指船舶载运的货物在中途港口换装其他运输工具运往目的地及在港口中转时发生的应由船方负担的各种费用,如汽车接运费、铁路接运费、水运接运费、改港费等。

⑤ 垫隔材料费。垫隔材料费是指船舶在同一货仓内装运不同类别的货物需要分开、垫隔,或虽在同一货仓内装同类货物但需要防止摇动、移位及货物通风需要等耗用的材料、隔货网、防摇装置、通风筒等材料费用。

⑥ 速遣费。速遣费是指有装卸协议的营运船舶提前完成装卸作业,按照协议付给港口单位的速遣费用。如发生延期,收回的延期费冲减本项目。

⑦ 事故损失。事故损失是指船舶在营运生产过程中发生海损、机损、货损、货差、污染、人身伤亡等事故的费用,包括施救、赔偿、修理、诉讼、善后等产生的直接损失。

⑧ 航次其他费用。航次其他费用是指不属于上述各项的应由航次负担的其他费用,如淡水费、交通车船费、邮电费、清洁费、国外港口接待费、航次保险费、领事签订费、代理打捞费、业务杂支、冰区航行破冰费等。

(2) 船舶固定费用。船舶固定费用是指为保持船舶适航状态所发生的经常性维持费用。这些费用大部分不能直接归属于某一航次,但可以按单船进行归集;但有的还需要先归集汇总,再按一定的标准分配计入相关成本,如船舶非营运期费用和船舶共同费用。船舶固定费用具体包括以下内容。

① 船员工资总额。船员工资总额是指船员的标准工资、船岸差、航行津贴、油轮津贴、运危险品津贴、船员伙食、其他按规定支付的工资性津贴及按实际发放的船员工资总额的规定比例提取的职工福利费。

② 船舶折旧。船舶折旧是指企业按照确定的折旧方法按月计提的折旧。

③ 船舶修理费。船舶修理费是指已完工的船舶实际修理费支出和日常维护保养耗用的修理用料、备品配件等的费用,以及船舶技术改造大修理费用摊销的支出。

④ 润料费。润料费是指船舶耗用的润滑油脂的费用。

⑤ 船舶材料费。船舶材料费是指船舶在运输生产和日常维护保养中耗用及劳动保护耗用、事务耗用的各种材料和低值易耗品等的费用。

⑥ 船舶保险费。船舶保险费是指企业向保险公司投保的各种船舶保险所支付的保险费用。

⑦ 车船使用税。车船使用税是指按规定缴纳的车船使用税。

⑧ 船舶非营运期费用。船舶非营运期费用是指船舶在厂修、停船自修、事故停航、定期熏仓等非营运期内所发生的费用,包括为修理目的空驶至船厂期间发生的费用。

⑨ 船舶共同费用。船舶共同费用是指船舶共同受益,但不能也不便按单船归集的船舶费用。它包括以下几个方面。

a. 工资是指替补公休船员、后备船员、培训船员等按规定支付的工资、津贴、补贴及按规定比例计提的职工福利费等。

b. 船员服装费是指根据规定制发给船员的服装费。

c. 船员差旅费是指船员报到、出差、学习、公休、探亲、调遣等发生的差旅费。

d. 文体宣传费是指用于船员文娱体育活动和对外宣传购置的资料与设备的更新及修理费等。

e. 广告及业务活动费是指通过多种媒体进行广告宣传及船舶为疏港、揽货等业务活动所支付的业务招待费用等。

f. 单证资料费是指运输业务印制使用的各种票据、货运单、航单、航海图书、技术业务资料及这类资料的邮递费用。

g. 船员疗养休养费是指船员因工作环境特殊,企业为船员安排疗养休养的支出。

h. 电信费是指船岸通过电台、电缆、卫星、高频电话等通信联络设备发生的国内通信费用。

i. 其他费用是指船员体检费、签证费、油料化验费等支出。

⑩ 其他船舶固定费用。其他船舶固定费用是指不属于上述各项的其他船舶固定费用,如船舶证书费、船舶检验费等。

(3) 船舶租费。在租赁船舶参加营运时会产生船舶租费、船舶租费可以按规定计入相应成本中,分为期租费、程租费。

(4) 集装箱固定费用。在使用集装箱进行海洋运输时,会产生集装箱固定费用。集装箱固定费用是指为保证集装箱的良好使用状态所发生的经常费用,具体包括以下几个方面。

① 空箱保管费是指空箱存放在堆场所支付的堆存费用。

② 折旧是指按规定折旧率计提的集装箱折旧。

③ 修理费是指集装箱修理用配件、材料和修理费用。

④ 保险费是指投保集装箱安全险所支付给保险公司的保险费。

⑤ 租费是指租入的集装箱按租约规定支付的租金。

⑥ 底盘车费用是指企业自有或租入的集装箱底盘车所发生的保管费、折旧、租费、保险费、修理费等。

⑦ 其他费用是指不属于以上项目的集装箱固定费用,如清洁费用、熏箱费等。

2. 营运间接费用

营运间接费用是指海运公司在营运过程中,其基层部门发生的不能直接计入运输成本核算对象的各种间接费用。其具体包括企业各个生产单位(分公司、船队)为组织和管理运输生产所发生的运输生产管理人员工资、职工福利、燃料费、材料费、低值易耗品费、折旧、修理费、办公费、水电费、租赁费、差旅费、设计制图费、业务票据费、燃材料盘亏和毁损费、取暖费、会议费、出国人员经费、保险费、交通费、运输费、仓库经费、劳动保护费、排污费等。

四、海洋运输成本的核算程序

海洋运输成本的核算程序主要是指海洋运输成本的会计核算程序。

(1) 根据海洋运输企业营运管理的要求,确定成本计算对象、成本计算单位、成本项目和成本计算方法。

(2) 根据费用支出和运输过程中消耗的原始凭证,按照成本计算对象、费用类别和部门对海洋运输营运费用进行归集、分配并编制各种费用汇总表,包括船员的工资分配表、燃料和船舶材料损耗汇总表、低值易耗品摊销表、船舶折旧及船舶修理费用提存计算表等。

(3) 根据各种费用汇总表或原始凭证,登记各种相应账户,如"航次运行费用""船舶固定费用""集装箱固定费用""营运间接费用"等,并将这些费用按成本计算对象分配并编制各项支出汇总表,确定各项业务应负担的费用,计算海洋运输业务成本。

(4) 企业根据各船上报的成本核算资料,汇总分配各项费用,编制运输业务总成本和单位成本计算单。

五、海洋运输成本的核算方法

1. 沿海运输业务的核算方法

(1) 海运直接费用。

① 航次运行费用。沿海运输企业船舶所发生的航次运行费用是可以直接确认归属于某类船舶负担的费用,应根据原始凭证或费用计算表编制记账凭证,分别按不同类型的船舶直接计入。

② 船舶固定费用。船舶固定费用中能够直接计入不同类型的船舶的费用,应直接计入;不能直接计入的,如让各类型船舶都受益的船舶共同费用,需要按规定的标准分配计入成本计算对象。

需要按照规定标准分配的船舶固定费用发生时,先根据各有关原始凭证进行累积。在月度终了,通常按照各类型船的艘天数、吨天数或其他比例分配计入各类型船的船舶固定费用,计算公式为

$$船舶固定费用分配率 = \frac{船舶固定费用}{该月所有船舶航行的艘天数(吨天数)}$$

③ 船舶租费。船舶租费是指企业租入运输船舶按照租赁合约支付的船舶租费。一般情况下,沿海运输业务的船舶出租属于期租,即按照时间租赁。发生的期租费用直接按月度划分,计入某类型船的月度成本。

④ 集装箱固定费用。集装箱固定费用是指为了维持集装箱适用状态所发生的日常维护费用。这部分费用按照每标准箱的使用天数,分配计入使用集装箱的船舶运输成本,计算公式为

$$集装箱固定费用分配率=\frac{集装箱固定费用}{标准箱的使用天数}$$

某类型船舶应分摊的集装箱固定费用＝该类船舶使用集装箱的标准箱天数×
集装箱固定费用分配率

（2）营运间接费用。沿海运输企业的营运间接费用属于间接营运成本，原则上应涉及企业所经营的各种业务，也就是说，除了运输业务，企业辅助生产单位、建设单位等部门的业务也应负担营运间接费用。

沿海运输企业的营运间接费用应以直接费用为分配依据，先在企业所经营的各种营运业务之间进行分配，求得沿海运输业务应负担的营运间接费用；然后依据运输业务应负担的营运间接费用，再进一步计算某类型船舶应负担的成本。其步骤如下。

① 计算运输业务应负担的营运间接费用。

$$营运间接费用分配率=\frac{营运间接费用}{运输业务直接费用+其他业务直接费用}×100\%$$

运输业务应负担的营运间接费用＝运输业务直接费用×营运间接费用分配率

② 计算某类型船舶应负担的营运间接费用。

$$按类型船舶分摊的营运间接费用分配率=\frac{运输业务应负担的营运间接费用}{\sum 各运输船舶的直接费用}×100\%$$

某类型船舶应负担的营运间接费用＝该类型船舶的直接费用×按类型船舶分摊的营运间接费用分配率

（3）计算总成本和单位成本。沿海运输业务中，运输总成本是指在成本计算期内各类型船舶的运输总成本之和，计算公式为

$$沿海运输业务运输总成本=\sum 各类型船舶运输总成本$$

某类型船舶的运输总成本是指在成本计算期内，该类型船舶的所有成本项目的成本之和，计算公式为

$$某类型船舶运输总成本=\sum 该类型船舶各成本计算项目的成本$$

某类型船舶的单位成本是指成本计算期内，按该类型船舶完成单位运输周转量（千吨千米）计算的成本额，计算公式为

$$某类型船舶运输单位成本=\frac{该类型船舶当月运输总成本}{该类型船舶当月运输周转量}$$

（4）编制成本计算单。根据《企业会计准则》，成本计算单应按照成本计算对象分别编制。一般情况下，沿海运输业务的成本计算单中应包含各类型船舶的成本项目、总成本和单位成本的数据。不同的企业可以根据自身的实际情况设置成本计算单的格式与内容。

2. 沿海运输业务核算实例

例 6-2 天津海通海运有限公司主要从事沿海运输业务，本月海运业务涉及 1 艘 A 型船和 2 艘 B 型船，其中 A 型船为企业租用船舶。2024 年 9 月，沿海运输业务成本资料如下。

（1）船舶航次运行费用。本月船舶航次运行费用共计 8 000 000 元，其中 A 型船的费用 5 000 000 元，B 型船的费用 3 000 000 元。

(2) 船舶固定费用。

① A 型船和 B 型船消耗的费用可以直接归入各船的固定费用,如表 6-4 所示。

表 6-4　船舶固定费用明细　　　　　　　　　　　　单位:元

船　型	A 型船费用	B 型船费用
润料费	2 000	3 000
船舶保险费	5 000	8 000
车船使用税	3 000	4 000

② A 型船和 B 型船消耗的船舶共同费用如表 6-5 所示。

表 6-5　船舶共同费用

船　型	船只数/艘	本月航行天数/天	共同费用消耗/元
A 型船	1	25	14 600
B 型船	2	24	

③ 本月非营运期费用共消耗 30 000 元,按一定标准分摊后,A 型船非营运期固定费用 12 000 元,B 型船非营运期固定费用 18 000 元。

(3) 本月发生的船舶租费为 7 000 元。

(4) 本月共用 20 英尺集装箱 180 只,40 英尺集装箱 40 只,共支付集装箱固定费用 360 000 元。其中,1 艘 A 型船用 20 英尺集装箱 30 只,40 英尺集装箱 4 只;2 艘 B 型船共用 20 英尺集装箱 100 只,40 英尺集装箱 6 只(剩余集装箱由其他部门使用)。

(5) 海通海运有限公司本月共发生营运间接费用 845 240 元,其他业务发生直接费用 200 000 元。

(6) 本月 A 型船货运周转量 1 117 380 千吨千米;B 型船货运周转量 872 685 千吨千米。

请根据沿海运输业务的核算方法,计算海通海运有限公司本月两种船型的总成本和单位成本。

解:

(1) 计算海运直接费用。

① 航次运行费用。

$$A 型船航次运行费用 = 5\ 000\ 000 元$$

$$B 型船航次运行费用 = 3\ 000\ 000 元$$

② 船舶固定费用。

第一,能直接计入成本计算对象的船舶固定费用。

$$A 型船的船舶固定费用 = 2\ 000 + 5\ 000 + 3\ 000 = 10\ 000(元)$$

$$B 型船的船舶固定费用 = 3\ 000 + 8\ 000 + 4\ 000 = 15\ 000(元)$$

第二,需分配的共同费用。

$$船舶共同费用分配率 = 14\ 600/(25 \times 1 + 24 \times 2) = 200$$

$$A 型船应负担的共同费用 = 200 \times 25 \times 1 = 5\ 000(元)$$

$$B 型船应负担的共同费用 = 200 \times 24 \times 2 = 9\ 600(元)$$

第三,已经分摊的非营运期的船舶固定费用。

A 型船非营运期固定费用＝12 000 元

B 型船非营运期固定费用＝18 000 元

第四,船舶固定费用合计。

A 型船全部固定费用＝10 000＋5 000＋12 000＝27 000(元)

B 型船全部固定费用＝15 000＋9 600＋18 000＝42 600(元)

③ 船舶租费。根据已知,该公司本月发生租用 A 型船舶 1 艘,租费为 7 000 元,直接计入 A 型船。

④ 集装箱固定费用。

集装箱固定费用分配率＝360 000÷[(30＋4×2)×25＋(100＋6×2)×24]＝98.96(元)

A 型船应分摊集装箱固定费用＝98.96×25×(30＋2×4)＝94 008(元)

B 型船应分摊集装箱固定费用＝98.96×24×(100＋2×6)＝265 992(元)

（2）计算营运间接费用。

A 型船海运直接费用＝航次运行费用＋船舶固定费用＋船舶租费＋集装箱固定费用
　　　　　　　　　＝5 000 000＋27 000＋7 000＋94 008＝5 128 008(元)

B 型船海运直接费用＝航次运行费用＋船舶固定费用＋船舶租费＋集装箱固定费用
　　　　　　　　　＝3 000 000＋42 600＋0＋265 992＝3 308 592(元)

其他业务直接费用＝200 000 元

营运间接费用分配率＝845 240÷(5 128 008＋3 308 592＋200 000)＝0.098

运输业务应负担的营运间接费用＝(5 128 008＋3 308 592)×0.098＝826 787(元)

按类型船舶分摊的营运间接费用分配率＝826 787÷(5 128 008＋3 308 592)＝0.1

A 型船应分摊的营运间接费用＝5 128 008×0.1＝512 801(元)

B 型船应分摊的营运间接费用＝3 308 592×0.1＝330 859(元)

（3）计算总成本和单位成本。

A 型船总成本＝5 128 008＋512 801＝5 640 809(元)

B 型船总成本＝3 308 592＋330 859＝3 639 451(元)

A 型船单位成本＝总成本÷周转量＝5 640 809÷1 117 380≈5.05(元/千吨千米)

B 型船单位成本＝总成本÷周转量＝3 639 451÷872 685≈4.17(元/千吨千米)

（4）编制成本计算单,如表 6-6 和表 6-7 所示。

表 6-6　2021 年 9 月 A 型船成本计算单

项　　目	总成本/元	总成本/(元/千吨千米)
海运直接费用	5 128 008	4.59
营运间接费用	512 801	0.46
合计	5 640 809	5.05

表 6-7　2021 年 9 月 B 型船成本计算单

项　　目	总成本/元	总成本/(元/千吨千米)
海运直接费用	3 308 592	3.79
营运间接费用	330 859	0.38
合计	3 639 451	4.17

3. 远洋运输业务的计算方法

(1) 海运直接费用。

① 航次运行费用。远洋运输企业的船舶所发生的航次运行费用可以直接确认归属于某船的某个航次,根据原始凭证或费用计算表编制记账凭证,分别按不同的成本计算对象直接计入已完航次即可。

② 船舶固定费用。与沿海运输业务不同,远洋运输业务要根据是否能够明确由航次负担进行费用分析,能够明确由航次直接负担的计入航次直接费用,作为远洋运输直接成本;不能确定由航次直接负担的,如按月支付的职工工资、福利费和管理费用等,称为航次间接费用,需要按照一定的方法在不同航次之间进行分配,一般根据各航次的运行时间进行分配。

③ 船舶租费。远洋运输业务中涉及的船舶租赁业务一般都是程租,也就是按航次进行租赁,租赁费用直接计入已完航次即可。

④ 集装箱固定费用。在远洋运输业务中,集装箱固定费用的归集和分配的标准与沿海运输业务相同,即按照每标准箱的使用天数分配计入相应的已完航次中。

为了方便计算,一般情况下,远洋运输业务的海运直接费用可以先按月份进行归集,当某航次结束时,把共所涵盖的几个月的直接费用汇总相加即可得出该船该航次全部的海运直接费用。

(2) 营运间接费用。与沿海运输业务相同,远洋运输企业的营运间接费用也涉及企业所经营的各种业务,同理,在计算过程中,远洋运输企业的营运间接费用也以直接费用为分配依据,即先在企业所经营的各种营运业务之间进行分配,求得运输业务应负担的营运间接费用;然后依据运输业务应负担的营运间接费用,再进一步计算某个航次应负担的营运间接费用。这里需要强调的是,远洋运输企业的营运间接费用只在已完航次中进行分配,未完航次不承担营运间接费用。

① 计算运输业务应负担的营运间接费用。

$$营运间接费用分配率 = \frac{营运间接费用}{\sum 全部已完航次直接费用 + 其他业务直接费用} \times 100\%$$

$$运输业务应负担的营运间接费用 = 已完航次运输业务直接费用 \times 营运间接费用分配率$$

② 计算某航次应负担的营运间接费用。

$$某船某已完航次应负担的营运间接费用分配率 = \frac{运输业务应负担的营运间接费用}{\sum 全部船舶已完航次直接费用} \times 100\%$$

$$某船某已完航次应负担的营运间接费用 = 该船已完航次直接费用 \times 营运间接费用分配率$$

(3) 计算总成本和单位成本。远洋运输业务中,运输总成本是指在成本核算期内企业所有船舶已完航次的运输总成本之和,计算公式为

$$远洋运输业务运输总成本 = \sum 各船已完航次的运输总成本$$

某船已完航次的运输总成本是指在成本计算期内,该航次的所有成本项目的成本之和,包括已完航次从开始到结束时累计发生的航次运行费用、应分配负担的船舶固定费用、船舶

租费、集装箱固定费用及分配的营运间接费用等,计算公式为

某船已完航次的运输总成本 = $\sum$ 该船已完航次各成本计算项目的成本

= 该船前期未完航次的海运直接费用 +

该船本期发生的航次运行费 +

本期分配的船舶固定费用 +

本期分配的船舶租费 + 本期分配的集装箱固定费用 +

本期分配的营运间接费用

= 前期海运直接费用 + 本期海运直接费用 +

本期海运间接费用

某船某航次的单位成本是指成本计算期内,按该船该航次完成单位运输周转量(千吨千米)所计算的成本额,计算公式为

$$某船某航次运输单位成本 = \frac{该船已完航次运输总成本}{该船已完航次运输周转量}$$

（4）编制成本计算单。与沿海运输企业相似,远洋运输企业的成本计算单也是按照成本计算对象分别编制的。成本计算单中同样包含各成本项目及总成本和单位成本的数据。

4. 远洋运输业务核算实例

例 6-3 亨通远洋运输有限公司主要从事远洋运输业务,公司内所有船舶均属于自有。A 船第五航次于天津—纽约航行,自 8 月 11 日开始至 9 月 23 日结束。A 船的第五航次在 8 月属于未完航次,自 9 月 24 日起 A 船开始第六航次。

（1）A 船 8 月、9 月的成本数据资料如表 6-8 和表 6-9 所示。

表 6-8 8 月 A 船第五航次成本资料   单位:元

项　　目	成　　本
8 月 A 船第五航次的航次运行费用	600 000
8 月已分配给 A 船第五航次的船舶固定费用	800 000
8 月已分配给 A 船第五航次的集装箱固定费用	20 000
合计	1 420 000

表 6-9 9 月 A 船成本资料   单位:元

项　　目	成　　本
9 月 A 船第五航次的航次运行费用	750 000
9 月 A 船全部船舶固定费用	1 500 000
9 月 A 船全部集装箱固定费用	250 000
合计	2 500 000

（2）9 月,A 船船舶固定费用由第五航次和第六航次承担。

（3）9 月,集装箱固定费用由第五航次的 3 000 标准箱天和第六航次的 2 000 标准箱天分别承担。

（4）该公司 9 月营运间接费用为 1 000 000 元,9 月另有 2 艘船舶分别为 B 船和 C 船,

均为已完成航次运输业务,所发生的直接费用分别为 3 000 000 元和 3 530 000 元。9 月未涉及其他业务。

(5) A 船第五航次完成货运周转量 381 700 千吨千米。

根据远洋运输业务的核算方法,请计算该公司 A 船第五航次运行的总成本和单位成本。

解:

(1) 计算 A 船第五航次 9 月直接费用。

① 计算航次运行费用。

$$9 \text{月 A 船第五航次的航次运行费用} = 750\ 000(元)$$

② 计算船舶固定费用。

$$9 \text{月 A 船船舶固定费用分配率} = 1\ 500\ 000 \div 30 = 50\ 000$$

$$9 \text{月 A 船第五航次应分摊船舶固定费用} 50\ 000 \times 23 = 1\ 150\ 000(元)$$

③ 计算集装箱固定费用。

$$9 \text{月 A 船集装箱固定费用分配率} = 250\ 000 \div (3\ 000 + 2\ 000) = 50$$

$$9 \text{月 A 船第五航次应分摊集装箱固定费用} = 50 \times 3\ 000 = 150\ 000(元)$$

④ 汇总 9 月 A 船第五航次的海运直接费用。

$$9 \text{月 A 船海运直接费用} = \text{航次运行费用} + \text{船舶固定费用} + \text{集装箱固定费用}$$
$$= 750\ 000 + 1\ 150\ 000 + 150\ 000 = 2\ 050\ 000(元)$$

(2) 汇总 A 船第五航次海运直接费用

$$\text{A 船第五航次海运直接费用} = 8 \text{月第五航次海运直接费用} + 9 \text{月第五航次海运直接费用}$$
$$= 1\ 420\ 000 + 2\ 050\ 000 = 3\ 470\ 000(元)$$

(3) 计算 A 船第五航次营运间接费用。

各已完航次海运直接费用合计 $= 3\ 000\ 000 + 3\ 530\ 000 + 3\ 470\ 000 = 10\ 000\ 000(元)$

营运间接费用分配率 $= 1\ 000\ 000 \div 10\ 000\ 000 = 0.1$

A 船第五航次应负担的营运间接费用 $= 3\ 470\ 000 \times 0.1 = 347\ 000(元)$

(4) 计算总成本和单位成本。

$$\text{A 船第五航次总成本} = \text{海运直接费用} + \text{营运间接费用}$$
$$= 3\ 470\ 000 + 347\ 000 = 3\ 817\ 000(元)$$

$$\text{A 船第五航次单位成本} = 3\ 817\ 000 \div 381\ 700 = 10(元/千吨千米)$$

(5) 编制成本计算单。

A 船第五航次总成本和单位成本计算单如表 6-10 所示。

表 6-10 A 船第五航次总成本和单位成本计算单

项　　目	总成本/元	单位成本/(元/千吨千米)
海运直接费用	3 470 000	9.09
营运间接费用	347 000	0.91
合计	3 817 000	10.00

任务四 运输成本管理与优化

一、运输合理化

由于运输是物流中最重要的功能要素之一,物流合理化在很大程度上依赖于运输合理化。

1. 运输合理化的内涵

物流过程的合理运输是指从物流系统的总体目标出发,选择合理的运输方式和运输路线,即运用系统理论和系统工程原理及方法,选择合理的运输工具并优化运输路线,以最短的路径、最少的环节、最快的速度和最少的劳动消耗,组织好运输活动,以获取最大的经济效益。

2. 运输合理化的"五要素"

影响物流运输合理化的因素有很多,起决定作用的有五个方面,称作运输合理化的"五要素"。

(1) 运输距离。运输过程中,运输时间、运输周转时间、运输货损以及运费等若干技术经济指标都与运输距离有一定的关系,运输距离的长短是运输是否合理的一个最基本因素。

(2) 运输环节。运输环节越多,运费越高,运输货损率也随之增加。每增加一个运输环节,势必要增加运输的附属活动,如装卸、包装等,各项技术经济指标也会因此发生变化,而且运输速度也会随之降低,因此减少运输环节对节省运输费用有一定的促进作用。

(3) 运输工具。运输工具主要是由运输方式决定的,如陆运中铁路运输和公路运输的选择。各种运输工具都有其优势领域,按运输工具的特点进行装卸作业,对运输工具进行优化选择,最大限度地发挥运输工具的特点和作用,是运输合理化的重要一环。

(4) 运输时间。在全部物流时间中,运输时间占绝大部分,尤其是远洋运输。因此,运输时间的缩短对整个流通时间的缩短起决定性的作用。此外,运输时间缩短,有利于加速运输工具的周转,充分发挥运力效能,提高运输线路通过能力,不同程度地改善不合理运输。

(5) 运输费用。运费在全部物流费用中占最大的比例,运费高低在很大程度上决定整个物流系统的竞争能力。实际上,运费的高低,无论对货主还是对物流企业,都是运输合理化的一个重要标志。运费的高低也是各种合理化措施是否行之有效的最终判断依据之一。

3. 不合理运输的类型

不合理运输是在现有条件下可以达到的运输水平而未达到,从而造成了运力浪费、运输时间增加、运费超支等问题。目前,我国存在的主要不合理运输的类型有以下几种。

(1) 返程或起程空驶。空车无货载行驶,可以说是不合理运输的最严重形式。在实际运输组织中,有时必须调运空车,从管理上不能将其看成不合理运输。但是,因调运不当,货源计划不周,不采用运输社会化而形成的空驶,是不合理运输的表现。造成空驶的不合理运输主要有以下几种原因:①能利用社会化的运输体系而不利用,却依靠自备车送货、提货,这往往出现程重车、单程空驶的不合理运输;②由于工作失误或计划不周,造成货源不实,车辆空去空回,形成双程空驶;③由于车辆过分专用,无法搭运回程货,只能单程实车,单程回空周转。

（2）对流运输。对流运输也称"相向运输""交错运输"，指同一种货物，或彼此间可以互相代用而又不影响管理、技术及效益的货物，在同一线路上或平行线路上做相对方向的运送，而与对方运程的全部或一部分发生重叠交错的运输。

（3）迂回运输。迂回运输是舍近取远的一种运输。可以选取短距离进行运输而不选，却选择路程较长的路线进行运输的一种不合理形式。迂回运输有一定的复杂性，不能简单处之，只有计划不周、地理不熟、组织不当而发生的迂回才属于不合理运输，如果最短距离有交通阻塞、道路情况不好或有对噪声、排气等特殊限制而不能使用时发生的迂回，不能称为不合理运输。

（4）倒流运输。倒流运输是指货物从销地或中转地向产地或起运地回流的一种运输现象。其不合理程度要甚于对流运输，其原因在于，往返两程的运输都是不必要的，形成了双程的浪费。倒流运输也可以看成是隐蔽对流的一种特殊形式。

（5）过远运输。过远运输是指调运物资舍近求远，近处有资源不调而从远处调，这就造成可采取近程运输而未采取，拉长了货物运距的浪费现象。过远运输占用运力时间长、运输工具周转慢、物资占压资金时间长，远距离自然条件相差大，又易出现货损，增加了费用支出。

（6）运力选择不当。

① 弃水走陆。在同时可以利用水运及陆运时，不利用成本较低的水运或水陆联运，而选择成本较高的铁路运输或汽车运输，使水运优势不能发挥。

② 铁路、大型船舶的过近运输。不是铁路及大型船舶的经济运行里程，未利用各种运输工具的优势，而不正确地使用运输工具造成的不合理现象。

③ 运输工具承载能力选择不当。不根据承运货物数量及重量选择，而盲目决定运输工具，造成过分超载、损坏车辆及货物不满载、浪费运力的现象，尤其是"大马拉小车"现象发生较多。由于装货量小，单位货物运输成本必然增加。

（7）托运方式选择不当。对于货主而言，可以选择最好托运方式而未选择，造成运力浪费及费用支出加大的一种不合理运输即托运方式选择不当。例如，应选择整车未选择，反而采取零担托运，应当直达而选择了中转运输。

二、降低运输成本的措施

1. 提高运输工具实载率

实载率有两个含义：一是单车实际载重与运距的乘积和标定载重与行驶里程的乘积的比率，这在安排单车、单船运输时，是作为判断装载合理与否的重要指标；二是车船的统计指标，即一定时期内车船实际完成的货物周转量（以吨千米计）占车船载重吨位与行驶千米的乘积的百分比。在计算时车船行驶的千米数不但包括载货行驶，也包括空驶。

提高实载率的意义在于充分利用运输工具的额定能力，减少车船空驶和不满载行驶的时间，减少浪费，从而求得运输的合理化。当前国内外开展的"配送"形式的优势之一就是将多家需要的货和一家需要的多种货实行配装，以达到容积和载重的充分合理运用，比起以往自家提货或一家送货车辆大部分空驶的状况，这是运输合理化的一个进展。在铁路运输中，采用整车运输、合装整车、整车分卸及整车零卸等具体措施，都是提高实载率的有效措施。

2. 减少动力投入,增加运输能力

这种合理化的要点是少投入、多产出,走高效益之路。运输的投入主要是能耗和基础设施的建设,在设施建设已定型和完成的情况下,尽量减少能源投入,是少投入的核心。做到了这一点就能大大节约运费,降低单位货物的运输成本,达到合理化的目的。

国内外在这方面的有效措施有以下几种。

(1) 在机车能力允许情况下,多加挂车皮。我国在客运紧张时,也采取加长列车、多挂车皮的办法,在不增加机车的情况下增加运输量。

(2) 水运拖排和拖带法。竹、木等物资的运输,利用竹、木本身的浮力,不用运输工具载运,采取拖带法运输,可省去运输工具本身的动力消耗;将无动力驳船编成一定队形,一般是"纵列",用拖轮拖带行驶,可以有比船舶载乘运输运量大的优点,求得合理化。

(3) 顶推法。这是我国内河货运采取的一种有效方法,将内河驳船编成一定队形,由机动船顶推前进。其优点是航行阻力小,顶推量大,速度较快,运输成本很低。

(4) 汽车挂车。汽车挂车的原理和船舶拖带、火车加挂基本相同,都是在充分利用动力能力的基础上,增加运输能力。

3. 发展社会化的运输体系

运输社会化的含义是发展运输的大生产优势,实现专业分工,打破一家一户自成运输体系的状况。

一家一户的运输小生产,车辆自有,自我服务,不能形成规模,且一家一户运量需求有限,难于自我调剂,因而经常容易出现空驶、运力选择不当(因为运输工具有限,选择范围太窄)、不能满载等浪费现象,且配套的接、发货设施和装卸搬运设施也很难有效地运行,所以浪费颇大。实行运输社会化,可以统一安排运输工具,避免对流、倒流、空驶、运力不当等多种不合理形式,不但可以追求组织效益,而且可以追求规模效益,所以发展社会化的运输体系是运输合理化非常重要的措施。

4. 开展中短距离铁路公路分流

这一措施的要点是在公路运输经济里程范围内,或者经过论证,超出通常平均经济里程范围,也尽量利用公路。这种运输合理化的表现主要有两点:一是对于比较紧张的铁路运输,用公路分流后,可以得到一定程度的缓解,从而加大这一区段的运输通过能力;二是充分利用公路从门到门和在中途运输中速度快且灵活机动的优势,实现铁路运输服务难以达到的水平。

我国"以公代铁"目前在杂货、日用百货运输及煤炭运输中较为普遍,一般在 200 千米以内,有时可达 700~1 000 千米。山西煤炭外运经认真的技术经济论证,用公路代替铁路运至河北、天津、北京等地是合理的。

5. 尽量发展直达运输

直达运输是追求运输合理化的重要形式,其对合理化的追求要点是通过减少中转过载换载,从而提高运输速度,省却装卸费用,降低中转货损。直达的优势,尤其是在一次运输批量和用户一次需求量达到一整车时表现最为突出。此外,在生产资料、生活资料运输中,通过直达可以建立稳定的产销关系和运输系统,也有利于提高运输的计划水平,考虑用最有效的技术来实现这种稳定运输,从而大大提高运输效率。

值得一提的是,如同其他合理化措施一样,直达运输的合理性也是在一定条件下才会有所表现,不能绝对认为直达一定优于中转。这要根据用户的要求,从物流总体出发做出综合判断。如果从用户需要量看,批量大到一定程度,直达是合理的;批量较小时中转是合理的。

6. 配载运输

配载运输是充分利用运输工具载重量和容积,合理安排装载的货物及载运方法以求得合理化的一种运输方式。配载运输也是提高运输工具实载率的一种有效形式。

配载运输往往是轻重商品的混合配载,在以重质货物运输为主的情况下,同时搭载一些轻泡货物,如海运矿石、黄沙等重质货物,在舱面捎运木材、毛竹等,铁路运矿石、钢材等重物上面搭运轻泡农、副产品等,在基本不增加运力投入且基本不减少重质货物运输的情况下,解决了轻泡货的搭运,因而效果显著。

7. "四就"直拨运输

"四就"直拨是减少中转运输环节,力求以最少的中转次数完成运输任务的一种形式。一般批量到站或到港的货物,首先要进分配部门或批发部门的仓库,然后再按程序分拨或销售给用户。这样一来,往往出现不合理运输。

"四就"直拨,首先是由管理机构预先筹划,然后就厂或就站(码头)、就库、就车(船)将货物分送给用户,而无须再入库了。

8. 发展特殊运输技术和运输工具

依靠科技进步是运输合理化的重要途径。例如,专用散装及罐车解决了粉状、液状物运输损耗大、安全性差等问题;袋鼠式车皮、大型半挂车解决了大型设备整体运输问题;"滚装船"解决了车载货的运输问题;集装箱船比一般船能容纳更多的箱体;集装箱高速直达车船加快了运输速度等,都是通过采用先进的科学技术实现合理化。

9. 通过流通加工,使运输合理化

有不少产品,由于产品本身形态及特性问题,很难实现运输的合理化,如果进行适当加工,就能够有效解决合理运输问题。例如,将造纸材在产地预先加工成干纸浆,然后压缩体积运输,就能解决造纸材运输不满载的问题。轻泡产品预先捆紧包装成规定尺寸,装车就容易提高装载量;水产品及肉类预先冷冻,就可提高车辆装载率并降低运输损耗。

10. 开展集运

(1) 自发集运。集运最基本的形式是将一个市场区域中到达不同客户的小批量运输结合起来,即自发集运。这种程序在进行运输时只是修正而不是间断自然的货物流动。当然,在整个市场上被装运的客户货物达到一定的数量是集运的基础。

自发集运的难点是每日要有足够的数量,为了抵消数量的不足,通常使用以下三种集运安排。

① 集运的货物可以被送到一个中间的散件货点以节约运输费用,在那里各批货物被分开,再运到它们各自的目的地。

② 采用共同配送的方式选择货物的集运,在某几个特定日期,按计划将货物分别送至目的市场。此模式主要是解决长途运输车辆跑空车和运费上升的问题,特别是当两个以上

的产地和销地相距较远且又有交叉运输时,其优点尤为突出。

③ 公司可利用第三方物流公司服务,来取得小规模运量的集聚从而达到共同运输的目的。

(2) 共同运输或共同配送。参加共同输送计划,通常意味着一个货运代理、公共仓储或运输公司为在相同市场中的多个货主安排集运。提供共同输送的公司,通常具备大批量送货目的地的长期送货约定,在这种安排下,集运公司通常为满足客户的需要而完成增加附加值的服务,如分类、排序、进口货物的单据处理。

共同配送是指由几个配送中心联合起来,共同制订计划,共同对某一地区的用户进行配送,共同使用配送车辆。这是实行运输合理化的一种很有效的运输方法,既能减少企业的物流设施投资,使物流设施布局合理化,也能充分合理地利用物流资源,同时还可促进实现质量管理的制度化。

实训　运输企业物流成本核算

实训目标:了解企业运输成本的构成级运输定价。

实训内容:让学生具体地调查某一运输企业成本核算的现状,学生可以通过各种途径调查所需资料,熟悉企业运输价格的制定规则和程序,并说明定价的优点和不足,将调查结果以调查报告的形式提交。

实训要求:

(1) 确定实训内容,进行具体方案的预测和决策。

(2) 实训以小组为单位,根据班级情况,每组 5~7 人,设一名组长。组员相互协作完成此项实训。

(3) 实训之前,进行相关的知识的熟悉和掌握。

(4) 实训结果在班上交流后分组打印上交。

实训环境:综合实训室。

实训报告:提交实训报告书。

学 习 总 结

运输成本是物流成本的重要组成部分,但运输成本绝不等于物流成本。运输成本的概念构成及降低运输成本的方法在物流成本管理中具有非常重要的作用。本项目从运输与物流的关系开始,介绍了运输成本的概念、运输成本的构成、运输成本的影响因素,汽车运输成本和海洋运输成本的核算,在此基础上掌握运输的合理化及降低运输成本的措施。通过本项目的学习,可以掌握物流成本的计算理念和具体方法。

学 习 测 试

一、单项选择题

1. 运输管理的基本原则是(　　)。

A. 规模经济   B. 距离经济

C. 效率经济   D. 规模经济和距离经济

2. 下列不属于车辆直接费用的是（　　）。

A. 人工费用   B. 轮胎费用   C. 车站经费   D. 车辆折旧

二、判断题

1. 汽车运输成本是以各运输车型的运输业务为成本计算对象的。（　　）
2. 汽车运输业务的成本计算期一般为月。（　　）
3. 海洋运输业务按运输距离的长短可以分为沿海运输业务、远洋运输业务。（　　）
4. 沿海运输以航次为成本计算对象，据此开设成本计算单。（　　）

三、计算题

1. 八方达运输有限公司 A 型车计划使用 10 年，预计行驶里程定额为 4 000 000 千米，每年大修一次，每次大修理费用预计为 32 000 元，本月 A 型车行驶 8 000 千米；B 型车预计使用 8 年，预计行驶里程定额为 2 500 000 千米，每年大修一次，每次大修理费用预计为 20 000 元，本月 B 型车行驶 7 500 千米；C 型车预计使用 5 年，预计行驶里程定额为 1 200 000 千米，每年大修一次，每次大修理费用预计为 12 000 元，本月 C 型车行驶 10 000 千米。要求：按照年限法和里程法分别计算各型车应分摊的大修理费用。

2. 天洋海运有限公司共有 A、B、C 共三种类型的船舶，其资料如表 6-11 所示。

表 6-11　船舶资料

船　型	船只数/艘	每艘某月航行天数/天	共同费用耗费/元
A	2	20	30 000
B	5	24	
C	3	27	

要求：计算各类船应负担的共同费用。

项目七

仓储成本管理

学习目标

知识目标：
(1) 了解仓储成本的含义。
(2) 理解影响仓储成本的因素。
(3) 掌握仓储成本的构成。
(4) 掌握仓储成本的计算。
(5) 掌握控制仓储成本的方法。
(6) 熟悉仓储成本优化的途径。

能力目标：
(1) 能运用所学知识对企业的仓储成本进行分析。
(2) 具备对企业仓储成本进行核算的实际操作能力。

素质目标：
(1) 具有安全意识、质量意识、工作责任心、遵守工作纪律。
(2) 树立较强的风险防范意识。
(3) 培养系统思考、统筹规划的习惯。

学习导图

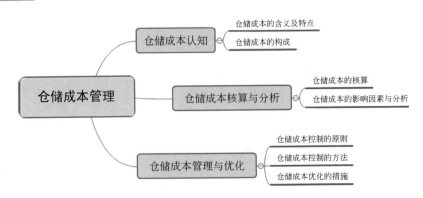

物流的每个环节都需要细致谨慎,尤其是在仓储管理和库存管理中,为了提高效率,更要丝丝入扣,物品的放置与管理都不能有丝毫差错。仓储管理就是通过有效地计划、组织、协调和控制,以低成本对仓库商品进行高效率管理。仓储系统有4项要求:多、快、好、省。由此观之,在物品量十分庞大,货物吞吐非常迅速,既要保证货物的质量与安全,还要节省费用提高效率的情况下,让每一件货物的位置、品质、各种信息都被明确地了解是十分必要的。

所以,各个企业都在努力满足生产与销售需求的基础上,合理控制库存,企业可根据ABC法则进行调整、安排和操作,及时地了解货物情况。如今,有实力的企业均应用了十分先进的现代自动化立体仓库,不需要人力进行仓库的各项操作就能实现全自动化的管理和控制,不仅节约人力、减少了人力成本,还降低了货损率,这是非常符合"丝丝入扣"标准的,值得大力推广。

在物流中,零不良、零故障是广大厂商的追求,做到丝丝入扣,及时了解每个产品的状态并进行调整,能够降低误差,提升服务水平,提高效率,降低仓储成本。

任务一 仓储成本认知

一、仓储成本的含义及特点

1. 仓储成本的含义

仓储成本是指储存、管理、保养、维护物品的相关物流活动中所发生的各种费用,它是伴随着物流仓储活动所消耗的物化劳动和活劳动的货币表现。

仓储成本管理的任务是用最低的费用在合适的时间和合适的地点取得适当数量的存货。在企业的物流总成本中,仓储成本是一个重要组成部分。对各种仓储成本的合理控制能增加企业的利润;反之,就会增加物流总成本,降低企业利润。

2. 仓储成本的特点

仓储成本在企业物流成本管理中具有以下特点。

(1)仓储成本信息模糊、不全面。在现行的会计制度下并没有单独的科目对仓储成本进行独立的核算,而且对物流成本的核算也缺乏统一的标准。仓储成本的各项成本被计入其他成本项目中,比如仓储保管费用、仓储办公费用、仓储物资的合理损耗等一般计入企业的经营管理费用,并不计入仓储成本。此外,由于企业内部所发生的仓储成本涉及的面广、部门多、环节多,无法清晰地规划到相应科目,因此增加了仓储成本的复杂性。仓储成本在一定程度上被缩减了,从而使企业的仓储成本不能被全面正确地反映出来。

(2)存在较大的利润空间。尽管仓储成本核算复杂、困难,实际核算的数值不全面,但是从各国的发展来看,仓储成本数值巨大,在物流总成本中占有很高的比重。比如美国的物流成本主要由三部分组成:一是库存费用;二是运输费用;三是管理费用。比较近20年来的变化可以看出,物流成本在GDP中的比例呈下降趋势,由于运输成本在GDP中比例大体保持不变,而库存费用降低是导致美国物流总成本比例下降的最主要原因,这一比例由过去接近5%下降到不足4%。由此可见,降低库存成本、加快周转速度是美国现代物流发展取得突出成绩的主要因素。也就是说,第三利润的源泉更集中在降低库存、加速资金周转方面。

(3) 具有效益背反性。仓储成本与其他物流成本之间存在效益背反的关系,比如仓储成本和服务水平之间、仓储成本与运输成本之间。为了提高客户服务水平、增加满意度,就会引起仓储成本的增加,如先进仓储设施设备的引进、存货的增加、管理人员的增多等,从而造成费用开支的增高。因此,要将仓储成本管理纳入整个系统,以成本为核心,用系统论的方法对仓储成本进行管理,实现整个物流系统的最优化、成本的最小化。

二、仓储成本的构成

仓储成本主要包括仓储持有成本、订货或生产准备成本、缺货成本和在途库存持有成本等。

1. 仓储持有成本

仓储持有成本是指为保持适当的库存而发生的成本。仓储持有成本主要包括资金占用成本、仓储维护成本、仓储运作成本、仓储风险成本。

(1) 资金占用成本。资金占用成本也称为利息费用或机会成本,是仓储成本的隐含费用。资金占用成本反映失去的盈利能力。

如果资金投入其他方面,就会要求取得投资回报,因此资金占用成本就是这种尚未获得的回报的费用。为了核算上的方便,一般情况下,资金占用成本指占用资金支付的银行利息。

资金占用成本是仓储持有成本的一个重要组成部分,通常用持有库存的货币价值的百分比表示,也有用确定企业新投资最低回报率来计算资金占用成本的。

(2) 仓储维护成本。仓储维护成本主要包括与仓库有关的租赁、取暖、照明、设备折旧、保险费用和税金费用等。仓储维护成本因企业采取的仓储方式不同而变化,如果企业利用自用的仓库,大部分仓储维护成本是固定的;如果企业利用公共的仓库,则有关存储的所有成本将直接随库存数量的变化而变化,在做仓储决策时,这些成本都要考虑。

另外,根据货物的价值和类型,货物丢失或损坏的风险高,就需要较高的保险费用。同时,许多国家将库存列入应税财产,高水平库存导致高税费。保险费用和税金将随着货物不同而有很大变化,在计算仓储维护成本时,必须加以考虑。

(3) 仓储运作成本。仓储运作成本主要与货物的出入库作业有关,具体包括以下三种成本。

① 装卸搬运作业成本。例如,支付给装卸搬运工人、装卸搬运机械司机和装卸搬运管理人员的工资、加班费、津贴、职工福利、劳动保护等费用;装卸搬运过程中消耗的燃料和电能等能源的费用;装卸过程中消耗的轮胎、垫带及耗用的机油、润滑油等成本;装卸搬运的机械工具按会计原则应计提的折旧成本;为装卸搬运机械和工具进行维护和小修所发生的成本;企业租赁装卸搬运机械或设备时应付的租金等费用;支付给外单位支援装卸搬运工作所发生的成本;在装卸搬运作业过程中发生的应由本期负担的货损、机械损坏、人员伤亡等赔偿费用。

② 装卸搬运作业除外的成本,即出入库作业、验货、备货、仓储设施与设备的日常养护

与管理的成本。例如,从事以上作业的员工工资、加班费、奖金、福利等费用;以上作业消耗的能源、低值易耗品的成本;以上作业使用的机器和工具的折旧及维修费用,如机器或工具为租赁所得,则租金代替折旧费用。

③ 应由仓储作业承担的营运间接费用等。

(4) 仓储风险成本。仓储风险成本是由于企业无法控制的原因而造成的库存货物贬值、损坏、丢失、变质等损失。

2. 订货或生产准备成本

订货或生产准备成本是指企业向外部的供应商发出采购订单的成本,或指企业内部的生产准备成本。

(1) 订货成本。订货成本是指企业为了实现一次订货而进行的各种活动的费用,包括处理订货的差旅费、办公费等支出。订货成本中有一部分与订货次数无关,如需设机构的基本开支等,称为订货的固定成本;另一部分与订货的次数有关,如差旅费、通信费等,称为订货的变动成本。

具体来讲,订货成本包括与下列活动相关的费用:检查存货;编制并提出订货申请;对多个供应商进行调查比较,选择最合适的供应商;填写并发出订单;填写并核对收货单;验收发来的货物;筹集资金并付款。

(2) 生产准备成本。生产准备成本是指当库存的某些货物不由外部供应而是由企业自己生产时,企业为生产一批货物而进行准备的成本。其中,与生产货物的数量无关的费用如更换模具、增添某些专用设备等属于生产准备成本中的固定成本,与生产货物的数量有关的费用如材料费、加工费、人工费等属于生产准备成本中的变动成本。

3. 缺货成本

缺货成本是由于外部和内部中断供应所产生的。当企业的客户得不到全部订货时,叫作外部缺货;而当企业内部某个部门得不到全部订货时,叫作内部缺货。如果发生外部缺货,将可能导致以下几种情况的发生。

(1) 延期交货。延期交货有两种形式:缺货商品可以在下次规则订货时得到补充;利用快递延期交货。

如果客户愿意等到下一个规则订货,那么企业实际上没有什么损失。但如果经常缺货,客户可能会转向其他供应商。

如果缺货商品延期交货,那么就会发生特殊订单处理和运输费用,延期交货的特殊订单处理费用要比普通订单处理费用高。

由于延期交货经常是小规模装运,运输费率相对较高,而且延期交货的商品可能需要从某地区的一个工厂仓库供货,进行长距离运输。另外,可能需要利用速度快、收费较高的运输方式运送延期交货商品。

因此,延期交货成本可根据额外订单处理费用的额外运费来计算。

(2) 失销。尽管一些用户允许延期交货,但是仍有一些用户会转向其他供应商。也就是说,许多公司都有生产替代产品的竞争者,当一个供应商没有客户所需的商品时,客户就会从其他供应商那里订货。

在这种情况下,缺货导致失销,对于企业来说,直接损失就是这种商品的利润损失。这样,可以通过计算这批商品的利润来确定直接损失。

(3) 失去客户。第三种可能发生的情况是由于缺货而失去客户,也就是说,客户永远转向另一个供应商。如果失去了客户,企业也就失去了未来一系列收入,这种缺货造成的损失很难估计,需要用管理科学的技术以及市场营销的研究方法来分析和计算。

除了利润损失,还有由于缺货造成的商誉损失。商誉很难度量,在仓储决策中常被忽略,但它对未来销售及企业经验活动非常重要。

4. 在途库存持有成本

在途库存持有成本虽不像前面讨论的三项成本那么明显,然而在某些情况下,企业必须考虑这项成本。如果企业以货到收取货款的方式销售货物,就意味着企业要负责将货物运达客户,当客户收到订货货物时,货物的所有权才转移。从理财的角度来看,货物仍是销售方的库存。因为这种在途货物在交给客户之前仍然属于企业所有,运货方式及所需的时间是储存成本的一部分,企业应该对运输成本与在途库存持有成本进行分析。

在途库存的资金占用成本等同于仓库中库存的资金占用成本。一般来说,在途库存持有成本总额要比仓储持有成本总额小。

任务二 仓储成本核算与分析

一、仓储成本的核算

仓储成本是伴随着物流仓储活动而发生的各种费用,仓储成本的高低直接影响企业的利润水平,因此仓储成本管理是企业物流管理的一项重要内容。

1. 仓储成本的计算目的

仓储成本是客观存在的,但是,在对仓储成本的核算内容和范围没有一个统一的标准之前,不同的企业有不同的核算方法,这给仓储成本核算和仓储成本管理带来很大困难。随着仓储成本管理重要性的提高,企业出现统一物流计算标准的要求。在这种背景下,有关部门开始致力于仓储成本计算标准的制定。从企业经营的总体上看,仓储成本核算获得的数据,主要为了满足以下五个方面的需要。

(1) 为各个层次的经营管理者提供物流所需的成本资料。

(2) 为编制物流预算以及预算控制提供所需的成本资料。

(3) 为制订物流计划提供所需的成本资料。

(4) 提供价格计算所需的成本资料。

(5) 为监控仓储管理水平而收集各种成本信息。

为达到以上目的,仓储成本除了按物流活动领域、支付形态等类别分类外,还应根据管理上的客观需要进行分类,而且要通过对不同期间成本的比较,对实际发生费用与预算标准的比较,并结合仓储周转数量和仓储服务水平,对仓储成本进行分析比较。

2. 仓储成本的计算范围

在计算仓储成本之前,首先需要明确仓储成本的计算范围,其原因主要有:①仓储成本的计算项目取决于成本计算的目的,如果要对所有的物流仓储活动进行管理,就需要计算出所有的仓储成本。②同样是仓储成本,由于所涵盖的项目不同,计算出来的结果也不一样。

③我们只考虑仓库本身的费用,而不考虑与仓储相关的物流其他领域的费用,也不能全面反映仓储成本的全貌。④每个企业在统计仓储费用时的口径不一致,往往会导致缺乏可比性。

因此,在计算物流仓储成本时,首先应该明确该成本计算所包括的项目。

企业在计算仓储成本时,应该把握按支付形态分类的成本,对外支付的保管费可以直接作为仓储物流成本全额统计,但对于企业内部发生的仓储费用则是与其他部门发生的费用混合在一起的,需要从中剥离出来,这是一个难点。例如,人工费、材料费、物业管理费、管理费、营业外费用等。下面结合部分主要费用具体说明物流仓储成本的计算范围。

(1) 人工费。人工费是指企业向从事物流人员支付的工资、奖金、补贴等费用,以及由企业统一负担的部分,需要按人数分配后,计算出金额。

(2) 材料费。材料费是与包装材料、消耗工具、器具备品、燃料等相关的费用,可以根据材料的入库、出库记录,将此期间与物流有关的消耗量计算出来,再分别乘以单价,便可得出物流材料费。

(3) 物业管理费。企业的物业管理费包括水、电、气等费用,可以根据安装在设施上的用量记录装置获取相关数据,也可以根据建筑设施的比例和物流人员的比例简单推算。

(4) 管理费。管理费是企业管理部门为了管理物流活动而发生的费用,管理费无法从财务会计方面直接得到相关的数据,可以按人头比例推算得出。

(5) 营业外费用包括折旧费、利息等。折旧费根据物流设备设施的原价、折旧年限、折旧率计算。利息根据物流相关资产的贷款金额、利率、年限计算。

3. 仓储成本的计算

一般来讲,仓储成本的计算可以采用以下三种方法。

(1) 按支付形态计算仓储成本。企业仓储成本按支付形态可分为人工费、仓运费、仓储保管费、材料消耗费、仓储管理费、仓储占用资金利息等,就可以计算出仓储成本的总额。这样可以分析出耗费最多的项目,即成本最大的项目,从而确定仓储成本管理的重点。其计算公式为

仓储成本 = 搬运费 + 保管费 + 消耗费 + 人工费 + 仓管费 + 利息 + 税收

这种计算方法是从月末利润表中的"管理费用、财务费用、营业费用"等各个项目中取出一定数值,乘以一定的比率(物流部门比率,分别按人数平均、台数平均、面积平均、时间平均等计算出来)计算出仓储部门的费用。再将仓储成本总额与上一年度的数值作比较,弄清楚增减的原因并制订整改方案,具体内容如表 7-1 所示。

表 7-1 某公司按支付形态划分的仓储成本计算表　　　　　　单位:元

仓储成本形态	管理等费用 ①	计算基准/% ②	仓储成本 ③=①×②	备 注
(1) 仓库租赁费	115 000	100	115 000	金额比率
(2) 材料消耗费	35 477	100	35 477	金额比率
(3) 工资津贴费	561 260	28.3	158 837	人数比率
(4) 燃料动力费	18 376	52.7	9 684	面积比率

续表

仓储成本形态	管理等费用 ①	计算基准/% ②	仓储成本 ③=①×②	备 注
(5) 保险费	9 850	52.7	5 191	面积比率
(6) 维修费	17 403	52.7	9 171	面积比率
(7) 仓储搬运费	30 135	52.7	15 881	面积比率
(8) 仓储保管费	31 467	52.7	16 583	面积比率
(9) 仓储管理费	17 632	44.7	7 882	仓储费比率
(10) 低值易耗品费	18 410	44.7	8 229	仓储费比率
(11) 资金占用利息	26 545	44.7	11 866	仓储费比率
(12) 税金等	35 416	44.7	15 831	仓储费比率
仓储成本合计	916 971	44.7	409 632	仓储费比率

核算基准的计算公式如下(该公司有127人,物流工作人员有36人;全公司面积为5 869m²,物流设施面积为3 093m²):

人数比率=(物流工作人员数÷全公司人数)×100%=36÷127×100%=28.3%

面积比率=(物流设施面积÷全公司面积)×100%=3 093÷5 869×100%=52.7%

仓储费比率=[(1)~(8)项的仓储费之和除以(1)~(8)项的管理费用之和]×100%
=365 824÷818 968×100%=44.7%

(2) 按仓储项目计算仓储成本。企业按仓储成本的支付形态进行仓储成本分析,虽然可以得出总额,但还不能充分地说明仓储成本各组成费用的分布情况。企业真正想降低仓储成本,就应把这个仓储总额按照项目详细区分开来,以便掌握仓储的实际状态,找出企业在哪些费用上有浪费,没有控制好,以达到控制成本的目的。这就是按仓储项目计算仓储成本的方法。

与按形态核算成本的方法相比,按功能划分仓储成本的方法可以核算出标准仓储成本(单位个数、重量容器的成本),也能进一步找出妨碍现实仓储合理化的情况,具体内容如表7-2所示。

表7-2 某公司按仓储项目划分的仓储成本计算表 单位:元

项 目	管理等费用	项 目				
		仓储租赁费	仓储保管费	仓储管理费	材料消耗费	搬运费等
(1) 仓库租赁费	50 040	50 040				
(2) 材料消耗费	15 362	4 307	6 202	2 445	2 408	
(3) 工资津贴费	315 667	1 652	219 015	45 000		50 000
(4) 燃料动力费	6 322	1 350		3 622	1 350	
(5) 保险费	5 174	2 567	2 582	25		
(6) 维修费	9 798	3 704		2 390	3 704	
(7) 仓储搬运费	14 056				3 558	10 498

续表

项目	管理等费用	项目				
		仓储租赁费	仓储保管费	仓储管理费	材料消耗费	搬运费等
(8) 仓储保管费	19 902		19 902			
(9) 仓储管理费	9 640	1 496	1 496	1 496	5 152	
(10) 低值易耗品费	10 658				10 658	
(11) 资金占用利息	11 930	5 022	6 908			
(12) 税金等	8 574	1 666	6 908			
合计	477 123	71 804	263 013	54 978	26 830	60 498
物流成本构成/%	100	15.05	55.13	11.52	5.62	12.68

(3) 按适用对象计算仓储成本。按不同功能的仓储成本来计算,不仅实现了降低成本,而且还能分别掌握按产品、地区、客户的不同而产生的仓储成本。这就是一般所说的按适用对象计算仓储成本。由此可以分析出产生仓储成本的不同对象。

按货物计算仓储成本是指把项目计算出来的仓储费,以各自不同的基准分配给各类货物,以此计算出仓储成本。这种方法可以用来分析各类货物的盈亏。

二、仓储成本的影响因素与分析

1. 影响仓储成本的因素

(1) 影响仓储量的因素。物资仓储量的多少是由许多因素决定的。

从物资本身的特征来看,货物本身的性能不稳定,易燃、易爆、易变质的货物的库存量要小一些。时尚性强的货物,库存量要小一些,如时装等;时尚性不强的货物,库存量可以高一些,如烟酒等。

从物资管理方面来看,运输条件的便利与否也是影响因素之一。

从交通方面来看、运输周期短的货物,可以保持较小的库存量;反之,运输不便、运输周期长的货物,应保持较高的库存量。

从物资的使用和销售方面来看,一般销售量增加,相应的库存量也要增加;反之,销售量减少,库存量也要减少。

在这些影响因素中,总可以找到起主要作用的因素,同时也能找到某种形式的指标。对于所要找的指标,应该能综合反映主要因素和非主要因素的内在联系。

(2) 影响采购批量的因素。在研究物资最佳仓储量时,采购批量的大小是控制仓储量的基础。

影响采购批量的因素可以分为以下几个方面。

① 取得成本。取得成本是指在采购过程中所发生的各种费用的总和。这些费用大体可以归结为两大类:一类是随采购数量的变化而变化的变动费用;另一类是与采购数量关系不大的固定费用。

② 储存成本。生产销售使用的各种物资,在一般情况下都应该有一定的储备。储备就会有成本费用发生,这种费用也可以分为两大类:一类是与储备资金(即储备物资所用占的资金量)有近似正比关系的成本,如储备资金的利息、相关的税金等;另一类是与仓储物资数

量(即仓储规模)有近似正比关系的成本,如仓库设施维护修理费、物资装卸搬运费、仓库管理人员工资等。

③ 缺货成本。由于计划不周或环境条件发生变化,导致企业在仓储中发生了缺货现象,从而影响生产的顺利进行,造成生产或销售上的损失,这种由于缺货原因所造成的生产损失和其他额外支出称为缺货成本。

所以,为了防止缺货成本的发生,在确定采购批量时,必须综合考虑采购费用、储存费用等相关因素,以确定最佳的经济储量。

④ 运输时间。在物资采购过程中,要做到随要随到的情况是有条件的。在一般情况下,物资采购到企业仓库需要一定的时间。所以,在物资采购时,需要将运输时间考虑在相关因素中。

总之,在对上述影响物资采购批量的因素进行综合分析之后,才能正确确定物资的最佳经济采购量,从而进一步确定仓储的最佳经济储量。

2. 仓储成本的分析

物流企业的仓储成本分析,应该从取得成本、储存成本、缺货成本三个方面进行。

(1) 取得成本。取得成本是指为取得存货而支出的成本。取得成本又可以分为订货成本和购置成本,前者是指取得订单的成本,与订货次数有关;后者是存货本身的价值。因此取得成本为

$$TC_a = F_1 + \frac{K_a D}{Q} + DU$$

式中,TC_a 表示取得成本;F_1 表示订货固定成本;K_a 表示每次订货的变动成本;D 表示年需求量;Q 表示每次订货批量;U 表示单价。

(2) 储存成本。储存成本是指企业为保持存货而发生的成本,如仓储费、搬运费、保险费、占用资金的利息等。

储存成本可以分为变动成本和固定成本两部分,前者与存货数量有关,后者与存货数量无关。因此储存成本为

$$TC_c = F_2 + \frac{K_c Q}{2}$$

式中,TC_c 表示储存成本;F_2 表示固定储存成本;K_c 表示单位变动储存成本。

(3) 缺货成本。缺货成本是指由于存货不能满足生产经营活动的需要而造成的损失,如失销损失、信誉损失、紧急采购额外支出等。缺货成本用 TC_s 表示。

总成本 TC 与每次订货批量 Q 的关系式为

$$\begin{aligned}总成本(TC) &= 取得成本 + 储存成本 + 缺货成本 \\ &= TC_a + TC_c + TC_s \\ &= F_1 + \frac{K_a D}{Q} + DU + F_2 + \frac{K_c Q}{2} + TC_s\end{aligned}$$

从上式可知,如果订货批量 Q 有所加大,可以使取得成本 TC_a 和缺货成本 TC_s 有所减少,但相应地会使储存成本 TC_c 有所增加;反之,如果订货批量 Q 有所减少,可以使储存成本 TC_c 有所减少,但相应地会使订货成本 TC_a 和缺货成本 TC_s 有所增加。存货管理的目标是使存货的总成本达到最小,即确定经济订购批量。

相关链接

经济订购批量

经济订货批量(economic order quantity, EOQ),通过平衡采购进货成本和保管仓储成本核算,以实现总库存成本最低的最佳订货量。经济订货批量是固定订货批量模型的一种,可以用来确定企业一次订货(外购或自制)的数量。当企业按照经济订货批量来订货时,可实现订货成本和储存成本之和最小化,如图7-1所示。其计算公式为

$$Q_{EOQ}=\sqrt{\frac{2DC}{K}}=\sqrt{\frac{2DC}{PF}}$$

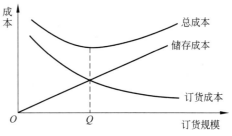

图 7-1 订货规模与订货成本之间的关系

式中,Q_{EOQ}表示经济订购批量;D表示全年需要量;C表示一次订购费用;K表示单位物资年存储费;P表示物资单价;F表示单位物资年保管费率。

总成本=年度采购成本+年度订货成本+年度库存保管成本

(1) 物品购入成本。

年度采购成本=年度需求量×物资单价

(2) 订货成本。

年度订货成本=一次订货成本×订货次数
　　　　　　=一次订货成本×全年需要量÷订货批量

(3) 库存持有成本。

年度库存保管成本=订货批量÷2×单位物资年存储费
　　　　　　　　=订货批量÷2×物资单价×单位物资年保管费率

例 7-1 某医药配送企业某种药品一年销售10 000箱,每箱进价100元,每箱货的保管费用平均为一年5元,每次供应商送货的手续费250元。根据这个数据,我们想知道:每次采购多少箱?多长时间采购一次?一年的总费用是多少?

解:

经济订购批量 $Q_{EOQ}=\sqrt{\dfrac{2DC}{K}}=\sqrt{\dfrac{2\times10\ 000\times250}{5}}=1\ 000(箱)$

经济订购批数 $N=\dfrac{10\ 000}{1000}=10(次)$

总费用 $T=10\ 000\times100+10\times250+10\ 000\div2\times5=1\ 027\ 500(元)$

任务三　仓储成本管理与优化

一、仓储成本控制的原则

1. 政策性原则

(1) 国家利益、企业利益和消费者利益的关系。降低仓储成本从根本上说对国家、企

业、消费者都是有利的,但是如果在仓储成本控制过程中采用不适当的手段损害国家和消费者的利益,是极端错误的,应予避免。

(2) 质量和成本的关系。不能片面追求降低储存成本,而忽视储存物资的保管要求和保管质量。

2. 经济性原则

(1) 因仓储成本控制而发生的成本费用支出,不应超过因缺少控制而丧失的收益。同销售、生产、财务活动一样,任何仓储管理工作都要讲求经济效益。为了建立某项严格的仓储成本控制制度,需要发生一定的人力或物力支出,但这种支出不应太大,不应超过建立这项控制所节约的成本。

(2) 通常增加成本控制环节发生的成本比较容易计量,而控制的收益则较难确定,但并不能因此否定这条原则。在一般情况下,控制的收益会明显大于其成本,人们可以做出定性的判断。

(3) 企业应在仓储活动的重要领域和环节上对关键的因素加以控制,而不是对所有成本项目都进行同样周密的控制。

(4) 仓储成本控制要起到降低成本、纠正偏差的作用,并具有实用、方便、易于操作的特点。

(5) 在仓储成本控制中要贯彻"例外原则",对正常储存成本费用支出可以从简控制,而特别关注各种例外情况。

(6) 管理活动要遵循重要性原则,将注意力集中于重要事项,对无关大局的成本项目可以从略。

(7) 仓储成本控制系统应具有灵活性,对于各种始料未及的情况,控制系统应能发挥作用,不至于在市场变化时成为无用的"装饰品"。

3. 分级归口管理原则

企业的仓储成本控制目标要层层分解,落实到各环节、各小组甚至个人,形成一个仓储成本控制系统。一般来说,控制的范围越小越好,因为这样可使各有关责任单位明确责任范围,使仓储成本控制真正落到实处。

4. 权责利相结合原则

落实到每一个环节、小组或个人的目标成本,必须与他们的责任大小、控制范围相一致,否则成本控制就不可能产生积极的效果。同时为了充分调动控制者的积极性,应将仓储成本控制的好坏与奖励的大小结合起来。

5. 全面性的原则

由于仓储成本涉及企业管理的方方面面,因此仓储成本控制要进行全员、全过程和全方位控制。

二、仓储成本控制的方法

1. 存货的订购点控制法

(1) 订购点控制法的含义。订购点控制法是以固定订购点和订购批量为基础的一种存货控制方法。它以永续盘存制为基础,当库存低于或等于再订购点时就提出订货计划,并且每次订购的数量是固定的。

(2) 订购点控制的关键。实施订购点控制的关键是正确确定订购批量和订购点。

订购批量一般采用经济订购批量;订购点的确定则取决于对交货时间的准确计算和对保险储备量的合理确定。

(3) 再订购点的确定。再订购点的计算公式为

$$再订购点 = 交货时间 \times 每日出库量 + 保险储备量$$
$$= 交货期平均耗用量 + 保险储备量$$

在实际工作中,将订购点数量的物资从库存中分离出来,单独存放或加以明显标志,当库存量的其余部分用完,只剩下订购点数量时,即提出订货,每次订购固定数量的物资。

(4) 影响订购点控制的因素。

① 交货期是指从办理采购到货物验收入库为止的时间间隔,包括办理订购、发运、在途、验收入库等所需时间。

② 平均耗用量是指物资每日的平均耗用量。

③ 保险储备量是为应付采购期间需要量的变动而建立的,包括不能按时到货、实际交货时间延时而增加的需要量,也包括交货期内实际每日需要量超过平均日需要量而增加的需要量。

(5) 订购点控制法的优缺点。

订购点控制法的优点:①能经常掌握库存量动态,不易出现缺货。②保险储备量少,仓储成本相对较低。③每次订购量固定,能采用经济批量,也便于进货搬运和保管作业。④盘点和订购手续比较简单,尤其便于计算机进行控制。

订购点控制法的缺点:①订购时间不确定,难以编制严密的采购计划。②不适用需求量变化较大的物资,不能及时调整订购批量。

(6) 订购点控制法的适用范围。订购点控制法一般适用于单位价值较低、需求量比较稳定、缺货损失较大、储存成本较高的货物。

2. 存货的定期控制法

(1) 定期控制法的含义。定期控制法是指以固定的订购周期为基础的一种库存控制方法。

定期控制法采用定期盘点,按固定的时间间隔检查库存量,并随即提出订购批量计划,订购批量根据盘点时的实际库存量和下一个进货周期的预计需要量而定。

(2) 定期控制法的关键。在定期库存控制中,关键问题在于正确确定检查周期,即订购周期。

检查周期的长短对订购批量和库存水平有决定性的影响。订购周期是由预先规定的进货周期和备运时间决定的。

合理确定保险储备量同样是实施定期控制的重要问题。在定期库存控制中,保险储备量不仅要用以应付交货期内需要量的变动,而且要用以应付整个进货周期内需要量的变动,因此,与定量控制相比,定期控制要求有更大的保险储备量。

(3) 定期控制法的计算。定期采购量标准是指每次订购的最高限额,它由订购周期平均耗用量、交货期平均耗用量与保险储备量构成。其计算公式为

$$定期采购量 = 供应间隔时间 \times 每日平均耗用量 + 交货期时间 \times$$
$$每日平均耗用量 + 保险储备$$

(4) 定期控制法的优缺点。

定期控制法的优点：①订购时间固定，能调整订购批量。②无须每日盘点，到期才盘点。③有了订货周期，方便根据该周期制订计划。

定期控制法的缺点：①安全库存量不能设置太少。需求偏差也较大，因此需要设置较大的安全库存来保证需求。②每次订货的批量不一致，无法制定合理经济订货批量，因而营运成本降不下来，经济性差。

(5) 定期控制法的适用范围。

① 需求量较大，有较严格的保管期限，必须严格管理的物资。

② 需求量变化大，可以事先确定用量的物资。

③ 发货次数较多，难以进行连续动态管理的物资。

④ 许多不同物资能从统一供应商或中心集中采购订货。

3. 存货的 ABC 分析控制法

(1) ABC 分析控制法的含义。ABC 分析控制法是一种存货分类管理方法，它是运用数理统计的方法，对事物、问题分类排队，用以抓住事物主要矛盾的一种定量的科学管理技术。

(2) ABC 分析控制法的基本原理。ABC 分析控制法的基本原理是"关键的是少数，次要的是多数"，根据各项存货在全部存货中重要程度的大小，将存货分为 A、B、C 三类。

- A 类物资：存货数量较少，占用资金较大，应该实行重点管理。
- B 类物资：存货数量适中，占用资金一般，应该实行常规管理。
- C 类物资：存货数量繁多，占用资金较少，不必花费太多的精力，一般凭经验管理即可。

(3) ABC 分析控制法的一般步骤如下。

① 计算每一种材料的金额，按照金额由大到小排序并列成表格。

② 计算每一种材料金额占库存总金额的比率及累计比率。

③ 编制 ABC 分析表。

④ 根据 ABC 分析表确定分类。

⑤ 根据分类确定其管理方法。

ABC 分析控制法

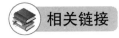

帕累托原则

帕累托原则是由 19 世纪意大利经济学家维弗雷多·帕累托（Vilfredo Pareto，1848 年 7 月 15 日—1923 年 8 月 19 日）提出的。其核心内容是生活中 80% 的结果几乎源 20% 的活动。比如，总是那些 20% 的客户带来 80% 的业绩，可能创造了 80% 的利润；全世界 80% 的财富是被 20% 的人掌握着，世界上的 80% 的人只分享了 20% 的关键事情。

启示：党的二十大报告指出，要抓住"关键少数"，以上率下。

所以，同学们要知道你的重要任务是什么，每天不要在不带来结果的活动上花费 10% 以上的时间，一定要把自己的精力放在重要的事情上，学会分清主次。

例 7-2 安科公司是一家生产扩音器的公司，生产扩音器需要很多的零部件，主要部件的采购单如表 7-3 所示。

表 7-3 采购单

2021 年 1 月 6 日

供应厂商：商联科技　　　　　　订单号：115202　　　　　　款式编号：2020

品　名	规　格	数量/个	单价/元	总价/元	合计总价	备　注
X-30		50 000	8	400 000		
X-23		200 000	12	2 400 000		
K-9		6 000	10	60 000		
G-11		120 000	6	720 000		
H-40		7 000	12	84 000		
N-15		280 000	9	2 520 000		
Z-83		15 000	7	105 000		
U-6		70 000	8	560 000		
V-90		15 000	9	135 000		
W-2		2 000	11	22 000		

注：请于每个包装外袋上注明订单号、款式编号、品名和数量。

计算每一种零部件的金额，按照金额由大到小排序并列成表格，具体内容如表 7-4 所示。

表 7-4 安科公司物资排序

物资代码	年使用量	单价/元	年费用/元	序　号
X-30	50 000	8	400 000	5
X-23	200 000	12	2 400 000	2
K-9	6 000	10	60 000	9
G-11	120 000	6	720 000	3
H-40	7 000	12	84 000	8
N-15	280 000	9	2 520 000	1
Z-83	15 000	7	105 000	7
U-6	70 000	8	560 000	4
V-90	15 000	9	135 000	6
W-2	2 000	11	22 000	10

根据其各类零部件使用费用分类统计，编制 ABC 分析表，并根据 ABC 分析表确定分类，具体内容如表 7-5 所示。

表 7-5 物资分类表

物资代码	年使用费用/元	累计年使用费用/元	累计百分比/%	分　类
N-15	2 520 000	2 520 000	36	A
X-23	2 400 000	4 920 000	70	A

续表

物资代码	年使用费用/元	累计年使用费用/元	累计百分比/%	分 类
G-11	720 000	5 640 000	81	B
U-6	560 000	6 200 000	88	B
X-30	400 000	6 600 000	94	B
V-90	135 000	6 375 000	96	C
Z-83	105 000	6 840 000	98	C
H-40	84 000	6 924 000	99	C
K-9	60 000	6 984 000	99	C
W-2	22 000	7 006 000	100	C

从表7-5可以得出：N-15、X-23零部件为A类，占用资金70%；G-11、U-6、X-30零部件为B类，占用资金24%；V-90、Z-83、H-40、K-9、W-2零部件为C类，占用资金6%，故应对这三类各自包含的零部件分别采取不同的管理方式，具体内容如表7-6所示。

表7-6 管理方式

分类管理	管 理 重 点	订货方式	检 查 方 式
A类库存	投入较大力量，精心管理，并将库存压到最低水平	定期定量订货	经常检查和盘存
B类库存	按经营方针来调节库存水平，如要降低库存水平时，就减少订货量和库存	定量订货	一般检查和盘存
C类库存	投入较少的力量管理，增加库存储备	集中大量的订货	按年度或季度检查盘存

三、仓储成本优化的措施

仓储成本优化是仓储企业管理的基础，对提高整体管理水平、提高经济效益有重大影响，但是由于仓储成本与物流成本的其他构成要素，如运输成本、配送成本，以及服务质量和水平之间存在二律背反的现象，因此，降低仓储成本要在保证物流总成本最低、不降低企业的总体服务质量和目标水平的前提下进行，常见的措施如下。

1. 采用"先进先出"方式，减少仓储物的保管风险

"先进先出"是储存管理的准则之一，它能保证每个被储物的储存期不至过长，减少仓储物的保管风险。有效的先进先出方式主要有以下几种。

(1) 贯通式（重力式）货架系统。利用货架的每层形成贯通的通道，从一端存入物品，另一端取出物品，物品在通道中自行按先后顺序排队，不会出现越位等现象。贯通式（重力式）货架系统能非常有效地保证先进先出。

(2) "双仓法"储存。给每种被储物都准备两个仓位或货位，轮换进行存取，再配以必须在一个货位中出清后才可以补充的规定，则可以保证实现"先进先出"。

(3) 计算机存取系统。采用计算机管理，在存货时向计算机输入时间记录，编入一个简单地按时间顺序输出的程序，取货时计算机就能按时间给予指示，以保证"先进先出"。这种计算机存取系统还能将"先进先出"保证不做超长时间的储存和快进快出结合起来，即在保证一定先进先出的前提下,将周转快的物资随机存放在便于存储之处,以加快周转,减少劳动消耗。

2. 提高储存密度,提高仓容利用率

这样做的主要目的是减少储存设施的投资,提高单位存储面积的利用率,以降低成本、减少土地占用,具体有以下三种方法。

(1) 采取高垛的方法,增加储存的高度。具体方法有采用高层货架仓库、集装箱等都可比一般堆存方法大大增加储存高度。

(2) 缩小库内通道宽度以增加储存有效面积。具体方法有采用窄巷道式通道,配以轨道式装卸车辆,以减少车辆运行宽度要求,采用侧叉车、推拉式叉车,以减少叉车转弯所需的宽度。

(3) 减少库内通道数量以增加有效储存面积。具体方法有采用密集型货架,采用不依靠通道可进车的可卸式货架,采用各种贯通式货架,采用不依靠通道的桥式起重机装卸技术等。

3. 采用有效的储存定位系统,提高仓储作业效率

储存定位的含义是被储存物位置的确定。如果定位系统有效,能大大节约寻找、存放、取出的时间,节约不少物化劳动及活劳动,而且能防止差错,便于清点及实行订货点等的管理。储存定位系统可采取先进的计算机管理,也可采取一般人工管理。行之有效的方式主要有以下两种。

(1) "四号定位"方式。"四号定位"是用一组四位数字来确定存取位置的固定货位方法,是我国手工管理中采用的科学方法。这四个号码是:库号、架号、层号、位号。这就使每一个货位都有一个组号,在物资入库时,按规划要求对物资编号,记录在账卡上,提货时按四位数字的指示,很容易将货物拣选出来。这种定位方式可对仓库存货区事先做出规划,并能很快地存取货物,有利于提高速度,减少差错。

(2) 电子计算机定位系统。电子计算机定位系统是利用电子计算机储存容量大、检索迅速的优势,在入库时,将存放货位输入计算机。出库时向计算机发出指令,并按计算机的指示人工或自动寻址,找到存放货并拣选取货的方式。一般采取自由货位方式,计算机指示入库货物存放在就近易于存取处,或根据入库货物的存放时间和特点,指示合适的货位,取货时也可就近就便。这种方式可以充分利用每一个货位,而不需要专位待货,有利于提高仓库的储存能力,当吞吐量相同时,可比一般仓库减少建筑面积。

4. 采用有效的监测清点方式,提高仓储作业的准确程度

对储存物资数量和质量的监测有利于掌握仓储的基本情况,也有利于科学控制库存。在实际工作中稍有差错,就会使账物不符,所以,必须及时且准确地掌握实际储存情况,经常与账卡核对,确保仓储物资的完好无损,这是人工管理或计算机管理必不可少的。此外,经常的监测也是掌握被存物资数量状况的重要工作。监测清点的有效方式主要有以下几种。

(1) "五五化"堆码。"五五化"堆码是我国手工管理中采用的一种科学方法。储存物堆垛时,以"五"为基本计数单位,堆成总量为"五"的倍数的垛形,如梅花五、重叠五等。堆码后,有经验者可过目成数,大大加快了人工点数的速度,而且很少出现差错。

(2) 光电识别系统。在货位上设置光电识别装置,通过该装置对被存物的条形码或其他识别装置(如芯片等)扫描,并将准确数目自动显示出来。这种方式不需人工清点就能准确掌握库存的实有数量。

(3)电子计算机监控系统。用电子计算机指示存取,可以避免人工存取容易出现差错的弊端,如果在储存物上采用条形码技术,使识别计数和计算机联结,每次存、取一件物品时,识别装置自动将条形码识别并将其输入计算机,计算机会自动做出存取记录。这样只需向计算机查询,就可了解所存物品的准确情况,因而无须再建立一套对仓储物实有数的监测系统,减少查货、清点工作。

5. 加速周转,提高单位仓容产出

储存现代化的重要课题是将静态储存变为动态储存,周转速度加快会带来一系列的好处:资金周转快,资本效益高,货损货差小,仓库吞吐能力增加,成本下降等。具体做法诸如采用单元集装存储,建立快速分拣系统,都有利于实现快进快出、大进大出。

6. 采取多种经营,盘活资产

仓储设施和设备的巨大投入,只有在充分利用的情况下才能获得收益,如果不能投入使用或者只是低效率使用,只会造成成本的加大。仓储企业应及时决策,采取出租、借用、出售等多种经营方式盘活这些资产,提高资产设备的利用率。

7. 加强劳动管理

工资是仓储成本的重要组成部分,劳动力的合理使用是控制人员工资的基本原则。我国是具有劳动力优势的国家,工资较为低廉,较多使用劳动力是合理的选择。但是对劳动进行有效管理,避免人浮于事、出工不出力或者效率低下也是成本管理的重要方面。

8. 降低经营管理成本

经营管理成本是企业经营活动和管理活动的费用和成本支出,包括管理费、业务费、交易成本等。加强该类成本管理,减少不必要的支出,也能实现成本降低。当然,经营管理成本费用的支出时常不能产生直接的收益和回报,但也不能完全取消,加强管理是很有必要的。

实训　月山啤酒集团仓储管理

实训目标:了解月山啤酒集团库存管理的现状;掌握月山啤酒集团库存成本控制的方法。

实训内容:月山啤酒集团在几年前就借鉴国内外物流公司的先进经验,结合自身的优势,制订了自己的仓储物流改革方案。首先,成立了仓储调度中心,对全国市场区域的仓储活动进行重新规划,对产品的仓储、转库实行统一管理和控制。由提供单一的仓储服务,到对产成品的市场区域分布、流通时间等进行全面调整、平衡和控制,仓储调度成为销售过程中降低成本、增加效益的重要一环。其次,以原运输公司为基础,月山啤酒集团注册成立具有独立法人资格的物流有限公司,引进现代物流理念和技术,并完全按照市场机制运作。作为提供运输服务的"卖方",物流公司能够确保按规定要求,以最短的时间、最少的投入和最经济的运送方式,将产品送至目的地。最后,筹建了月山啤酒集团技术中心。月山啤酒集团应用建立在Internet信息传输基础上的ERP系统,筹建了月山啤酒集团技术中心,将物流、信息流、资金流全面统一在计算机网络的智能化管理下,建立起各分公司与总公司之间的快速信息通道,及时掌各地最新的市场库存、货物和资金流动情况,为制定市场策略提供准确的依据,并且简化了业务运行程序,提高了销售系统工作效率,增强了企业的应变能力。

通过这一系列的改革,月山啤酒集团获得了很大的直接和间接经济效益。首先是集团的仓库面积由 7 万多平方米下降到不足 3 万平方米,产成品平均库存量由 12 000 吨下降到 6 000 吨;其次,这个产品物流体系实现了环环相扣,销售部门根据各地销售网络的要货计划和市场预测,制订销售计划,仓储部门根据销售计划和库存及时向生产企业传递要货信息,生产厂有针对性地组织生产,物流公司则及时地调度运力,确保交货质量和交货期;最后,销售代理商在有了稳定的货源供应后,可以从人、财、物等方面进一步降低销售成本,增加效益,经过一年多的运转,月山啤酒集团物流网取得了阶段性成果。实践证明,现代物流管理体系的建立,使月山啤酒集团的整体营销水平和市场竞争能力大大提高。

思考题:
(1) 结合案例说明仓储成本分析的意义所在。
(2) 分析月山啤酒集团是如何控制仓储成本的?
(3) 分析月山啤酒集团是怎样通过控制仓储成本获得经济效益的?
实训要求:以小组为单位完成任务。
实训环境:综合实训室。
实训报告:提交小组实训报告书。

学 习 总 结

本项目主要介绍仓储成本的定义、仓储成本的分类、仓储成本的计算以及仓储成本的控制与优化方法这几个方面的基础知识。

本项目的核心是仓储成本的计算与成本的控制。通过本项目的学习,使相关学习人员在实际的仓储成本管理中,能够会计算相关仓储成本,并利用计算的结果进行仓储成本分析。在本项目的内容中,经济订购批量和 ABC 分析控制法是在实际工作中经常用到的两种方法,必须掌握。

学 习 测 试

一、单项选择题

1. 企业为生产一批货物而进行准备的成本为(　　)。
　　A. 缺货成本　　　B. 生产准备成本　　C. 仓储持有成本　　D. 在途成本
2. 由于库存供应中断而造成的损失为(　　)。
　　A. 缺货成本　　　B. 生产准备成本　　C. 仓储持有成本　　D. 在途成本

二、多项选择题

1. 仓储成本由(　　)构成。
　　A. 仓储持有成本　　　　　　　　　B. 订货或生产成本
　　C. 缺货成本　　　　　　　　　　　D. 在途库存持有成本

2. 常用的仓储成本控制的方法包含（　　）。
   A. 定量控制法　　　　　　　　　B. 定期控制法
   C. ABC 分析控制法　　　　　　　D. 作业成本法

三、计算题

1. 某企业全年需要甲零件 4 000 件，每次订货成本 50 元，单位每年储存成本 10 元，单价 15 元。要求：根据以上资料计算甲零件的经济批量、最佳订货次数、总成本。

2. 某企业保持有 10 种商品的库存，有关资料如表 7-7 所示，为了对这些库存商品进行有效的控制和管理，该企业打算根据商品的投资大小进行分类。

表 7-7　商品库存及单价

商品编码	单价/元	库存量/件
A	4	300
B	8	1 200
C	1	290
D	2	140
E	1	270
F	2	150
G	6	40
H	2	700
I	5	50
J	3	2 000

要求：
(1) 请您选用 ABC 分析控制法将这些商品分为 A、B、C 三类。
(2) 给出 A 类库存物资的管理方法。

项目八

配送成本管理

学习目标

知识目标：
(1) 掌握配送成本的概念、构成。
(2) 了解配送成本的特点。
(3) 了解配送的功能。
(4) 掌握配送成本的核算方法。
(5) 掌握影响配送成本的因素。
(6) 掌握配送成本管理策略。
(7) 了解配送成本的优化途径。

能力目标：
(1) 能够根据实际案例分析配送成本的构成。
(2) 能够根据企业的具体情况提出降低配送成本的方法。
(3) 能够利用相关的知识提出配送成本的优化途径。

素质目标：
(1) 树立爱岗敬业、务实诚信的职业美德。
(2) 培养认真负责、团队协作、创新精神的职场素质。
(3) 提升逻辑推理、人际交往、语言沟通的能力。

学习导图

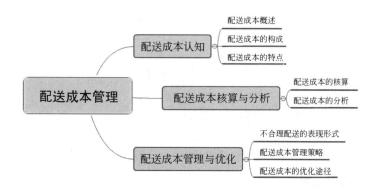

情景导入

2020年春节，举国上下众志成城抗击疫情。新冠肺炎的发生，各行各业涌现了许多的逆行者，除了白衣天使、社区基层工作者，还有一批骑着电动车穿梭在大街小巷的快递小哥，在封城期间和疫情蔓延期，他们冒着被感染的风险为千家万户配送防疫物资和生鲜食材，解决了老百姓生活物资供应的"最后一公里"，他们是当之无愧的"最美逆行者"。快递小哥——普通的物流配送人员，因为他们的辛勤劳动、敬业奉献，为我们抗击新冠肺炎疫情提供了有力保障。而配送作业在完成物流终端最后一环的同时，也产生了各项成本，配送成本管理成为无数物流企业控制成本的重要一环。

配送成本导入

启示：党的二十大报告指出，广大青年要坚定不移听党话、跟党走，怀抱梦想又脚踏实地，敢想敢为又善作善成，立志做有理想、敢担当、能吃苦、肯奋斗的新时代好青年，让青春在全面建设社会主义现代化国家的火热实践中绽放绚丽之花。

在疫情期间，我们的"最美逆行者"，便是有担当、能吃苦、肯奋斗的新时代好青年的代表，所以同学们，你们是祖国的建设者，要做一个有担当、能吃苦、肯奋斗的青年。

任务一 配送成本认知

一、配送成本概述

1. 配送的含义

配送是指在经济合理区域内，根据客户要求，对物品进行拣选、加工、包装、分期、组配等作业，并按时送达指定地点的物流活动。

配送是物流系统中一种特殊的、综合的活动形式，是商流与物流的紧密结合，包含物流中若干功能要素的一种物流活动。从物流角度来说，配送几乎包括了所有的物流功能要素，是物流的一个缩影或在较小范围内物流全部活动的体现。一般的配送集装卸、包装、保管、运输于一身，通过一系列活动实现将物品送达客户的目的。特殊的配送还要以流通加工活动为支撑，其内容更为广泛。

2. 配送成本的含义

配送成本是指在配送活动的备货、储存、分拣、配货、配装、送货、送达服务及配送加工等环节所发生的各项费用的总和。

3. 配送的功能

物流配送不只是具有送货的功能，还具有备货、保管、分拣、配装、流通加工、运输等功能。

（1）备货功能。为实现按用户需要配送，必须从众多供应商手中购进大量品种比较齐全的商品，以保证对客户的供应。备货是配送的准备工作，是配送的前提条件，备货工作包括寻找货源、采购、进货及有关的质量检查、结算和交接等一系列活动。由于企业的客户不止一个，而且每个客户的货物也不是一次性配送完，所以备货数量一般大于配送数量。配送的优势之一,就是可以集中用户的需求进行一定规模的备货。备货成本往往是制约配送成本的重要因素。如果备货成本太高,会大大提高配送成本,降低配送效益。因此,备货是决定配送成败的基础工作。

(2) 保管功能。大部分商品是在配送中心经过一段时间的储存后,按照客户要求的时间进行配送,因此保管功能是配送的主要功能之一。但配送保管与一般的仓库保管不同,配送保管的时间短,起着衔接的功能,同时设施设备比仓库要求较低。比如商品在配送中心停留时间很短,即便是没有配送中心,也可根据货物的性质和要求随时搭建存储仓库,任务完成后再拆除。

(3) 分拣功能。商品在配送中心保管时,一般是按保管单元的形式分区域存放。但配送时是按顾客需求的商品进行配送。因此,在商品出库时就必须按照顾客的订单要求组配货物。分拣及配货是决定整个配送系统水平的关键要素。分拣是完善送货、支持送货的准备性工作,有了分拣作业就会大大提高送货服务水平。

(4) 配装功能。当单个客户配送数量不能达到车辆的有效运载要求时,就会导致配送车辆利用不充分,因此就需要配装不同客户的配送物品,进行搭配装载以充分利用配送车辆。配装和一般送货是不同的,通过配装送货可以大大提高配送车辆利用率,降低送货成本。

(5) 流通加工功能。由于生产中的特点是大批量、少品种,而顾客消费呈现小批量、多样化要求。由于生产和消费矛盾的存在,要求在配送过程中,按照用户对商品的不同要求,对商品进行简单的加工活动。流通加工与制造加工不同,它对商品的性能和功能没有进行改变,改变的仅仅是商品数量、尺寸和包装形式,如大包装分装成小包装,大块商品分割成小块商品,散装货物进行简单包装等活动。在配送中,流通加工在配送过程中往往发挥重要的作用,通过对商品的简单加工,可以大大提高物流作业效率和客户的满意度。

(6) 运输功能。配送运输不同于一般的运输形式,配送运输是以满足顾客需要为前提的小规模、短距离、多顾客的运输形式,它的时效性要求更强,配送要求更高。

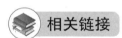

当前我国物流业发展方向

中国物流学会显示,"十四五"期间我国物流业发展的方向是降、增、冷、融、地、天六个方面:"降"指深入推进物流业降本增效,"增"指扩大国家物流枢纽网络体系,"冷"指布局建设国家骨干冷链物流基地,"融"指促进物流业、制造业融合发展,"地"指物流园区示范工作,"天"指研究编制"十四五"物流与发展规划。

二、配送成本的构成

配送成本主要由以下费用构成。

1. 配送运输费用

配送运输费用是指从事配送运输生产而发生的各项费用,具体包括驾驶员及助手的工资及福利费、燃料费、轮胎费、修理费、折旧费、车船税等费用。

2. 分拣费用

（1）分拣人工费用。从事分拣工作的作业人员及有关人员的工资、奖金、补贴等费用的总和。

（2）分拣设备费用。分拣机械设备的折旧费用及修理费用。

3. 配装费用

（1）配装材料费用。常见的配装材料有木材、纸、自然纤维、合成纤维和塑料等。这些包装材料功能不同，成本相差很大。

（2）配装辅助费用。除配装材料费用外，还有一些辅助性费用，如包装标记、标志的印刷，拴挂物费用等的支出等。

（3）配装人工费用。从事配装工作的工人及有关人员的工资、奖金、补贴等费用的总和，即配装人工费用。

4. 流通加工费用

（1）流通加工设备费用。流通加工设备因流通加工形式不同而不同，购置这些设备所支出的费用，以折旧费的形式转移到被加工产品中。

（2）流通加工材料费用。在流通加工过程中，投入到加工过程中的材料消耗所需要的费用，即流通加工材料费用。

（3）流通加工人工费用。在流通加工过程中，从事加工活动的管理人员、工人及有关人员的工资、奖金等费用的总和，即流通加工人工费用。

5. 营运间接费用

营运间接费用是指不能直接计入各类成本计算对象的费用，如配送各环节间接从事配送活动人员的工资及福利费、办公费，以及配送各环节发生的水电费、折旧费等费用。营运间接费用于月终时，通过编制"营运间接费用分配表"，以分摊的方式分别计入配送各环节成本。

在实际应用中，应该根据配送的具体流程归集成本，不同的配送模式，其成本构成差异较大。在相同的配送模式下，由于配送物品的性质不同，其成本构成差异也很大。

三、配送成本的特点

1. 配送成本具有隐蔽性，财务会计分解难度大

由于企业现在没有单独设置"配送费用"会计科目来专门核算企业对内对外发生的配送费用，所以通常的财务会计不能完全掌握配送成本。就配送成本而言，一般通过"销售费用""管理费用"科目可以看出部分配送费用情况，但这些科目反映的费用仅仅是全部配送成本的一部分，即企业对外支付的配送费用，并且这部分费用往往是混同在其他费用中而并不是单独一个"配送费用"科目进行独立核算的，还有很大部分配送费用都隐藏在其他会计科目中。例如，与配送有关的利息记入"财务费用"科目；配送发生的人工费用记入"销售费用"科目。

2. 配送成本消减具有乘数效应

随着企业间竞争的日益加剧，传统竞争方式，如提高销售额、降低成本、提高产品科技含量等对提高企业经济效益的作用已经变得不明显。物流作为企业的"第三利润源",降低物流成本尤其是作为物流末端的配送成本,对于提高企业效益起着不可估量的作用。例如,某企业的销售额为1 000万元,配送成本为100万元,如果配送成本降低10%,企业利润可增加10万元。若销售利润率为2%,则创造10万元的利润,需要增加500万元的销售额,即降低10%的配送成本所起的作用相当于销售额增加50%。由此可见,加强配送成本管理对提高企业效益具有巨大的潜力。

3. 配送成本的"效益背反"

"效益背反"是指同一资源的两个方面处于相互矛盾的关系中,一个要素的优化会导致另一个要素的损失,这种"效益背反"关系在物流各功能要素中普遍存在,尤其是配送成本和仓储、运输、装卸、包装等其他物流系统成本。因此,企业在进行配送成本管理时,必须把相关成本拿到同一场所用"总成本"来衡量,即配送成本的降低额必须超过另两个物流系统要素的成本增加额,从而使物流总成本降低。

任务二 配送成本核算与分析

一、配送成本的核算

配送成本的核算是多环节的核算。配送各个环节的成本费用核算都具有各自的特点,如流通加工费用的核算与配送运输费用的核算具有明显的区别,其成本计算的对象及计算单位都不同。

配送成本的核算由于涉及多环节的成本核算,应当单独核算每个环节的成本核算对象的总成本。

配送成本费用总额是由各个环节的总成本组成的,即

配送成本=配送运输成本+分拣成本+配装成本+流通加工成本

需要指出的是,在进行配送成本核算时,要避免配送成本费用重复交叉、夸大或减小费用支出,使配送成本费用失去真实性。

1. 配送运输成本的核算

配送运输成本是指配送车辆在完成配送货物的过程中所发生的各种车辆费用和运输间接费用。车辆费用是指配送车辆从事配送作业所发生的各项费用。运输间接费用是指在配送运输环节,为管理和组织配送运输所发生的各项管理费用和业务费用。车辆费用和运输间接费用构成了配送运输成本项目。配送运输成本在配送总成本构成中所占比例很大,应进行重点管理。运输间接费用应根据"营运间接费用分配表"计入配送运输成本。

2. 分拣成本的核算

分拣成本是指分拣机械及人工在完成货物分拣过程中所发生的各种费用。分拣成本的项目和内容包括分拣直接费用、分拣间接费用。

(1) 分拣直接费用包括以下几项。

① 工资是指按规定支付给分拣作业工人的标准工资、奖金、津贴等。

② 职工福利费是指按规定的工资总额和提取标准计提的职工福利费。

③ 修理费是指分拣机械进行保养和修理所发生的工料费用。

④ 折旧费是指分拣机械按规定计提的折旧费。

⑤ 其他费用是指不属于以上各项的费用。

（2）分拣间接费用。

分拣间接费用是指在配送分拣环节为管理和组织分拣生产而发生的各项管理费用及业务费用。

上述分拣直接费用和分拣间接费用构成了配送环节的分拣成本。

（3）分拣成本的计算方法。配送环节分拣成本的计算方法是指分拣过程所发生的费用，按照规定的成本计算对象和成本项目计入分拣成本的方法。

① 工资及职工福利费根据"工资分配汇总表"和"职工福利费计算表"中的分配金额计入分拣成本。

② 修理费辅助生产部门对分拣机械进行保养和修理的费用，根据"辅助生产费分配表"中分配的金额计入成本。

③ 折旧费根据"固定资产折旧计算表"中按照分拣机械提取的折旧金额计入成本。

④ 其他费用根据"低值易耗品发出凭证汇总表"中分拣领用的金额计入成本。

⑤ 分拣间接费用根据"营运间接费用分配表"计入成本。

（4）分拣成本计算表。物流配送企业月末应编制配送分拣成本计算表，以反映配送分拣总成本。

配达分拣总成本是指成本计算期内分拣作业成本计算对象的成本总额，即各个成本项目金额之和。分拣成本的计算方法如表 8-1 所示。

表 8-1　分拣成本计算表

项　目	计算依据	合　计	货物1	货物2	货物3
一、分拣直接费用					
工资					
职工福利费					
修理费					
折旧费					
其他费用					
二、分拣间接费用					
分拣总成本					

3．配装成本的核算

配装成本是指在完成配装货物过程中所发生的各种费用。配装成本项目和内容包括配装直接费用与配装间接费用。

（1）配装直接费用包括以下几项。

① 工资指按规定支付的配装作业工人的标准工资、奖金、津贴。

② 职工福利费指按规定的工资总额和提取标准计提的职工福利费。

③ 材料费用指配装过程中消耗的各种材料的费用，如包装纸、箱、塑料等的费用。

④ 辅助材料费用指配装过程中耗用的辅助材料的费用，如标志、标签等的费用。

⑤ 其他费用指不属于以上各项的费用，如配装工人的劳保用品费等。

（2）配装间接费用。配装间接费用是指配装环节为管理和组织配装生产所发生的各项管理费用。上述配装直接费用和配装间接费用构成了配装成本。

(3) 配装成本的计算方法。配送环节的配装活动是配送的独特要求,其成本的计算方法是指配装过程中所发生的费用,按照规定的成本计算对象和成本项目计入配装成本的方法。

① 工资及职工福利费根据"工资结算汇总表"和"职工福利费计算表"中分配的配装成本的金额计入成本。

计入产品成本中的直接人工费用的数额,是根据当期"工资结算汇总表"和"职工福利费计算表"来确定的。

"工资结算汇总表"是进行工资结算和分配的原始依据。它是根据"工资结算单"按人员类别(工资用途)汇总编制的。"工资结算单"应当依据职工工作卡片、考勤记录、工作量记录等工资计算的原始记录编制。

"职工福利费计算表"是依据"工资结算汇总表"确定的各类人员工资总额,按照规定的提取比例计算后编制的。

② 材料费用根据"材料发出凭证汇总表""领料单"及"领料登记表"等原始凭证,将配装成本耗用的金额计入成本。

在直接材料费用中,材料费用数额是根据全部领料凭证汇总编制"耗用材料汇总表"确定的。在归集直接材料费用时,凡能分清某一成本计算对象的费用,应单独列出,以便直接计入该配装对象的产品成本计算单中。属于几个配装成本对象共同耗用的直接材料费用,应当选择适当的方法,分配计入各配装成本计算对象的成本计算单中。

③ 辅助材料费用根据"材料发出凭证汇总表""领料单"中的金额计入成本。

④ 其他费用根据"材料发出凭证汇总表""低值易耗品发出凭证"中配装成本领用的金额计入成本。

⑤ 配装间接费用根据"营运间接费用分配表"计入配装成本。

(4) 配装成本计算表。物流配送企业月末应编制配装成本计算表,以反映配装总成本。

配装作业是配送的独特要求,只有进行有效的配装,才能提高送货水平,降低送货成本。配装成本的计算方法如表 8-2 所示。

表 8-2 配装成本计算表

项 目	计算依据	合 计	货物1	货物2	货物3
一、配装直接费用					
工资					
职工福利费					
材料费用					
辅助材料费用					
其他费用					
二、配装间接费用					
配装总成本					

4. 流通加工成本的核算

流通加工成本可分为直接材料费用、直接人工费用和制造费用。

(1) 流通加工成本中的直接材料费用是指对流通加工产品加工过程中直接消耗的材

料、辅助材科、包装材料以及燃料和动力等的费用,与工业企业相比,流通加工过程中的直接材料费用占流通加工成本的比例不大。

(2)流通加工成本中的直接人工费用是指直接进行加工生产的生产工人的工资总额和按工资总额提取的职工福利费。生产工人的工资总额包括计时工资、计件工资、奖金、津贴和补贴、加班工资、非工作时间的工资等。

(3)流通加工成本中的制造费用是指物流中心设置的生产加工单位,为组织和管理生产加工所发生的各项间接费用。

相关链接

海尔物流:首家通过国家标准委服务标准化验收的物流企业

2010年,海尔物流顺利通过了国家标准化委员会"物流行业服务标准化试点企业"的验收。这是中国物流行业第一家通过国家标准化试点验收的物流企业。

海尔物流结合企业的经营实际,对标准化在物流行业发展中的基础地位和作用进行了深入研究,提出"品牌划分市场、标准引领技术"的理念,建立起全流程可视化、标准化信息平台,将标准化与信息化进行有效融合;创新提出"一流三网"同步流程、"五定分销配送"等标准化模式,实现了标准化与企业发展战略的有机结合。海尔物流目前已经搭建起包括基础标准、质量标准、管理标准和工作标准在内的覆盖物流服务全流程的标准体系,不仅为实现从企业物流向物流企业的转型提供有力的技术支撑,其特色鲜明的物流标准化运作模式,还为全国同行业标准化工作树立了典型。

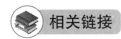

海尔物流的标准化

启示:党的二十大报告指出,构建全国统一大市场,深化要素市场化改革,建设高标准市场体系。同样,标准化在物流企业的发展中起着非常重要的作用。

二、配送成本的分析

配送成本的高低受多种因素的影响,有配送货物自身的因素、配送工具及使用的因素、配送距离的因素、配送管理的因素和配送服务水平的因素。

1. 配送货物自身的因素

配送货物的特性直接影响配送成本的高低,主要包括货物的体积与重量、单位价值、易腐性、易碎性和标准化程度。

(1)配送货物的体积与重量。配送货物的体积与重量之间并不存在一定的相关性。有的货物体积大、重量小,或者体积大、重量也大;有的货物体积小、重量也小;有的货物体积小、重量大。一般把货物的密度(即货物的重量/体积)作为研究对象。

配送货物的密度越大,同运输单位所装的货物越多,运输成本就越低。同样的,配送中心一定空间领域存放的货物也就越多,库存成本也会降低。相反,配送货物的密度越小,相同运输单位所装的货物越少,运输成本就越高,同样的,配送中心一定空间领域存放的货物也就越少,库存成本也会提高。

(2)配送货物的单位价值。配送货物的单位价值的高低会直接影响配送成本的大小。

一般来说,货物的单位价值越高,配送成本就越高;单位价值越低,配送成本就越低。其原因在于配送货物的价值越大,相对于单位价值小的货物,对其所需要的配送运输、分拣、配装、流通加工各方面的要求都高,从而所花费的配送成本也会增加。

(3) 配送货物的易腐性。易腐性商品容易变质。如果配送货物属于这种易腐性商品,则对配送的条件和时间具有非常高的要求。比如易腐性商品在配送过程中有制冷的特殊要求,要求配送的时间尽可能短,这会大大地增加配送成本。

(4) 配送货物的易碎性。易碎的货物在运输、运输、包装储存等方面都需要小心谨慎,与一般货物相比,具有效率低、耗费时间长等特点,这自然会增加货物的配送成本。

(5) 配送货物的标准化程度。一般来说,货物的标准化程度越高,其配送作业的效率就越高。反之,货物的标准化程度越低,其配送作业的效率就越低。

2. 配送工具及使用的因素

不同的配送工具的运输能力大小不同,其成本高低也不同。航空运输成本最高,海洋运输成本最低,其他运输工具的成本介于这两者之间。在进行配送工具的选择时,对于相同的一笔业务,运输工具的选择对配送成本将会有很大的影响。

配送工具的装载率也影响配送成本的高低,比如密度较大的商品往往体积小、重量大,这部分商品在配送时达到了车辆的载重量,但是体积空余很大;密度小的商品往往体积大、重量小,这部分商品在配送时能够达到车辆的最大体积,但达不到载重量,就会造成一定的浪费。

3. 配送距离的因素

运输成本是构成配送成本的主要内容,而距离则是影响运输成本的主要因素。运输时间、运输费用、运输货物的损失、车辆周转等都与运输距离有一定的比例关系。距离越远也就意味着运输成本越高,同时造成对运输设备需求的增加和对送货员工需求的增加。配送距离越短,配送成本就越低。

4. 配送管理的因素

配送管理是否到位对配送成本的高低起着非常关键的作用。比如配送计划是否合理、配送工具选择是否经济、配送线路选择是否最短、配送车辆利用是否充分等。配送管理工作是配送顺利进行、配送成本实现最低化的有利保证。

5. 配送服务水平的因素

配送服务水平越高,配送成本就越高;配送服务水平越低,配送成本就越低。顾客对配送服务水平的要求是企业制定配送作业活动的依据,是配送成本支出的前提。

任务三 配送成本管理与优化

一、不合理配送的表现形式

1. 资源筹措的不合理

配送是通过筹措资源的规模效益来降低资源筹措的成本,使配送资源筹措成本低于客户自己筹措资源的成本,从而取得相对优势。如果不是集中多个客户的需要进行批量的资源筹措,而仅仅是为某一两个客户代购代筹,不仅不能降低资源筹措成本,相反却要多支付一笔配送企业的代办费,因而是不合理的。资源筹措不合理还有其他形式,如配送量计划不准,资源筹措过多或过少,在资源筹措时不考虑建立与资源供应者之间长期稳定的供需关系等。

2. 库存决策不合理

配送应充分利用集中库存总量低于各客户分散库存的总量,从而可大大节约社会财富,同时降低客户实际平均分摊的库存负担。因此,配送企业必须依靠科学管理来实现一个低总量的库存,否则就会出现仅仅是库存转移,而未解决库存降低的不合理性问题。配送企业库存决策不合理还表现为储存量不足,不能保证随机需求,失去应有的市场。

3. 价格不合理

总的来讲,配送的价格应低于客户自己进货时产品购买价格加上自己提货、运输、配货等成本的总和,这样才会使客户有利可图。有时候,由于配送有较高的服务水平,价格稍高,用户也是可以接受的,但这不能是普遍的原则。如果配送价格普遍高于用户自己进货的价格,损害了客户利益,就是一种不合理的表现。价格制定得过低,使配送企业处于无利或亏损状态下运行,会损伤配送企业自身,也是不合理的。

4. 配送与直达的决策不合理

一般的配送总是增加环节,但是这个环节的增加可降低用户平均库存水平,因此不但抵消了增加环节的支出,而且还能取得剩余效益。但是如果用户使用批量大,可以直接通过社会物流系统均衡批量进货,较之通过配送中转送货则可以更节约费用,所以在这种情况下,不直接进货而通过配送就属于不合理范畴。

5. 送货中运输不合理

配送与用户自提比较,尤其对于多个小用户来说,可以集中配装一车送几家用户来节省运力和运费。如果不能利用这一优势,仍然是一户一送,而车辆达不到满载(即时配送过多、过频时会出现这种情况),则属于不合理。此外,不合理运输若干表现形式在配送中都可能出现,会使配送变得不合理。

6. 经营观念的不合理

在配送实施中,有许多是经营观念不合理,使配送优势无从发挥,相反却损坏了配送的形象。这是在开展配送时尤其需要注意克服的不合理现象。例如,配送企业利用配送手段,向用户转嫁资金、库存困难;在库存过大时,强迫用户接货,以缓解自己的库存压力;在资金紧张时,长期占用用户资金;在资源紧张时,将用户委托资源挪作他用获利等。

以上几种不合理形式,都会增加配送的成本费用,会使配送企业丧失成本领先的竞争优势。另外,配送成本是由物流多环节的成本费用组成的,对配送成本控制也是对各环节成本的分项控制。所以对配送成本的控制要用系统的观点,将配送成本费用控制在预定的范围内。

二、配送成本管理策略

物流活动最终得以实现必须通过配送。配送不仅可以增加产品的价值,还有助于提高企业的竞争力。但完成配送活动是需要付出代价的,即需要配送成本,对配送的管理就是在配送的目标,即满足一定的顾客服务水平与配送成本之间寻求平衡,在一定配送成本下尽量提高顾客服务水平,或在满足一定的顾客服务水平下使配送成本最小。配送成本管理的策略主要有以下几方面。

1. 优化配送作业

优化配送作业的手段主要有实行合并策略、差异化策略、混合策略、标准化策略及延迟策略。

(1) 合并策略。合并策略包含两个层次:一个是配送方法上的合并;另一个则是共同配送。

① 配送方法上的合并。企业在安排车辆完成配送任务时,充分利用车辆的容积和载重量,做到满载满装是降低成本的重要途径。由于产品品种繁多,不仅包装形式、储运性能不一,在容重方面也往往相差甚远。因此如实行合理的轻重配装、容积大小不同的货物搭配装车,不但可以在载重方面达到满载,也可充分利用车辆的有效容积,取得最优效果。

② 共同配送。共同配送是一种产权层次上的共享,也称集中协作配送。它是几个企业联合起来集小量为大量,共同利用同一配送设施的配送方式。其标准运作形式是:在中心机构的统一指挥协调下,各配送主体以经营活动(或以资产为纽带)联合行动,在较大的地域内协调运作,共同对某个或某几个客户提供系列化的配送服务。

(2) 差异化策略。差异化策略的指导思想是:产品特征不同,顾客服务水平也不同,当企业拥有多种产品线时,不能对所有产品都按同一标准的顾客服务水平来配送,而应按产品的特点、销售水平来设置不同的库存、不同的运输方式及不同的储存地点。忽视产品的差异性会增加不必要的配送成本。如某公司为了降低成本,按各产品的销售量比例进行分类:A 类产品销售量占总销售量的 70% 左右,B 类产品销售量占总销售量的 20% 左右,C 类产品销售量占总销售量的 10% 左右。对于 A 类产品,公司在各销售网点都备有库存,B 类产品只在地区分销中心备有库存,C 类产品仅在工厂的仓库才有库存,经过一段时间的运营,该公司的配送成本下降了 20%。

(3) 混合策略。混合策略是指配送业务一部分由企业自身完成,而另一部分外包给第三方物流企业完成。采用混合策略,合理安排企业自身完成的配送和外包给第三方物流企业完成的配送,使配送成本最低。纯策略是指配送活动要么全部由企业自身完成,要么完全外包给第三方物流企业完成。采用纯策略容易形成一定的规模经济,并使管理简化,但由于产品品种多变、规格不一、销量不等等情况,因此采用纯策略的配送方式超出一定程度不仅不能取得规模效益,反而还会造成规模不经济。

(4) 标准化策略。标准化策略是尽量减少因品种多变而导致的附加配送成本,尽可能多地采用标准零部件、模块化产品。例如,服装制造商按统一规格生产服装,直到顾客购买时才按顾客的身材调整尺寸大小。采用标准化策略要求厂家从产品设计开始就站在消费者的立场去考虑怎样节省配送成本,而不要等到产品定型生产出来了才考虑采用什么技巧降低配送成本。

(5) 延迟策略。在传统的配送计划安排中,大多数的库存是按照对未来市场需求的预测量设置的,这样就存在预测风险。当预测量与实际需求量不符时,就会出现库存过多或过少的情况,从而增加配送成本。延迟策略的基本思想就是对产品的外观、形状及其生产、组装、配送应尽可能推迟到接到顾客订单后再确定。若采用延迟策略,一旦接到订单就要快速反应,因此采用延迟策略的一个基本前提是信息传递要非常快。

2. 提高配送作业效率

(1) 商品入库、出库的效率化。在配送作业中,伴随着订发货业务的开展,商品检验作业也在集约化的中心内进行。特别是近几十年来,条形码的广泛普及,以及便携式终端性能的提高,使物流作业效率得到大幅提高。在客户订货信息的基础上,在进货商品上要求贴附条形码,商品进入中心时用扫描仪读取条形码检验商品;或在企业发货信息的基础上,在检验发货商品的同时加贴条形码,这样企业的仓库保管及发货业务都在条形码管理的基础上进行。

(2) 保管、装卸作业的效率化。从事现代配送中心再建的企业都极力在中心内导入自动化作业,在实现配送作业快速化的同时,削减作业人员,降低人力费。特别是以往需要大量人力的备货或标价等流通加工作业,如何实现自动化是很多企业面临的重要课题。如今,为了提高作业效率,除了改善作业内容外,很多企业采取的方法是极力使各项作业标准化,进而最终实现人力资源的节省。

(3) 备货作业的效率化。配送中心内最难实行自动化的备货作业。由于产业不同、商品的形状不同,备货作业的自动化有难有易。虽然从整个行业来看,各企业在推动自动化时会遇到各种难题,但是都在极力通过利用信息系统节省人力资源,构筑高效的备货自动化系统。备货自动化中最普及的是数码备货,它可以不使用人力,而是借助于信息系统有效地进行作业活动。具体来讲,数码备货系统就是在由信息系统接受顾客订货的基础上,向分拣员发出数码指示,从而按指定的数量和种类去正确、迅速地备货的作业系统。实行自动化备货作业后,各个货架或货棚顶部装的液晶显示装置会标示商品的分类号及店铺号,作业员可以迅速地查找到所需商品。如今,很多先进的企业纷纷采用数码技术提高备货作业的效率。

(4) 分拣作业的效率化。对于不同的经济主体,分拣作业的形式是不同的。对于厂商而言,如果是客户直接订货,则产品生产出来后直接运送到客户手中,基本上不存在分拣作业;相反,如果是预约订货,就需要将商品先送到仓库,等接受客户订货后,再进行备货、分拣,配送到指定客户手中。此外,对于那些拥有全国产品销售网的厂商,产品生产出来后运送到各地的物流中心,各地的物流中心在接受当地订货的基础上,分别进行备货、分拣作业,然后直接向客户配送产品。

3. 建立顺畅的信息系统

配送中心成本的降低有多种方法和策略。物流成本管理是借助于顺畅的信息系统、导入自动化仪器、构筑信息系统等手段,力图做到配送中心内作业的自动化,从而节省人力资源,简化订发货作业,最终降低物流成本,缩短商品在途时间,进而真正做到商、物分离,使营业人员专心于经营活动,从而提高经营绩效。

4. 引入目标成本管理

对于配送中心经营的总目标,从表面上看,是以更高的服务质量且更低的成本向各个客户完成配送,但这只是管理上的目标,还应从更深层次去分析,即从财务会计的角度去分析,并且导入目标成本管理,设定一些具体指标,如成本、现金流量、净投资回报率、库存、净利润等分目标来进行具体的控制,其要点如下。

(1) 在同一技术水平中,为满足这些目标中的一些目标,应尽量减少对其他目标的影响。

(2) 实现这些目标时,要以总目标"经济效益"为基准。

(3) 把目标管理的重点放在控制影响成本降低的瓶颈因素上。

5. 利用作业成本法进行核算

在作业成本法下,以客户作为成本对象进行成本计算,能分析出企业向特定客户销售的获利能力。利用作业成本法计算相应成本,该类成本称为"客户成本"。客户成本不仅包括生产环节发生的成本,还应包括销售环节和其他相关环节发生的成本。客户成本计算完毕后,再将所有与客户相关的收入和成本进行比较。这种分析能使管理人员了解各个客户对企业盈利水平的影响,有助于企业选择合适的客户类型。

6. 实行责任中心管理

随着企业规模的扩大,企业应把配送中心作为一个责任中心来对待,并考虑划分出若干责任区域,指派下属的配送经理进行管理。责任中心是指企业中具有一定权力并承担相应的工作责任的各级组织和各个管理层次。

为了指导各责任中心管理者的决策,并评估其经营业绩和该中心的经营成果,企业实施责任中心管理的关键是制定一个业绩计量标准,包括制定决策规则、标准和奖励制度。利用这个标准,企业可以表达希望各中心应该如何做,并对它们的业绩进行判断和评价。

业绩计量标准制定的工作大体上可从两方面入手:首先,要详细规定各中心允许的和可被采纳的行为规范,并限制中心经理可以选择的行动方案,如指定供应商、禁止处理某些资产、限定项目投资的最高额度等。其次,还必须建立一套完善的奖励制度以激励中心经理,促使其行动达到最优化。

影响企业最高管理层实行责任中心管理,导致业绩计量标准调节机能失调的因素有以下几个方面。

(1) 目标不一致。比较理想的计量标准应该与企业总目标保持高度一致。但是在复杂的不确定环境下,任何一个单一的业绩计量标准都不可能保证分散经营的分部目标与企业总目标保持完美的协调一致。其原因在于以下几个方面。

① 计量标准的选择有人为因素,它与企业战略目标的相关性主要是靠高层管理者的主观判断。

② 大多数计量标准是以内部业绩,而不是以外部机会为基础的,而有时外部机会恰恰是影响企业总目标实现的关键因素。

③ 单一计量标准没有考虑各中心当前活动对未来经营所带来的后果。

(2) 关系不协调。各中心的业务活动之间是相互作用的,一个独立单位的活动可能不仅影响到自身的业绩计量,也会影响其他单位的业绩计量,因此,各中心之间转移价格的制定通常是最容易引起争议的。

（3）避免过度消费。在责任中心管理中，因为各自负责任的考核标准不同，往往无法避免浪费现象的产生。例如，拥有费用支配权力的下级管理人员耗费无度，花巨资装修办公室，雇用大量临时工等无节制的职位消费。这些支出尽管会降低自身业绩，但只要从过度消费中获得的实惠远远超过业绩奖励，就不能杜绝这种行为的发生。

三、配送成本的优化途径

1. 加强配送的计划性

在配送活动中，临时配送、紧急配送或无计划地随时配送都会大幅度增加配送成本。临时配送由于事先计划不善，未能考虑正确的装配方式和恰当的运输路线，到了临近配送截止时期，不得不安排专车单线进行配送，往往会造成车辆不满载、里程多的后果。紧急配送往往只要求按时送货，来不及认真安排车辆配装及配送路线，从而造成载重量和里程的浪费。而为了保持服务水平，又不能拒绝紧急配送，但是如果认真核查并有调剂准备的余地，紧急配送也可纳入计划。随时配送对订货要求不做计划安排，有一笔送一次。这样虽然能保证服务质量，但是不能保证配装与路线的合理性，也会造成很大的浪费。

为了加强配送的计划性，需要制定配送申报制度。所谓配送申报制度，就是零售商店订货申请制度。解决这个问题的基本原则是：在尽量减少零售店存货、尽量减少缺货损失的前提下，相对集中各零售店的订货，应针对商品的特性制定相应的配送申报制度。

对鲜活商品应实行定时定量申报、定时定量配送以保证商品的鲜活，零售店一般一天申报一次，商品的量应控制在当天全部销售完。实行定时定量申报的商品，在商品量确定以后，分店除特殊情况外，不必再进行申报，由配送中心根据零售店的定量每天送货。

对普通商品应实行定期申报、定期配送。定期申报是指零售店定期向配送中心订货，订货量为两次订货之间的预计需求量。

实行定期申报的优点如下。

（1）各零售店的要货相对集中。零售店同时发出订货申请，配送中心将订货单按商品分类、汇总，统一完成配送。

（2）零售店不必经常清点每种产品的盘存量，减少了工作量。

（3）零售店是向众多单个消费者销售商品。不确定因素多，实行定期申报，零售店只需预测订货周期较短时间内的需求量，降低了经营风险。

零售店定期发出订单或申请，配送中心定期送货。送货的时间间隔与订货的时间间隔一致，如每七天订一次，每七天送一次货。问题的关键是如何确定合理的时间间隔。时间太长，每次的发货量必定很多，这无疑将配送中心的存货分散到零售店储藏；时间太短，每次发的货太零星，既增加了配送难度，也增加了配送次数。一个合理的时间间隔应该能够让零售店在保持较少的库存而又不缺货的前提下，集中零售店的订货。在实际操作中应通过数据分析和经验来确定。

2. 确定合理的配送路线

配送路线合理与否对配送速度、成本影响很大。用各种数学方法和在数学方法基础上确定合理的配送路线是配送的重要工作。确定配送路线需满足一定的约束条件。

(1) 满足所有零售店对商品品种、规格、数量的要求。
(2) 满足零售店对货物到达时间范围的要求。
(3) 在交通管理部门允许通行的时间内进行配送。
(4) 各配送路线的商品量不超过车辆容积及载重量的限制。
(5) 要在配送中心现有的运力允许的范围内配送。

3. 进行合理的车辆配载

各零售店的销售情况不同，订货的品种也往往不一致。这就使一次配送的货物可能有多个品种，这些商品不仅包装形态、运输性能不一，而且密度差别较大，有的甚至相差甚远。密度大的商品往往达到了车辆的载重量，但体积空余很大；密度小的商品达到车辆的最大体积时，达不到载重量。单装实重或轻泡商品都会造成浪费。如果实行轻重商品配装，既会使车辆达到满载，又充分利用了车辆的体积，可大大降低运输费用。最简单的配载是轻重两种商品搭配。分别测定两种商品的密度和体积，通过二元一次方程式，求得满载满容的最佳搭配。假定需配送的两种商品：商品 A 的密度为 a，单件商品体积为 v；商品 B 的密度为 b，单件商品体积为 w；车辆载重 k 吨，车辆最大容积 V 立方米。在既满载又满容的前提下，商品 A 装件数为 x 件，商品 B 装件数为 y 件。建立二元一次方程式所求得的 x、y 值即为 A、B 两种商品的配装件数。

在很多情况下，要配装的商品品种很多，每种商品的密度和单件体积可能都不相同，能提供的车辆种类较多，车辆的技术指标即 k、V 值不同。这里可采用以下方法解决。一是利用计算机将商品的密度、体积及车辆的技术指标值储存起来。配装时，输入将要配装全部商品的编号及目前可以使用的车辆的编号，由计算机输出配装方案，指示配装人员使用什么型号的车辆，装载什么商品，每种商品装多少。二是在有计算机时，从待配送商品中选出密度最大和最小的两种，利用建二元一次方程式手算配装。当车辆的体积和载重量尚有余地时，从其他待配送商品中再选密度最大及最小的两种，以此类推，直到满载满容，这种渐次逼近法虽然没有计算机算得迅速，但是由于每次都选密度最大和最小的两种搭配，最终的搭配结果是平均密度与车辆载重量和体积的比值最接近，所以具有科学性。

实训　城市配送成本优化

实训目标：了解配送环节不同货物的配载原理。

实训内容：某配送中心现需配送两种商品至城市多个零售店：商品 A 的密度为 a，单件商品体积为 v；商品 B 的密度为 b，单件商品体积为 w；车辆载重 k 吨，车辆最大容积 V 立方米。在既满载又满容的前提下，商品 A 装件数为 x 件，商品 B 装件数为 y 件。请建立二元一次方程式，求出 x、y 值。

实训要求：以个人为单位完成任务。

实训环境：综合实训室。

实训报告：提交实训报告书。

学 习 总 结

本项目主要介绍配送成本的认知、配送成本的核算与分析、配送成本管理与优化的相关知识。

本项目的核心是配送成本的核算与优化途径。控制和降低配送成本,有利于企业在产品或服务价格不变的情况下,拓展盈利空间,是物流"第三利润源泉"的有力体现。而配送成本的控制和优化与每一个岗位、人员紧密相关,与每一次配送活动息息相关,优化配送作业和配送成本路径是控制配送成本的关键。

学 习 测 试

一、单项选择题

1. 按照事先双方协定的数量进行配送的方式为( )。
   A. 共同配送　　　B. 定量配送　　　C. 定时配送　　　D. 应急配送
2. 对许多企业一起进行的配送为( )。
   A. 共同配送　　　B. 定量配送　　　C. 定时配送　　　D. 应急配送
3. 下列选项中,不能实现流通加工的合理化的是( )。
   A. 加工和配套分离　　　　　　　B. 加工和配送分离
   C. 加工和合理运输分离　　　　　D. 加工和合理商流分离
4. 在物流活动中,( )是一种特殊的、综合的活动方式。
   A. 配送　　　　　B. 流通加工　　　C. 信息处理　　　D. 装卸搬运
5. 不合理配送的表现形式不包括( )。
   A. 用户要求苛刻　　　　　　　　B. 资源筹措不合理
   C. 库存决策不合理　　　　　　　D. 不合理运输
6. 降低配送成本的途径不包括( )。
   A. 合理配送　　　B. 差异化配送　　C. 混合配送　　　D. 专业化配送

二、多项选择题

1. 配送成本优化的途径包括( )。
   A. 提升配送服务质量　　　　　　B. 进行合理的车辆配载
   C. 加强配送的计划性　　　　　　D. 确定合理的配送路线
2. 配送成本包括( )。
   A. 配送运输成本　B. 分拣成本　　　C. 配装成本　　　D. 流通加工成本
3. 影响配送成本的因素包括( )。
   A. 配送货物自身因素　　　　　　B. 配送工具及使用因素
   C. 配送距离的因素　　　　　　　D. 配送管理因素
4. 配送成本优化策略包括( )。
   A. 混合策略　　　B. 差异化策略　　C. 合并策略　　　D. 延迟策略
5. 下列属于分拣成本的是( )。

A. 分拣直接费用 B. 分拣间接费用
C. 配装成本 D. 流通加工成本

三、判断题

1. 混合策略是指物流配送业务一部分由企业自身完成,另一部分外包给第三方物流企业。( )
2. 配送货物自身的因素不会影响配送成本。( )
3. 配送活动仅限于经济合理范围内进行,因为要减低配送成本。( )
4. 为降低配送成本,各配送路线的商品量应尽可能大,不用考虑车辆容积及载重量的限制。( )
5. 配送人员的业务素质与配送成本紧密相关。( )

项目九

包装成本管理

学习目标

知识目标：
(1) 理解包装的概念。
(2) 掌握包装的构成。
(3) 了解包装成本的分类。
(4) 掌握包装成本的核算与分析。
(5) 了解包装成本管理的内容。
(6) 熟悉包装成本合理化途径。

能力目标：
(1) 能够根据实际案例分析包装成本的构成。
(2) 能够根据企业的具体情况提出降低包装成本的方法。
(3) 能够具备分析、管理及优化控制包装成本的能力。

素质目标：
(1) 树立社会责任、包装成本节约意识。
(2) 培养高尚的职业道德、精益求精的工匠精神。

学习导图

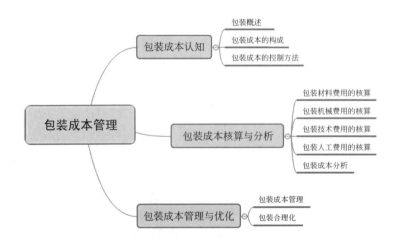

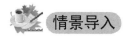

情景导入

一个价值 600 万美元的玻璃瓶

近年来,随着原纸价格的提高,纸箱价格也不断攀升,很多企业为了控制和降低纸箱包装成本,一味地压缩包装采购价格,认为包装物价格是包装的唯一成本,这是一种思想误区,忽略了包装综合成本。包装综合成本包含了包装物成本(包装采购价格)、包装仓储成本、包装物流成本、包装作业成本、包装管理成本等。降低包装成本的关键在于降低包装综合成本,而企业则需要通过优化包装设计来达到这个目的。

纸箱包装的材质、尺寸、箱型、缓冲结构以及印刷版面等,不仅决定了纸箱包装的直接成本,还影响包装仓储、物流等综合成本。要控制和降低产品包装综合成本,应具体分析影响包装性能的因素,充分考虑包装的环节,优化包装设计。通过包装材料与包装结构的优化,使包装性能在满足要求的同时包装重量减轻、体积变小,降低包装综合成本。

启示:在当今竞争激烈、供大于求的市场环境下,包装更多地承载着无声的促销作用,合适的包装可以给企业带来丰厚的利润,所以企业要不断创新,个人也要善于观察身边细微之处,从细节中找到商机。

任务一　包装成本认知

一、包装概述

1. 包装的概念

中国国家标准《包装流通术语》(GB/18354—2001)中对包装所下的定义是:"所谓包装是指为在流通过程中保护商品、方便运输、促进销售,按照一定技术方法而采用的容器、材料及辅助物等的总体名称,也指为了达到上述目的而采用容器、材料和辅助物的过程中施加一定技术方法等的操作活动。"

日本工业标准(JS.Z.0101)对包装的定义是:"作为包装是指在物品的运输和保管等过程中,为保护物品的价值和状态,采用适当的材料、容器等对物品实施的技术或实施的状态,分为个装、内装和外装。"

2. 包装的分类

包装有很多种分类方法,其中较常见的有如下几类。

(1) 按包装功能不同,包装可分为商业包装和工业包装两个大类。

① 商业包装是指以促进商品销售为目的的包装。这种包装的特点是:外形美观,有必要的装潢,包装单位应满足顾客购买量和商店设施的要求。

② 工业包装又称为运输包装,是物资运输、保管等物流环节所需的必要包装。工业包装以强化运输、保护商品、便于储运为主要目的。工业包装要在满足物流要求的基础上使包装费用越低越好。对于普通物资的工业包装,其程度应当适中,才会有最佳的经济效果。

(2) 按包装层次不同,包装可分为个包装、中包装、外包装。

① 个包装是指以一个商品为一个销售单位的包装形式。个包装直接与商品接触,在生产中与商品装配成一个整体。它以销售为主要目的,一般随同商品销售给顾客,因而有销售包装或小包装。个包装起着直接保护、美化、宣传和促进商品销售的作用。

② 中包装(又称内包装)是指若干个单体商品或包装组成一个小的整体包装。它是介于个包装与外包装之间的包装,属于商品的内层包装。中包装在销售过程中,一部分随同商品出售,一部分则在销售中被消耗掉,因而被列为销售包装。在商品流通过程中,中包装起着进一步保护商品、方便使用和销售的作用,方便商品分拨和销售过程中的点数和计量,方便包装组合等。

③ 外包装(又称运输包装或大包装)是指商品的最外层包装。在商品流通过程中,外包装起着保护商品、方便运输、装卸和储存等作用。

(3) 按包装容器质地不同,包装可分为硬包装、半硬包装和软包装。

① 硬包装(又称刚性包装)是指充填或取出包装的内装物后,容器形状基本不发生变化,材质坚硬或质地坚牢的包装。

② 半硬包装(又称半刚性包装)是介于硬包装和软包装之间的包装。

③ 软包装(又称挠性包装)是指包装内的充填物或内装物取出后,容器形状会发生变化,材质较软的包装。

(4) 按包装的使用范围不同,包装可分为专用包装和通用包装。

① 专用包装是指专供某种或某类商品使用的一种或一系列包装。

② 通用包装是指一种包装能盛装多种商品,被广泛使用的包装。

(5) 按包装的使用次数不同,包装可分为一次用包装、多次用包装和周转用包装。

① 一次用包装是指只能使用一次,不再回收复用的包装。

② 多次用包装是指回收后经适当地加工整理,仍可重复使用的包装。

③ 周转用包装是指工厂和商店固定的用于周转多次复用的包装。

(6) 包装的其他分类方法。

按运输方式不同,包装可以分为铁路运输包装、卡车货物包装、船舶货物包装、航空货物包装、零担包装、集合包装等。

按包装的防护目的不同,包装可分为防潮包装、防锈包装、防霉包装、防震包装、防水包装、遮光包装、防热包装、真空包装、危险品包装等。

3. 包装的功能

商品包装在商品从生产领域转入流通和消费领域的整个过程中起着非常重要的作用,其主要功能有保护功能、容纳功能、便利功能、促销功能、升值功能。

(1) 保护功能。保护商品使用价值是包装的最重要功能。商品在运输、储存和销售过程中会受到各种因素的影响,可能发生物理、机械、化学、生物等变化,造成商品损失、损耗。例如,运输、装卸过程中的颠簸、冲击、震动、碰撞、跌落,以及储存过程中的堆码承重,可能造成包装破损和商品变形、损伤、失散等;流通和储存过程中外界温度、湿度、光线、气体等条件的变化,可能造成商品干裂、脱水、潮解溶化、腐烂、氧化、变色、老化、锈蚀等质量变化等。因此,必须依据商品的特性、运输和储运条件,选择适当的包装材料、包装容器和包装方法,采用一定的包装技术处理,对商品进行科学的防护包装,以防止商品受损,达到保护商品的目的。

（2）容纳功能。许多商品本身没有一定的集合形态，如液体、气体和粉状商品。这类商品只有依靠包装的容纳才具有特定的商品形态，没有包装就无法运输和销售。包装的容纳不仅有利于商品的流通和销售，还能提高商品的价值。对于一般结构的商品，包装的容纳增加了商品的保护层，有利于商品质量的稳定；对于食品、药品、消毒品、卫生用品等，包装的容纳功能还能保证商品卫生；对于复杂结构的商品，包装的容纳结合合理的压缩，可充分利用包装容积，节约包装费用，节省储运空间。

成组化功能是容纳的延伸，它是指包装能把许多个体或个别的包装物统一组合起来，化零为整，化分散为集中，这种成组的容纳可大大方便运输，同时可以减少流通费用。

（3）便利功能。商品包装的便利功能是指包装为商品从生产领域向流通领域和消费领域转移，以及在消费者使用过程中提供的一切方便。包装的便利功能涉及的范围较广。例如，在生产领域有方便操作、方便自动化生产等；在物流领域有方便运输、方便装卸、方便储运、方便设计、方便开箱等；在消费领域有方便陈列、方便销售、方便计价、方便计数、方便利用等；在环保领域有方便回收、方便处理、方便操作等。

包装的便利功能的延伸又发展成复用功能和改用功能。复用功能是指商品包装用完以后，销售包装仍可重复使用。改用功能是指包装商品用完以后，销售包装可做其他用途。

（4）促销功能。商品包装特别是销售包装，是无声的推销员，在商品和消费者之间起媒介作用。商品包装可以美化和宣传商品，使商品具有吸引消费者的能力，引起消费者对商品的购买欲，从而促进销售。包装的促销功能是因为包装具有传达信息、表现商品和美化商品的功能。随着市场经济的发展，包装的促销功能越来越被人们所重视，不断地得到开发和运用。同样的商品，好的包装可以卖上好的价格，这一点在国际市场尤为显著。

（5）升值功能。商品包装的升值功能是指商品包装能够有效提高商品价值，促进商品使用价值实现的功能。商品包装本身也是具有价值和使用价值的特别商品。

相关链接

法国以生产柯纳克白兰地而著名的马尔戴勒公司，从1715年就生产专供皇室、高级大饭店宴会用的白兰地。为了使这样的珍品不至于降低身价，公司都给予了相应的包装。他们生产的畅销的白兰地酒XO是装在水晶玻璃瓶里的，瓶子又装在印着金字的精致的盒子里；另一种比XO更好的白兰地酒，外包装盒是丝绒的，像首饰盒一样可以开启。

启示：这样的包装和装潢反过来又衬托了名牌商品的价值，使商品的附加价值大大提高，其目的是让人感受到里面装的是稀世美酒，赢得那些追求名牌、追求豪华的顾客。

二、包装成本的构成

包装成本是指在一定时期内企业为完成货物包装业务而发生的全部费用，包括运输包装费用和集装分装包装费用，具体包括包装材料费用、包装技术费用、包装人工费用、包装机械费用、其他辅助费用等。

1. 包装材料费用

各类物资在实施包装过程中耗费在材料费用支出上的费用称为包装材料费用。常用的包装材料种类繁多,功能也各不相同,企业必须根据各种物资的特性,选择适合的包装材料,既要达到包装效果,又要合理节约包装材料费用。

2. 包装技术费用

为了使包装的功能能够充分发挥,达到最佳的包装效果,包装时也需采用一定的技术措施。例如,实施缓冲包装、防潮包装、防霉包装等。这些技术的设计、实施所支出的费用合称包装技术费用。

3. 包装人工费用

在实施包装过程中,必须有工人或专业作业人员进行操作。给这些人员发放的计时工资、计件工资、奖金、津贴和补贴等各项费用支出,构成了包装人工费用支出。但是不包括这些人员的劳动保护费支出。

4. 包装机械费用

包装过程中使用机械作业可以极大地提高包装作业的劳动生产率,同时可以大幅度提高包装水平。使用包装机械(或工具)就会发生购置费用支出、日常维护保养费用支出以及每个会计期终了计提折旧费用。这些都构成了物流企业的包装机械费用。

5. 其他辅助费用

除了上述主要费用以外,物流企业有时还会发生一些其他包装辅助费用的支出,如包装标记、包装标志的印刷费用等。

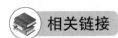

大日本印刷株式会社的新型包装

这家企业的产品包装贯彻环境意识的四原则,即包装材料减量化、使用后包装体积减小、再循环使用、减轻环境污染的原则。

(1) 包装材料减量化原则,使用减少容器厚度、薄膜化、削减层数、变更包装材料等方法。

(2) 使用后包装体积减小原则,使用箱体凹槽、纸板箱表面压痕、变更包装材料等方法。饮料瓶使用完后,体积变得很小,方便回收。

(3) 再循环使用原则。例如,采用易分离的纸容器,纸盒里面放塑料薄膜,使用完毕后,纸、塑分离,减少废弃物,方便处理;还有一种可易分离的热塑成型的容器。

(4) 减轻环境污染原则。该企业在包装产品的材料、工艺等方面进行改进,减少生产过程中二氧化碳的排放量,保护环境。

三、包装成本的控制方法

包装可以认为是生产环节的终点和销售环节的起点。据统计,包装费用约占全部快递费用的10%。企业生产的产品只有在销售给用户时才具有使用价值,为了确保使用价值不受影响并吸引用户购买,需要对产品进行包装和对外观进行必要的装潢,但是必须注意控制快递成本,要适用,不能华而不实,造成浪费。

一般来说，包装成本控制应采取如下几项措施。

（1）所有包装物品购入时，主管部门必须登记入账，根据领用凭证发料，并严格控制使用数量，以免损失浪费。

（2）加强包装物的周转，延长使用年限和使用次数，避免损失浪费现象。

（3）在确保商品在运输、装卸、保管、销售过程中质量、数量不受损的前提下，适当采用一些包装代用品，选择质好价廉的包装材料，节约开支。

（4）根据产品的特点、运输的远近，研究包装物的要求，改善包装方法。

（5）使用部门应按需要时间提出使用数量计划，交主管部门据以加工、购置，如造成浪费而或供应不及时，均应追究责任。

（6）实现包装尺寸的标准化、包装作业的机械化。

（7）了解用户情况，改进不必要的装潢，力求包装简单化、朴素化。

任务二　包装成本核算与分析

一、包装材料费用的核算

1. 购入材料成本的确定

购入材料的成本包括以下内容。

（1）买价即购买价格。对于购货时存在的购货折扣应加以扣除，即购入的材料物资，按扣除折扣后的净额计价。

（2）材料入库前发生的各种附带成本，包括运杂费（运输费、装卸费、保险费、仓储费等）、在运输中的合理损耗、入库前的挑选整理费用、购入材料负担的不能抵扣的税和其他费用等。

对于买价可直接计入各种材料的采购成本及各种附带成本，凡能分清归属的，可直接计入各种材料的采购成本；不能分清归属的，可根据各种材料的特点，采用一定的分配方法，分配计入各种材料的采购成本。其分配方法通常按材料的重量、体积、买价等分配。

例 9-1　企业购入 A 材料 2 000 千克，不含税单价 12 元；购入 B 材料 1 000 千克，不含税单价 20 元；共支付运杂费 600 元，运杂费按材料重量比例分配。

计算 A、B 两种材料的采购成本。

解：A、B 两种材料的采购成本计算结果如表 9-1 所示。

表 9-1　A、B 两种材料的采购成本计算表

材料名称	买价/元	重量/千克	运杂费分配率/%	分摊运杂费/元	总成本/元	单位成本/元
A 材料	24 000	2 000	20%	400	24 400	12.2
B 材料	20 000	1 000		200	20 200	20.2

2. 发出材料成本的计价

由于企业的各种材料是分次分批分别从不同地点购进的，而每次购进的同种的材料的单价又往往不同，因此每种材料在每次发料时就存在如何计价的问题。企业可以根据不同

情况,采用先进先出法、全月一次加权平均法、移动加权平均法、后进后出法计价。

(1)先进先出法。先进先出法是以先购入的材料先发出为假定前提,每次发出材料的单价,要按当前库存材料中最先购入的那批材料的实际单价计价。采用这种方法要求分清所购每批材料的数量和单价。在发出材料时,除应逐笔登记发出数量外,还要登记余额,并算出结存的数量和金额。

例 9-2 现以 A 材料为例,采用先进先出法计算发出材料和期末材料的成本。

解：A 材料明细账如表 9-2 所示。

表 9-2 A 材料明细账

2021年		凭证编号	摘要	收入			发出			结存		
月	日			数量/kg	单价/(元/kg)	金额/元	数量/kg	单价/(元/kg)	金额/元	数量/kg	单价/(元/kg)	金额/元
1	1	—	期初余额	—	—	—	—	—	—	400	40	16 000
	5	略	购入	1 000	50	50 000	—	—	—	400 1 000	40 50	16 000 50 000
	10		发出	—	—	—	400 400	40 50	16 000 20 000	600	50	30 000
	15		购入	700	60	42 000	—	—	—	600 700	50 60	30 000 42 000
	20		发出	—	—	—	600 200	50 60	30 000 12 000	500	60	30 000
	25		购入	300	70	21 000	—	—	—	500 300	60 70	30 000 21 000
	31		本月合计	2 000	—	113 000	1 600	—	78 000	500 300	60 70	30 000 21 000

先进先出法的优点：企业不能随意挑选材料计价以调整当期利润,有利于均衡核算工作。其缺点是核算工作比较烦琐,而且当物价上涨时,会高估企业当期利润和库存材料价值；在物价持续下跌的情况下,又会使计入产品成本的材料费用偏高,导致低估企业期末库存材料价值和当期利润。在手工计价方式下,这种计价方法一般适用于收发不太频繁的材料计价。

(2)全月一次加权平均法。全月一次加权平均法是以月初结存材料金额与全月收入材料金额之和,除以月初结存材料数量与全月收入材料数量之和,算出以数量为权数的材料平均单价,从而确定当月材料的发出成本和月末库存成本。其计算公式为

材料月末加权平均单价＝(月初结存材料金额＋全月收入材料金额)÷
(月初结存材料数量＋全月收入材料数量)

本月发出材料成本＝本月发出材料数量×材料月末加权平均单价

月末库存材料成本＝月末库存材料数量×材料月末加权平均单价

例 9-3 仍以上述 A 材料明细账为例,采用全月一次加权平均法计算发出材料和期末库存材料的成本。

解：A 材料明细账如表 9-3 所示。

表 9-3 A 材料明细账

2021年		凭证编号	摘要	收入			发出			结存		
月	日			数量/kg	单价/(元/kg)	金额/元	数量/kg	单价/(元/kg)	金额/元	数量/kg	单价/(元/kg)	金额/元
1	1	—	期初余额	—	—	—	—	—	—	400	40	16 000
	5	略	购入	1 000	50	50 000	—	—	—	1 400		
	10		发出	—	—	—	800			600		
	15		购入	700	60	42 000	—	—	—	1 300		
	20		发出	—	—	—	800			500		
	25		购入	300	70	21 000	—	—	—	800		
	31		本月合计	2 000	—	113 000	1 600	53.75	8 600	800	53.75	43 000

材料月末加权平均单价＝(16 000＋50 000＋42 000＋21 000)÷
(400＋1 000＋700＋300)
＝53.75(元/kg)

本月发出材料成本＝1 600×53.75＝86 000(元)

月末库存材料成本＝800×53.75＝43 000(元)

采用加权平均法，只在月末一次计算加权平均单价，可以大大简化核算工作，而且在市场价格上涨或下跌时所计算出来的单位成本平均化，对材料成本的分推较为折中。但是，这种方法平时在账上无法提供发出和结存材料的单价和金额，不利于材料的日常管理。这种计价方法适用于各期材料成本变动不大的材料计价。

(3) 移动加权平均法。移动加权平均法是以原结存材料金额与本批收入材料金额之和，除以原结存材料数量与本批收入材料数量之和，算出以数量为权数的材料平均单价，作为日常发料的单价的一种计价方法。收入材料单价变动一次，就要计算一次加权平均单价。其计算公式为

移动加权平均单价＝(原结存材料金额＋本批收入材料金额)÷
(原结存材料数量＋本批收入材料数量)

例 9-4 仍以前述 A 材料资料为例，采用移动加权平均法计算发出材料和期末库存材料的成本。

解：A 材料明细账如表 9-4 所示。

表 9-4 A 材料明细账

2021年		凭证编号	摘要	收入			发出			结存		
月	日			数量/kg	单价/(元/kg)	金额/元	数量/kg	单价/(元/kg)	金额/元	数量/kg	单价/(元/kg)	金额/元
1	1	—	期初余额	—	—	—	—	—	—	400	40	16 000

续表

2021年		凭证编号	摘要	收入			发出			结存		
月	日			数量/kg	单价/(元/kg)	金额/元	数量/kg	单价/(元/kg)	金额/元	数量/kg	单价/(元/kg)	金额/元
1	5	略	购入	1 000	50	50 000	—	—	—	1 400	47.1	65 940
	10		发出	—	—	—	800	47.1	37 680	600	47.1	28 260
	15		购入	700	60	42 000	—	—	—	1 300	54.0	70 200
	20		发出	—	—	—	800	54.0	43 200	500	54.0	27 000
	25		购入	300	70	21 000	—	—	—	800	60.0	48 000
	31		本月合计	2 000	—	113 000	1 600		80 880	800	60.0	48 000

5日,第一批收料后的平均单价=(16 000+50 000)÷(400+1 000)=47.1(元/kg)

15日,第二批收料后的平均单价=(28 260+42 000)÷(600+700)=54.0(元/kg)

25日,第三批收料后的平均单价=(27 000+21 000)÷(500+300)=60.0(元/kg)

本月发出材料成本合计=37 680+43 200=80 880(元)

期末库存材料成本=800×60.0=48 000(元)

采用这种计价方法,可以均衡材料核算工作,有利于材料的日常管理,而且计算出的平均单价比较客观。

(4)后进先出法。后进先出法是以最后购入的材料最先发出为假定前提,每次发出材料的单价需按库存材料中最后购进的那批材料的实际单价计价的一种计价方法。

财政部于2006年2月15日发布了39项企业会计准则,其中《企业会计准则第1号——存货》规定企业应当采用先进先出法、加权平均法或者个别计价法确定发出存货的实际成本,不再允许发出存货采用后进先出法计价。

二、包装机械费用的核算

包装机械费用主要是指包装机械的维修费和折旧费。

包装机械的维修费是包装机械发生部分损坏而进行修理时所支出的费用。对于数额不大的修理费用可直接计入当期包装成本,对于数额较大的修理费用可分期摊入包装成本。

包装机械的折旧费是指包装机械因在使用过程中的损耗而定期逐渐转移到包装成本中的那一部分费用。影响折旧的主要因素有包装机械的原值、折旧期限、残净值和计提折旧的起止时间。计提折旧的主要方法有以下几种。

1. 平均年限法

平均年限法又称为直线法,是将固定资产的折旧均衡地分摊到各期的一种方法。采用这种方法计算的每期折旧额均是等额的。其计算公式为

年折旧率=(1−预计净利残值率)÷预计使用年限×100%

月折旧率=年折旧率÷12

月折旧额=固定资产原价×月折旧率

上述计算的折旧率是按个别固定资产单独计算的,称为个别折旧率,即某项固定资产在一定期间的折旧额与该固定资产原价的比率。通常,企业按分类折旧来计算折旧率,计算公

式为

$$某类固定资产年折旧额=(某类固定资产原值-预计残值+清理费用)÷$$
$$该类固定资产的使用年限$$
$$某类固定资产月折旧额=某类固定资产年折旧额÷12$$
$$某类固定资产年折旧率=该类固定资产年折旧额÷$$
$$该类固定资产原价\times100\%$$

采用分类折旧率计算固定资产折旧的计算方法简单,但准确性不如个别折旧率。

只有当固定资产各期的负荷程度相同,各期应分摊相同的折旧费时,采用平均年限法计算折旧才是合理的。

2. 工作量法

工作量法是根据实际工作量计提折旧额的一种方法。这种方法可以弥补平均年限法只重视使用时间而不考虑使用强度的缺点,计算公式为

$$每一工作量折旧额=固定资产原价\times(1-残值率)÷预计总工作量$$
$$某项固定资产月折旧额=该项固定资产当月工作量\times每一工作量折旧额$$

3. 加速折旧法

加速折旧法也称为快速折旧法或递减折旧法,其特点是在固定资产有效使用年限的前期多提折旧,后期少提折旧,从而相对加快折旧的速度,以使固定资产成本在有效使用年限中加快得到补偿。

常用的加速折旧法有双倍余额递减法和年数总和法。

三、包装技术费用的核算

包装技术费用包括包装技术设计费用和包装技术实施费用。

1. 包装技术设计费用

包装技术设计费用是指设计人员在包装技术的设计过程中发生的与设计包装技术有关的费用,主要包括设计人员的工资、设计过程中领用的材料或产品及各种支出。

包装技术设计费用的数额与包装作业数量无关,其总额具有相对固定性,所以可将其称为包装技术固定费用,其费用项目构成如下。

(1) 设计人员的工资。设计人员的工资包括设计人员的标准工资、奖金、津贴和补贴、加班工资。设计人员的工资,应根据其考勤记录和个人工资标准计算,其计算公式为

$$应付月工资=月标准工资+各种补贴+加班加点工资+$$
$$各种奖金-事假或旷工日数\times平均日工资-$$
$$病假日数\times平均日工资\times病假应扣工资百分比$$

其中,

$$平均日工资=月标准工资÷月计薪天数$$
$$月计薪天数=(365-104)÷12=21.75(天)$$

(2) 设计中耗费材料的费用。设计人员在设计过程中,为试验需耗用库存材料,其材料成本计算方法与前述材料领用成本计算方法相一致。

(3) 与设计有关的各种费用支出。与设计有关的各种费用支出以实际支出额为准。

2. 包装技术实施费用

包装技术实施费用包括实施包装技术所需的内包装材料费和其他费用。由于包装技术

实施费用总额与包装作业数量或包装物产量近似成正比变动,所以可将其称为包装技术变动费用,其费用项目构成如下。

(1) 内包装材料费。企业在实施防震、防潮、防锈、防霉等技术时,常需要一些起减震、防震、防潮、防虫等作用的内包装材料,常见的有充气塑料、塑料泡沫、干燥剂、防潮纸等。这些内包装材料的成本为实际发生的成本,为简化计算,也可用计划成本进行计算,期末再根据计算出的成本差异率将计划成本调整为实际成本。

(2) 其他费用。包装技术的其他费用是指为实施包装技术而发生的,不属于内包装材料费的其他一些费用,如清洗水费、控制温度的电费等,可根据实际耗用的数量和水电单价计算。

四、包装人工费用的核算

包装人工费用的核算必须有准确的原始记录资料,包括工资卡、考勤记录、工时记录、工作量记录等原始凭证。企业的会计部门根据劳动合同的规定和企业规定的工资标准、工资形式、奖励津贴等制度,按照考勤记录、工时记录、产量记录等资料,计算每个包装工人及其他直接从事包装生产作业人员的工资。支付给所有包装工人及其他直接从事包装生产作业人员的工资总额即包装人工费用。

五、包装成本分析

在进行包装成本分析时,一般按构成包装成本的各个项目,即按包装材料费用、包装人工费用、包装机械费用、包装技术费用分别进行分析。

因为每个项目的标准成本都是由标准用量和标准价格决定的,所以每个成本项目的差异,也可以归结为用量脱离标准造成的数量差异(简称量差)和价格脱离标准造成的价格差异(简称价差),可用计算公式表示为

$$成本差异=实际成本总额-标准成本总额$$
$$=实际用量总数\times实际单价-标准用量总数\times标准单价$$
$$=量差+价差$$

其中,量差和价差的计算公式分别为

$$量差=标准单价\times(实际用量总数-标准用量总数)$$
$$价差=实际用量总数\times(实际单价-标准单价)$$

1. 包装材料成本差异的分析

包装材料实际成本与标准成本之间的差额是包装材料成本差异,计算公式为

$$材料成本差异=材料实际成本总额-材料标准成本总额$$
$$=实际用量总数\times实际价格-标准用量总数\times标准价格$$

包装材料成本差异的原因有两个:一是用量脱离标准;二是价格脱离标准。前者按标准价格计算,称为材料用量成本差异;后者按实际用量计算,称为材料价格成本差异。其计算公式为

$$材料用量成本差异=(实际用量总数-标准用量总数)\times标准价格$$
$$材料价格成本差异=实际用量总数\times(实际价格-标准价格)$$

例 9-5 弘润公司本月生产甲包装物 2 000 件,耗用 A 材料 12 500kg,材料实际单价为 5.2 元/kg;A 材料的单位产品用量标准为 6.2kg/件,每千克材料的标准价格为 5.1 元/kg。

试对A材料成本差异进行分析。

解：
$$A材料成本差异=12\,500\times5.2-2\,000\times6.2\times5.1=1\,760(元)$$

其中，
$$A材料价格成本差异=12\,500\times(5.2-5.1)=1\,250(元)$$
$$A材料用量成本差异=(12\,500-2\,000\times6.2)\times5.1=510(元)$$

由于A材料实际价格高于标准价格，使A材料成本超支1 250元；由于实际用量超出标准用量，使A材料成本超支了510元，两项相加，共超支1 760元。

材料价格成本差异一般是在采购过程中形成的，应由采购部门负责。造成材料实际价格游离标准价格的原因有许多，如供应厂家价格变动、未按经济批量进货、未能按时订货而造成紧急订货、采购时舍近求远使运费和途耗增加、不必要的加速运输方式、违反合同被罚等。

材料用量成本差异是材料在耗用过程中形成的，反映包装部门（或企业的包装物生产部门）成本控制的业绩，一般应由包装部门负责。材料用量差异形成的具体原因很多：若工人操作技术高，则节省材料；若工人操作技术低或操作疏忽，则可能造成废品和废料，从而导致材料的浪费；机器或工具不适用也会造成用料增加。但有时多用材料并非是包装部门的责任，如购入材料质量低劣、规格不符，也会造成使用材料的数量超过标准。

2. 包装人工成本差异的分析

包装人工成本差异是指包装人工实际成本与人工标准成本之间的差额，其计算公式为
$$包装人工费用成本差异=人工实际成本总额-人工标准成本总额$$
$$=实际工时总数\times实际工资率-标准工时总数\times标准工资率$$

它可分为"价差"和"量差"两部分。价差是指实际工资率脱离标准工资率而形成的人工费用成本差异，其差额按实际工时计算确定，又称工资率成本差异；量差是指实际使用工时脱离标准工时而造成的人工费用成本差异，其差额是按标准工资率计算确定的，又称人工效率成本差异。其计算公式为
$$工资率成本差异=实际工时总数\times(实际工资率-标准工资率)$$
$$人工效率成本差异=(实际工时总数-标准工时总数)\times标准工资率$$

例9-6 延续例9-5，本月包装甲产品2 000件，实际使用工时2 250小时，实际支付工资45 600元，包装单位产品的人工标准成本是22元/件，每件产品的标准工时为1.1小时，即标准工资率为20元/小时。试对甲产品包装人工费用成本差异进行分析。

解：
$$包装人工费用成本差异=45\,600-2\,000\times20\times1.1=1\,600(元)$$

其中，
$$工资率成本差异=45\,600-2\,250\times20=600(元)$$
$$人工效率成本差异=(2\,250-2\,000\times1.1)\times20=1\,000(元)$$

由于实际工资率超出标准工资率，使实际支付的工资总额比预算数超支600元；由于实际工时耗费多于标准工时，表明实际人工效率低于预算标准，使包装人工费用超支1 000元，两项相加，共超支1 600元。

工资率成本差异的原因主要有工资的调整、出勤率的变化、加班和使用临时工等，原因复杂而且难以控制。直接人工效率成本差异的形成原因包括工作环境不良、工人经验不足、新上岗工人增多、包装设备的完好程度、作业计划安排周密程度、动力供应情况等。

人工效率成本差异的责任主要由包装部门负责，但也可能有一部分应由其他部门负责。例如，因材料质量不好而影响生产效率，从而产生的人工效率成本差异，则应由供应部门负责。

3. 包装机械费用成本差异的分析

包装机械费用成本差异是指包装机械费用实际数与包装机械费用标准数之间的差额。其计算公式为

$$\text{包装机械费用成本差异} = \text{包装机械费用实际成本总额} - \text{包装机械费用标准成本总额}$$

$$= \text{包装机械费用实际成本总额} - \text{包装机械费用标准分配率} \times \text{实际产量计算的标准工时数}$$

包装机械费用属于固定费用。例如，包装机械的折旧方法确定后，一般无特殊原因不再变动，与企业包装作业量多少无直接关系，差异分析时不考虑包装量的变化。包装机械费用成本差异可分为耗费差异和能量差异。

（1）耗费差异属于价差，是指包装机械费用实际成本总额与其预算总额（按产能计算的包装机械费用预算）之间的差异，在计算时不考虑业务量的变动，以原定的预算数作为标准，实际数超过预算数即视为超支；反之，为节支。其计算公式为

$$\text{耗费差异} = \text{包装机械费用实际成本总额} - \text{包装机械费用预算总额}$$

$$= \text{包装机械费用实际成本总额} - \text{包装机械费用标准分配率} \times \text{生产能量}$$

（2）能量差异属于量差，是指包装机械费用预算总额与包装机械费用标准成本总额之差，它反映未能充分使用现有包装产能而造成的包装机械费用的损失。其计算公式为

$$\text{能量差异} = \text{包装机械费用预算总额} - \text{包装机械费用标准成本总额}$$

$$= \text{包装机械费用标准分配率} \times \text{生产能量} - \text{包装机械费用标准分配率} \times \text{实际产量计算的标准工时数}$$

$$= \text{包装机械费用标准分配率} \times \left(\text{生产能量} - \text{实际产量计算的标准工时数}\right)$$

例9-7 延续例9-6，本月包装甲产品2 000件，发生机械费用1 788元，实际工时2 250h；标准工时为1.1h/件，包装机械费用标准分配率为0.80元/h，每件产品包装机械费用标准成本0.88元/件；每月标准工时预算总量（即生产能量）为2 300h，试对其进行成本差异因素分析。

解：

$$\text{包装机械费用成本差异} = \text{包装机械费用实际成本总额} - \text{包装机械费用标准成本总额}$$

$$= \frac{\text{包装机械费用}}{\text{实际成本总额}} - \frac{\text{包装机械费用}}{\text{标准分配率}} \times \frac{\text{实际产量计算的}}{\text{标准工时数}}$$
$$= 1\,788 - 0.88 \times 2\,000$$
$$= 1\,788 - 0.80 \times (1.1 \times 2\,000) = 28(元)$$

其中，

$$\text{耗费差异} = \frac{\text{包装机械费用}}{\text{实际成本总额}} - \frac{\text{包装机械费用}}{\text{标准分配率}} \times \text{生产能量}$$
$$= 1\,788 - 0.8 \times 2\,300 = -52(元)$$

$$\text{能量差异} = \frac{\text{包装机械费用}}{\text{标准分配率}} \times \left(\text{生产能量} - \frac{\text{实际产量计算}}{\text{的标准工时数}} \right)$$
$$= 0.8 \times (2\,300 - 1.1 \times 2\,000) = 80(元)$$

由于包装机械费用实际成本总额小于其预算总额，使包装机械费用节支52元；由于按实际产量计算的标准工时数小于生产能量（生产能量未能充分利用），使包装机械费用损失80元；两项相抵，净损失28元。

包装机械费用能量差异还可进一步分为两部分：一部分是实际工时脱离标准能量而形成的闲置能量差异，另一部分实际工时脱离标准工时而形成的效率差异。

4. 包装技术费用成本差异的分析

由于包装技术费用分为变动费用和固定费用两类，其标准成本是分别制定的，所以包装技术费用成本差异的分析应分为包装技术变动费用成本差异的分析和包装技术固定费用成本差异的分析。

（1）包装技术变动费用成本差异的分析。包装技术变动费用成本差异是指包装技术变动成本实际数与其标准数之差，其计算公式为

$$\frac{\text{包装技术变动}}{\text{费用成本差异}} = \frac{\text{包装技术变动费}}{\text{用实际成本总额}} - \frac{\text{包装技术变动费}}{\text{用标准成本总额}}$$
$$= \frac{\text{包装技术变动费}}{\text{用实际成本总额}} - \frac{\text{标准工}}{\text{时总数}} \times \frac{\text{变动成本}}{\text{标准分配率}}$$

包装技术变动费用成本差异可分为变动成本分配率成本差异和人工效率成本差异。

变动成本分配率成本差异属于价差，是指变动成本实际分配率脱离变动成本标准分配率而形成的成本差异，其计算公式为

$$\frac{\text{变动成本分配}}{\text{率成本差异}} = \frac{\text{包装技术变动费}}{\text{用实际成本总额}} - \frac{\text{按实际工时计算的变}}{\text{动费用标准成本总额}}$$
$$= \frac{\text{包装技术变动费}}{\text{用实际成本总额}} - \frac{\text{实际工}}{\text{时总数}} \times \frac{\text{变动成本}}{\text{标准分配率}}$$

人工效率成本差异属于量差，是指实际使用工时脱离标准工时而形成的成本差异，其计算公式为

$$\frac{\text{人工效率}}{\text{成本差异}} = \frac{\text{按实际工时计算的变}}{\text{动费用标准成本总额}} - \frac{\text{包装技术变动费}}{\text{用标准成本总额}}$$
$$= \frac{\text{实际工}}{\text{时总数}} \times \frac{\text{变动成本}}{\text{标准分配率}} - \frac{\text{包装技术变动费}}{\text{用标准成本总额}}$$

例 9-8 延续例 9-7，本月包装甲产品 2 000 件，发生包装技术变动费用 4 146 元，实际工时 2 250h，每件产品标准工时为 1.1h，包装技术变动费用标准分配率为 2 元/h，每件产品包装技术变动费用标准成本 2.2 元/件，试对其进行成本差异因素分析。

解：

$$\text{包装技术变动费用成本差异} = \text{包装技术变动费用实际成本总额} - \text{包装技术变动费用标准成本总额}$$

$$= \text{包装技术变动费用实际成本总额} - \text{标准工时总数} \times \text{变动成本标准分配率}$$

$$= 4\,146 - 2\,000 \times 1.1 \times 2 = -254(\text{元})$$

$$\text{变动成本分配率成本差异} = \text{实际工时数} \times (\text{变动成本实际分配率} - \text{变动成本标准分配率})$$

$$= \text{包装技术变动费用实际成本总额} - \text{实际工时总数} \times \text{变动成本标准分配率}$$

$$= 4\,146 - 2\,250 \times 2 = -354(\text{元})$$

$$\text{人工效率成本差异} = \text{按实际工时计算的变动费用标准成本总额} - \text{包装技术变动费用标准成本总额}$$

$$= \text{实际工时总数} \times \text{变动成本标准分配率} - \text{包装技术变动费用标准成本总额}$$

$$= 2\,250 \times 2 - (2\,000 \times 1.1) \times 2$$

$$= 2\,250 \times 2 - 2\,000 \times 2.2 = 100(\text{元})$$

由于变动成本实际分配率小于标准分配率，使包装技术变动费用节支 354 元；由于实际工时总数多于标准工时总数，使包装技术变动费用超支 100 元；两项相抵，净节支 254 元。

（2）包装技术固定费用成本差异的分析。包装技术固定费用成本差异是指包装技术固定成本实际数与其标准数之差，其计算公式为

$$\text{包装技术固定费用成本差异} = \text{包装技术固定费用实际成本总额} - \text{包装技术固定费用标准成本总额}$$

$$= \text{包装技术固定费用实际成本总额} - \text{包装技术固定费用标准分配率} \times \text{实际产量计算的标准工时数}$$

由于包装技术固定费用与包装作业量多少无直接关系，类似于包装机械费用，进行成本差异分析时不考虑包装量的因素，但可对包装产能利用的因素影响进行分析。包装技术固定费用成本差异与包装机械费用成本差异相类似，可分为耗费差异和能量差异。

耗费差异是指包装技术固定费用实际成本总额与其预算总额（按产能计算的包装技术固定费用预算）之间的差异，其计算公式为

$$\text{耗费差异} = \text{包装技术固定费用实际成本总额} - \text{包装技术固定费用预算总额}$$

$$= \text{包装技术固定费用实际成本总额} - \text{包装技术固定费用标准分配率} \times \text{生产能量}$$

能量差异是指包装技术固定费用预算总额与包装技术固定费用标准成本总额之间的差异，它反映未能充分使用现有包装产能而造成的包装技术固定费用的损失，其计算公式为

$$能量差异 = \frac{包装技术固定}{费用预算总额} - \frac{包装技术固定费}{用标准成本总额}$$

$$= \frac{包装技术固定}{费用标准分配率} \times \frac{生产}{能量} - \frac{包装技术固定}{费用标准分配率} \times \frac{实际产量计算}{的标准工时数}$$

$$= \frac{包装技术固定}{费用标准分配率} \times \left(\frac{生产}{能量} - \frac{实际产量计算}{的标准工时数}\right)$$

例 9-9 延续上例 9-8，本月包装甲产品 2 000 件，发生包装技术固定费用 13 200 元，实际工时 2 250h；每件产品标准工时为 1.1h/件，包装技术固定费用标准分配率为 5.0 元/h，每件产品包装技术固定费用标准成本 5.50 元/件；每月标准工时预算总量（即生产能量）为 2 300h。试对包装技术固定费用进行成本差异因素分析。

解：

$$\frac{包装技术固定}{费用成本差异} = \frac{包装技术固定费}{用实际成本总额} - \frac{包装技术固定费}{用标准成本总额}$$

$$= \frac{包装技术固定费}{用实际成本总额} - \frac{包装技术固定}{费用标准分配率} \times \frac{实际产量计算}{的标准工时数}$$

$$= 13\ 200 - 5.5 \times 2\ 000 = 2\ 200(元)$$

其中，

$$耗费差异 = \frac{包装技术固定费}{用实际成本总额} - \frac{包装技术固定}{费用预算总额}$$

$$= \frac{包装技术固定费}{用实际成本总额} - \frac{包装技术固定}{费用标准分配率} \times 生产能量$$

$$= 13\ 200 - 5.0 \times 2\ 300 = 1\ 700(元)$$

$$能量差异 = \frac{包装技术固定}{费用预算总额} - \frac{包装技术固定费}{用标准成本总额}$$

$$= \frac{包装技术固定}{费用标准分配率} \times 生产能量 - \frac{包装技术固定}{费用标准分配率} \times \frac{实际产量计算}{的标准工时数}$$

$$= \frac{包装技术固定}{费用标准分配率} \times \left(生产能量 - \frac{实际产量计算}{的标准工时数}\right)$$

$$= 5 \times (2\ 300 - 2\ 000 \times 1.1) = 500(元)$$

由于包装技术固定费用成本实际总额超出预算总额，超支额为 1 700 元；由于按实际产量计算的标准工时数小于生产能量（生产能量未能充分利用），使包装技术固定费用损失 500 元；两者相加，包装技术固定费用成本总超支 2 200 元。

包装技术固定费用能量差异同包装机械费用能量差异相类似，也可进一步分为两部分：一部分是实际工时脱离标准能量而形成的闲置能量差异；另一部分是实际工时脱离标准工时而形成的效率差异，详情本书从略。

5. 包装成本差异分析汇总

为反映成本差异的全貌及其构成，可对包装成本差异的分项分析结果进行汇总。

例 9-10 延续上例 9-9，将甲产品当月包装成本差异分析结果加以汇总。

解： 甲产品包装成本差异分析汇总表如表 9-5 所示。

表 9-5　甲产品包装成本差异分析汇总表

成本项目	实际成本总额/元	标准成本总额/元	成本差异/元		
			合计	价格差异	用量差异
材料费用	12 500×5.2=65 000	2 000×6.2×5.1=63 240	1 760	1 250	510
人工费用	45 600	2 000×20×1.1=44 000	1 600	600	1 000
机械费用	1 788	0.88×2 000=1 760	28	−52	80
技术费用	17 346	15 400	1 946	1346	600
其中：变动费用	4 146	2 000×1.1×2=4 400	−254	−354	100
固定费用	13 200	5.5×2 000=11 000	2 200	1 700	500
合计	129 734	124 400	5 334	3 144	2 190

任务三　包装成本管理与优化

一、包装成本管理

包装环节管理的好坏，包装费用支出的节约与否，直接影响物流企业的经济效益。因此，对于物流企业来说，加强包装费用的管理十分重要。物流企业包装费用的管理通常包括下列六个方面。

1. 建立规范的包装作业制度

建立规范的包装作业制度，增强包装作业的计划性，实行严格的质量管理制度，提高包装环节的作业质量，杜绝因员工工作的随意性给企业带来材料浪费、工时延长、机器损坏等导致的成本增长。加强员工职业技术培训，提高其作业熟练程度，强化成本意识，让降低成本的思想深入人心。

2. 优化包装设计

包装都要达到一定的目标，如实现其保护和营销功能等。优化包装设计是对包装设计进行仔细分析与研究，避免过度包装的出现，规避包装不必要的功能，从而有效降低包装总成本。

3. 合理实现包装机械化

采用包装机械化降低包装成本需要重点关注两个方面：提高包装作业效率和缩减劳动工资。例如，对于瓦楞纸箱这种包装物，在采用包装机械化时可分别使用纸箱组装机、装箱机贴封签机、钉合机等，将上述几种机械设备连接起来可组成全自动瓦楞纸箱生产线，大幅度提高生产效率和节约劳动力，从而有效降低包装总成本。

4. 实现包装标准化

包装标准是对各种包装标志、包装所用材料的规格和质量、包装的技术规范要求、包装的检验方法等的技术规定。包装标准化是实现产品包装科学合理的技术保证，但它不单纯是包装本身的事情，而是在整个物流系统实现合理化、有序化、现代化、低成本的前提下的包装合理化及现代化。通过包装标准化，可以提高包装效率，减少人工费用和材料费用的支出,同时也方便物流过程中的装卸和运输等其他作业。

5. 加强包装物的回收利用

许多包装材料都具有结实耐用的特点,但在包装作业中,由于种种原因,包装材料的回收状况不尽人意。企业应培养员工物尽其用、综合利用的意识,从制度上强调包装物回收的重要性,加强包装过程中的日常管理与核算,做好包装物的回收及利用工作。

6. 组织无包装运输

无包装运输也被称为"散装"运输,这是目前在现代化物流中受到推崇的技术。无包装运输是指某些商品,如对水泥、谷物等颗粒状或粉末状的商品,在不进行包装的情况下,运用专门的散装设备来实现商品的运输。从另一个角度看,这种专门的散装设备自身也是一种扩大了的包装。因为从理论上分析无包装运输可使包装成本为零,所以经营者应高度重视并组织无包装运输。

二、包装合理化

包装合理化是包装成本控制的重要内容,而包装管理的目的是实现包装合理化,使商品流通能有序地、协调地、富有成效地进行。其主要途径如下。

(1) 避免过度包装,满足需求的前提下,尽量采用轻薄化、简单化、朴素化包装。

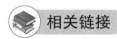

过度包装主要包括结构过度和材料过度。

结构过度是有的商品故意增加包装层数,在内包装和外包装间增加中包装,外观漂亮,名不副实;有的商品包装体积过大,实际产品很小,喧宾夺主;还有的商品采用过厚的衬垫材料,保护功能过剩,也属于过度包装。

材料过度是在一些礼品的包装中,商家为了提高商品的价格,不惜在包装材料的选择上下功夫;很多包装本来用纸包装就可以满足要求的,却采用了实木、金属制品等进行设计,大大增加了包装成本。这种包装设计不仅增加了消费者的消费压力,也造成了资源的不必要的浪费。

适当的包装是必要的。但过度包装会走向另一个极端,夸大包装的功能,误导消费观念,损害了消费者和社会的利益,过度消耗了资源。这要求大家从自身做起,减少浪费,增强包装成本节约意识,为可持续发展贡献自己的微薄之力。

(2) 选用经济的包装材料。包装材料在性能和功能上差异性比较大,需要针对不同产品的类型,选择合适经济的包装材料。

(3) 实现包装回收和再利用。包装回收和再利用是控制包装成本非常有效的一种方法,包装中大量使用的托盘、瓦楞纸箱、木箱、塑料容器等通用包装要消耗大量的自然资源,应当循环多次使用,这样才能达到节约和降低成本的目的。

启示:党的二十大报告指出,实施全面节约战略,推进各类资源节约集约利用,加快构建废弃物循环利用体系。所以在包装的过程中,我们要考虑包装材料的反复利用。

> **相关链接**

绿色包装又可以称为无公害包装和环境友好包装,指对生态环境和人类健康无害,能重复使用和再生,符合可持续发展的包装。

绿色包装的理念有两个方面的含义:一是保护环境;二是节约资源。这两者相辅相成,不可分割。其中保护环境是核心,节约资源与保护环境又密切相关,因为节约资源可减少废弃物,其实也就是从源头上实现对环境的保护。

实训　包装成本核算

实训目标:熟悉企业包装成本的核算方法,能熟练计算。

实训内容:通过查阅资料,寻找一个与包装成本相关的案例,先对案例进行整体分析,找出其中和包装相关的成本内容,分析其构成形式,了解案例的特点,对其涉及的包装成本进行计算、总结和分析,并对包装作业合理化提出建议。

实训要求:以个人为单位完成任务。

实训环境:综合实训室。

实训报告:提交实训报告书。

学 习 总 结

本项目主要介绍包装成本认知、包装成本核算与分析、包装成本管理与优化三大方面的基础知识。

本项目的核心是包装成本的核算与分析,着重以先进先出法、全月一次加权平均法、移动加权平均法针对发出材料成本的计价进行了核算,对包装材料成本差异、包装人工成本差异、包装机械费用成本差异、包装技术费用成本差异进行了分析。物流从业者应了解物流包装成本管理的主要任务,充分认识包装成本与物流成本的关系,通过实现包装成本控制与优化加强包装费用的管理。

学 习 测 试

一、单项选择题

1. 包装的基本功能是(　　)。

　　A. 保护商品　　　B. 容纳商品　　　C. 储存商品　　　D. 销售商品

2. 包装最重要的功能是(　　)。

　　A. 保护商品　　　B. 运输商品　　　C. 储存商品　　　D. 销售商品

3. 我们经常说,人靠衣装,佛靠金装,商品靠包装。这里说的包装的功能是(　　)。

　　A. 保护商品　　　B. 容纳商品　　　C. 储存商品　　　D. 销售商品

4. (　　)有利于企业的核算工作。

  A. 先进先出法 B. 移动加权平均法 C. 加速折旧法 D. 工作量法

5. ( )适用于各期材料成本变动不大的材料计价。

  A. 先进先出法   B. 移动加权平均法

  C. 加速折旧法   D. 全月一次加权平均法

二、多项选择题

1. 包装的三重性是( )。

  A. 商品性   B. 目的性   C. 生产加工性 D. 流通性

2. 按包装功能的不同分类,包装可分为( )。

  A. 工业包装 B. 内包装   C. 外包装   D. 商业包装

3. 包装技术成本主要包括( )。

  A. 包装技术设计成本   B. 包装技术购买成本

  C. 包装机械设备成本   D. 包装人工成本

4. 包装的主要功能有( )。

  A. 保护功能 B. 容纳功能 C. 便利功能   D. 促销功能

  E. 升值功能

5. 计提折旧的主要方法有( )。

  A. 平均年限法 B. 工作量法 C. 加速折旧法 D. 先进先出法

三、计算题

某企业存货中的甲包装材料收入与发出资料如下。

(1) 2月份期初结存数量600件,单价11元/件。

(2) 2月5日,发出存货500件。

(3) 2月9日,购进存货200件,单价12元/件。

(4) 2月13日,发出存货200件。

(5) 2月20日,购进存货500件,单价13元/件。

(6) 2月28日,发出存货400件。

要求:根据上述资料,分别用"先进先出法""月末一次加权平均法"计算发出存货和月末结存存货的成本。

项目十

装卸搬运成本管理

学习目标

知识目标：
(1) 理解装卸搬运的概念。
(2) 掌握装卸搬运成本的计算方法。
(3) 了解装卸搬运成本的项目构成。
(4) 掌握装卸搬运成本分析的基本方法。

能力目标：
(1) 能够根据实际案例计算出装卸搬运成本。
(2) 能够根据企业的具体情况提出装卸成本控制的基本对策。

素质目标：
(1) 树立社会责任、资源节约、装卸成本降低意识。
(2) 培养学生爱岗敬业的责任心。

学习导图

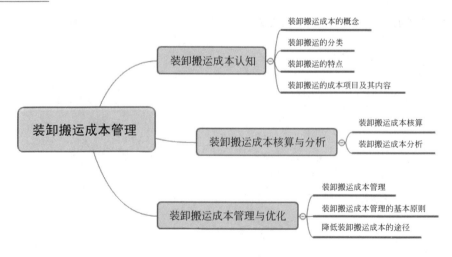

近日,攸县新市镇木匠刘一民研发出第四代多功能装卸机。该装卸机设计巧妙,可轻松装卸搭建工厂车间、厂房所需材料,既省力省时又可省成本,非常实用便捷。在一家县厂房建设工地上,56岁的刘一民利用他发明的多功能装卸机,通过操作电机按钮,轻松地把一根长4米、重200多千克的H型钢吊起,然后推动滑轮将H型钢准确地放到高4.5米的钢结构厂房隔层上,整个过程用时不到2分钟。负责这个厂房建设的肖志旺对这个多功能装卸机赞不绝口。肖志旺表示,他从事厂房建设已有20多年,以前厂房建设都是用随车吊,但随车吊存在一些局限性,如移动不灵活,工作面需要清场且空间要求较大。这次,肖志旺听说这种多功能装卸机,就想试试,没想到效果很好。同样的面积大小、同样的材料装卸,一期花费了100个工时,刘一民则只用了70个工时就完工了。

刘一民表示,这台多功能装卸机是他的第四代产品,主要是利用杠杆原理,起重臂上装有动滑轮,底座上装有定滑轮,通过向下扳动液压手柄使千斤顶产生动力,从而带动滑轮组和钢丝绳将重物提起。与前三代纯手动操作不同的是,第四代多功能装卸机安装了电机,工作效率成倍提高。

为什么要做这个发明?刘一民的职业是木匠,开了一个家具加工厂,平时重达一百多斤、几百多斤的家具都要请人装卸,为了实现装卸不求人,只有初中文化的他从2011年开始研究这个事情,2014年他的发明获得国家知识产权局实用新型专利证书。经过近8年时间的不断改良升级,他的多功能装卸机更新到第四代。刘一民表示,第四代多功能装卸机制作成本不是很高,一台仅1万元左右,他希望能把多功能装卸机实现量产,造福更多的人。

思考:通过这则新闻你能获得什么启示?

任务一 装卸搬运成本认知

一、装卸搬运成本的概念

装卸搬运成本是指企业在物流作业过程中,为了实现货物的移动和定位而进行装卸搬运活动产生的各种费用的总和。

在同一地域范围内(如车站范围、工厂范围、仓库内部等),装卸是改变"物"的存放、支撑状态的活动,搬运是改变"物"的空间位置的活动,两者全是装卸搬运。具体来说,装卸是物流过程中对于保管物资和运输两端物资的处理活动,包括物资的装载、卸货、移动、货物堆码上架、取货、备货、分拣等作业以及附属于这些活动的作业。装卸活动是物流各项活动中出现频率最高的一项作业活动,装卸活动的效率会直接影响整个物流效率。虽然装卸搬运活动本身并不产生效用和价值,但该活动对劳动力的需求量大,需要使用装卸设备,因此物流成本中装卸费用所占比重较大。

搬运的"运"和运输的"运"不同之处在于搬运是在同一地域的小范围内发生的,而运输则是在较大范围内发生的,从搬运到运输过程中,完成了从量变到质变的转换。

二、装卸搬运的分类

1. 按照装卸搬运施行的物流设施、设备对象分类

（1）仓库装卸搬运。仓库装卸搬运配合出库、入库、维护保养等活动进行，并以堆垛、上架、取货等操作为主。

（2）铁路装卸搬运。铁路装卸搬运是对火车车皮的装进及卸出，其特点是一次作业就实现一车皮的装进或卸出，很少有像仓库装卸时出现的整装零卸或零装整卸的情况。

（3）港口装卸搬运。港口装卸搬运包括码头前沿的装船，也包括后方的支持性装卸搬运，有的港口装卸搬运还采用小船在码头与大船之间"过驳"的办法，因而其装卸搬运的流程较为复杂，往往经过几次的装卸搬运作业才能最后实现船与陆地之间货物过渡的目的。

（4）汽车装卸搬运。汽车装卸搬运一般一次装卸批量不大，由于汽车的灵活性，可以转向、调头，靠近货物装卸，也可只装卸，不搬运。因而可以减少或根本去除搬运活动，直接、单纯利用装卸作业达到车与物流设施之间货物过渡的目的，包括叉车作业、吊车作业、传送带作业和人工作业等。

2. 按照装卸搬运作业动态分类

（1）垂直装卸搬运。垂直装卸搬运包括垂直升降电梯、巷道起重机、气力传输装置及吊车等作业方式。这是通过使用各种起重机械，来改变货物的铅锤方向的位置作为主要特征的方法。此类作业机具应用范围最广。

（2）水平装卸搬运。水平装卸搬运又称滚装滚卸法，是以改变货物水平方向位置为主要特征的方法，主要有辊道输送机、链条输送机、悬挂式输送机、皮带输送机及手推车、无人搬运车等作业方式。

3. 按照装卸搬运机械的作业方式分类

（1）吊上吊下方式。采用各种起重机械将货物从上部起吊，依靠起吊装置的垂直移动实现装卸，在吊车运行的范围内实现搬运，或依靠搬运车辆实现小范围搬运。因吊起及放下属于垂直运动，因此该方式属于垂直装卸。

（2）叉上叉下方式。采用叉车将货物底部托起货物，并依靠叉车的转向和行走进行货物移位，搬运完全靠叉车本身，货物可不经中途落地直接放置到目的地。这种方式垂直运动不大而主要是水平运动，属于水平装卸方式。如用叉车将货物放上卡车车厢、集装箱箱内、货架或地面上等。叉车作业最适合托盘货物，使用托盘堆码，叉车的装卸倍显优势。

（3）移上移下方式。这种方式是在两车之间（如火车及汽车）进行靠接，然后利用各种方式，不使货物垂直运动，而靠水平移动从一辆车推移到另一辆车上。这种方式需要使两车水平靠接，因此要改变站台或车辆货台，并配合移动工具进行实现。

（4）滚上滚下方式。滚上滚下方式是港口装卸的一种水平装卸方式。利用各种轮式、履带式车、叉车或卡车载货直接开上轮船，抵达目的港后再直接开下轮船的方式称为滚上滚下式装卸。这种方式需要有专门的船舶，对码头的要求也不同。不止在港口，这种方式在铁路上也有应用，比如将装有货物的卡车直接开上火车，到达目的车站后直接开下火车，因此这种方式也称为驼背运输。

4. 按照装卸搬运作业特点分类

（1）连续装卸搬运。连续装卸搬运主要是同种大批量散装或小件杂货通过连续输送机械，连续不断地进行作业，中间不停顿。在装卸量较大、装卸对象固定、货物对象不易形成大包装的情况下适合采取这一方式，如配送中心中的辊道式输送线、生产车间的生产流水线等都属于此类方式。

（2）间歇装卸搬运。间歇装卸搬运有较强的机动性，装卸搬运地点可在较大范围内活动，主要适用于货流不固定的各种货物，尤其适用于包装货物、大件货物，散粒货物也可采用此方式。

（3）分拣配货作业。分拣配货作业指按品种、用途、到站、去向、货主等不同特征进行分拣货物作业。

（4）堆码取拆作业。堆码取拆作业包括在车间、仓库、运输工具内的堆码和拆垛作业。

（5）挪动移位作业。挪动移位作业是指单纯地改变货物的水平空间位置的作业。

5. 按照装卸搬运对象分类

（1）散装作业法。散装作业法是指对煤炭、矿石、粮食、化肥等块、粒、粉状物资，采用重力法（通过筒仓、溜槽、隧洞等方法）、倾翻法（铁路的翻车机）、机械法（抓、舀等）、气力输送法（用风机在管道内形成气流，利用压差来输送）等方法进行装卸。

（2）集装作业法。集装作业法是指先将货物集零为整，再进行装卸搬运的作业方法。

（3）单件作业法。单件作业法是指单件、逐件装卸搬运的作业方法，主要以人力作业为主。

三、装卸搬运的特点

1. 装卸搬运是衔接性活动

物流活动互相过渡时，都是以装卸搬运来衔接的，因而装卸搬运往往成为整个物流的"瓶颈"，是物流各功能之间能否形成有机联系和紧密衔接的关键因素，而这也是一个系统的关键要素。建立一个有效的物流系统，关键是这一衔接是否有效。

2. 装卸搬运是附属性、伴生性的活动

装卸搬运是物流每一项活动开始及结束时必然发生的活动，因而有时常被人忽视，有时被看作其他操作不可缺少的组成部分。例如，一般而言的"汽车运输"，实际包含了相随的装卸搬运；仓库中泛指的保管活动，也含有装卸搬运活动。

3. 装卸搬运是支持性、保障性活动

不能把装卸搬运的附属性理解成被动性，实际上，装卸搬运对其他物流活动有一定的决定性。装卸搬运会影响其他物流活动的质量和速度。例如，装车不当会引起运输过程中的损失；卸放不当会给货物转换造成困难。许多物流活动在有效的装卸搬运支持下，才能实现高效率。

四、装卸搬运的成本项目及其内容

物流环节中的装卸搬运活动的成本主要是由人力成本和机械成本共同构成的，因为装卸搬运活动的参与者主要是人力和机械设备。企业为了对装卸搬运进行成本核算，通常把装卸搬运的成本项目分为装卸搬运人力成本和装卸搬运机械成本两大类。

1. 装卸搬运人力成本

装卸搬运是劳动密集型物流活动,人力成本在装卸搬运这项物流活动中所占比重很大,并且由于装卸搬运作业次数频繁,因此人力成本在整个物流成本中所占比重也比较大。装卸搬运人力成本主要分为三大部分。

(1) 工资。工资是指按规定支付给装卸工人、装卸机械司机的计算工资、计件工资、加班工资及各种工资性津贴。

(2) 劳动保护费。劳动保护费是指从事装卸搬运工作使用的劳动保护用品、防暑、防寒、保健饮料及实施劳保措施所发生的各项费用。

(3) 职工福利费。职工福利费是指按照装卸工人的工资总额和规定比例计提的职工福利费。

2. 装卸搬运机械成本

(1) 燃料和动力费。燃料和动力费是指装卸搬运机械在运行和操作过程中所耗用的燃料、动力和电力费用。

(2) 轮胎费。轮胎费是指装卸搬运机械领用的外胎、内胎、垫带及其翻新和零星修补费用。

(3) 修理费。修理费是指为装卸搬运机械和装卸搬运工具进行维护与小修所发生的工料费用,以及装卸搬运机械在运行过程中耗用的机油、润滑油的费用。为装卸搬运机械维修领用的周转费用和按规定预提的装卸搬运机械的大修理费用,也列入本项目。

(4) 折旧费。折旧费是指装卸搬运机械按规定计提的折旧费。

(5) 工具费。工具费是指装卸搬运机械耗用的工具费,包括装卸搬运工具的摊销额和工具的修理费。自制装卸搬运工具的制造,应通过辅助营运费用核算,所领用的材料和支付的工资费用,不得列入本项目。

(6) 租费。租费是指企业租入装卸搬运机械或装卸搬运设备进行装卸搬运作业,按合同规定支付的租金。

(7) 外付装卸搬运费。外付装卸搬运费是指支付给外单位支援装卸搬运工作所发生的费用。

(8) 运输管理费。运输管理费是指按规定向运输管理部门缴纳的运输管理费。

(9) 事故损失费。事故损失费是指在装卸搬运作业过程中,因某项工作造成的应由本期装卸搬运成本负担的货损、机械损坏、外单位人员人身伤亡等事故所发生的损失,包括货物破损等货损、货差损失和损坏装卸搬运机械设备所支付的修理费用。

(10) 其他费用。其他费用是指不属于以上各项目的其他装卸直接费用。

任务二 装卸搬运成本核算与分析

在企业会计核算中,设置"主营业务成本——装卸支出"账户来核算装卸搬运费用,该账户应按成本计算对象分别设置明细账户,并按成本计算项目进行明细核算。

一、装卸搬运成本核算

装卸搬运成本中,有些项目用直接计入法,如装卸搬运作业过程中发生的各项费用,包括燃料、动力轮胎、折旧和大修理费用提存等。这些费用在发生和支付时,根据各种凭证汇总表、分配表、计算表及有关原始凭证计入装卸成本。有些项目通过分配计入,如装卸基层单位在组织经营管理方面发生的各项费用,按一定的分配办法计入装卸成本。

1. 工资及职工福利费

工资及职工福利费根据"工资分配汇总表"和"职工福利费计算表"的有关数字,直接计入装卸成本。在实行计件工资制的单位,应付工人的计件工资等于职工完成的实际工作数量乘以计件单价。作业中发生的货损货差,如果是因工作不慎造成的,不支付工资。如果工人在同一月份内从事多种作业,作业计件单价各不相同,就需逐一计算相加。计件工资计算公式为

$$应付计件工资=实际装卸数量×装卸该种货物的单价$$

例 10-1 工人李某装卸 A 产品 100 件,计件单价 2 元;装卸 B 产品 500 件,计件单价 2.5 元,计算该工人的工资。

解: $100×2+500×2.5=1\ 450(元)$

也可以采用定额工时计算工人的计件工资,即将月份内装卸搬运完成的各种产品折合为定额工时数,乘以小时工资率,用公式表示为

$$完成定额工时数=各种装卸搬运产品数量×该种装卸搬运产品单位工时定额$$
$$应得的计件工资=完成定额工时数×小时工资率$$

例 10-2 职工刘某本月装卸 A 产品 600 件,每件定额工时 10 分钟;搬运 B 产品 300 件,每件定额工时 5 分钟,该工种的小时工资率为 20 元,计算刘某应得的计件工资。

解:
$$完成定额工时数=(600×10+300×5)÷60=125(h)$$
$$应得计件工资=125×20=2\ 500(元)$$

2. 轮胎费

由于装卸机械的轮胎磨耗与行驶里程无明显关系,故其费用应在领用新胎时将其价值直接计入成本。如果一次领换轮胎数量较大,可作为待摊费用或预提费用按月进行分摊并计入装卸成本。

3. 修理费

由专职装卸机械维修工或维修班组进行维修的工料费,应直接计入装卸成本;由维修车间进行维修的工料费,通过"辅助营运费用"归集和分配计入装卸成本。

装卸机械在运行和装卸操作过程中耗用的机油、润滑油以及装卸机械保修领用周转总成的价值,月终根据油料库的领料凭证直接计入装卸成本。

装卸机械的大修理预提费用,分别可按预定的计提方法(如按操作量计提)计算并计入装卸成本。

4. 燃料和动力费

每月终了根据仓库转来的装卸机械领用燃料凭证,计算实际消耗数量与金额计入成本。企业耗用的电力可根据供电部门的收费凭证或企业的分配凭证直接计入装卸成本。

5. 折旧费

折旧是指装卸搬运机械由于在使用过程中发生损耗,而定期逐渐转移到装卸搬运成本

中的那一部分价值。装卸搬运机械的损耗分为有形损耗和无形损耗两种。有形损耗是指装卸搬运机械在使用过程中由于使用和自然力影响而引起的在使用价值及价值上的损失;无形损耗是指装卸搬运机械由于技术进步而引起的在价值上的损失。

装卸机械的折旧按规定的分类方法和折旧率计算计入装卸成本。影响折旧的因素主要有装卸搬运机械折旧期限、原值、固定资产净残值率和计提折旧的起止时间。

折旧的计算方法有以下三种。

(1) 平均年限法。平均年限法又称直线法,是指按固定资产使用年限平均计算折旧的一种方法。其计算公式为

$$年折旧率 = \frac{1-预计净残值}{折旧年限} \times 100\%$$

$$月折旧率 = 年折旧率 \div 12$$

$$月折旧额 = 固定资产原值 \times 月折旧率$$

例 10-3 某企业一台装卸搬运机械原值为 400 000 元,使用年限为 10 年,净残值率为该机械原值的 5%,计算按月计提的折旧额。

解:

$$年折旧率 = \frac{1-5\%}{10} \times 100\% = 9.5\%$$

$$月折旧率 = 9.5\% \div 12 = 0.8\%$$

$$月折旧额 = 400\,000 \times 0.8\% = 3\,200(元)$$

(2) 工作量法。工作量法是按固定资产预计作业总量计提折旧的方法,其计算公式为

$$单位作业量折旧额 = 固定资产原值 \times (1-预计净残值率) \div 预计作业总量$$

$$各期折旧额 = 单位作业量折旧额 \times 各期实际作业量$$

例 10-4 某企业一台装卸搬运机械原值为 100 000 元,预计全部工作时间为 96 500h,预计净残值率为原值的 3.5%,本月统计表明该机器工作时间为 300h,试计算本月该机器的折旧额。

解:

$$每工作小时旧额 = 100\,000 \times (1-3.5\%) \div 96\,500 = 1(元/h)$$

$$本月应提折旧额 = 1 \times 300 = 300(元)$$

(3) 加速折旧法。加速折旧法又称递减费用法,是指固定资产每期计提的折旧数额,在使用初期计提的多,在后期计提的少,从而相对加快折旧速度的一种方法。

① 双倍余额递减法。双倍余额递减法是按双倍直线折旧率计算固定资产折旧的方法,它是在不考虑固定资产残值的情况下,用固定资产账面上的每期期初折余价值,以双倍直线折旧率来计算确定各期折旧额的一种方法,其计算公式为

$$年折旧率 = 2 \div 折旧年限 \times 100\%$$

$$月折旧率 = 年折旧率 \div 12$$

$$月折旧额 = 固定资产账面净值 \times 月折旧率$$

实行双倍余额递减法计提折旧的固定资产,应当在折旧年限到期前两年,将扣除预计净残值后的固定资产净值平均摊销。

例 10-5 企业某项固定资产原值为 10 000 元,预计残值为 200 元,预计使用年限为

5年，采用双倍余额递减法计算年折旧率和每年净值摊销额。

解： 各年折旧额如表10-1所示。

表10-1 折旧额计算表 单位：元

年 限	期初账面净值	折旧额	累计折旧额	期末账面净值
1	10 000	4 000	4 000	6 000
2	6 000	2 400	6 400	3 600
3	3 600	1 440	7 840	2 160
4	2 160	980	8 820	1 180
5	1 180	980	9 800	200

其中，年折旧率＝2÷5×100％＝40％。

从第四年起，将扣除装卸搬运机械设备残净值后的净值(2 160－200)平均摊销，其计算如下：

每年净值摊销额＝(2 160－200)÷2＝980(元)

② 年数总和法。年数总和法又称折旧年限积数法。它是将固定资产的原值减去残值后的净值乘以逐年递减分数计算确定固定资产折旧的一种方法。逐年递减分数的分子代表固定资产尚可使用折旧的年数，分母代表使用年数逐年数字总和，如使用年限为 n 年，分母为 $1+2+3+\cdots+n=\dfrac{n(n+1)}{2}$，其折旧计算公式为

年折旧率＝尚可使用年数÷年数总和×100％

月折旧率＝年折旧率÷12

月折旧额＝(固定资产原值－净残值)×月折旧率

例10-6 续上例，用年数总和法计算。

第1年折旧率：　　4÷(1＋2＋3＋4)×100％＝40％

第2年折旧率：　　3÷(1＋2＋3＋4)×100％＝30％

第3年折旧率：　　2÷(1＋2＋3＋4)×100％＝20％

第4年折旧率：　　1÷(1＋2＋3＋4)×100％＝10％

根据上述各年的年折旧率和固定资产应计提折旧总额55 000元(60 0000－5 000)，计算各年折旧额，如表10-2所示。

表10-2 折旧额计算表 单位：元

年限	原值－残值	年折旧率/％	年折旧额	累计折旧额
1	55 000	40	22 000	22 000
2	55 000	30	16 500	38 500
3	55 000	20	11 000	49 500
4	55 000	10	5 500	45 000

6. 工具、劳动保护费

装卸机械领用的随车工具、劳保用品和耗用的工具，在领用时可将其价值一次计入成本。

7. 外付装卸费

在费用发生和支付时直接计入成本。

8. 运输管理费

本月计提或实际缴纳的运输管理费计入本项目。

9. 租赁费

按照合同规定将本期成本应负担的租金计入本期成本。

10. 事故损失费

月终将应由本期装卸成本负担的事故净损失结转计入本期成本。

11. 其他费用

由装卸基层单位直接开支的其他费用和管理费用,在发生和支付时,直接列入成本。按机械装卸和人工装卸分别计算成本时,装卸基层单位经费可先通过"营运间接费用"账户汇集,月终按直接费用比例分配。

12. 装卸搬运的单位成本、成本降低额和成本降低率的计算

装卸搬运总成本计算出来之后,即可计算装卸搬运的单位成本、成本降低额和成本降低率。

(1) 装卸搬运的单位成本计算。装卸搬运的单位成本是指完成单位装卸作业量而平均耗费的成本,其计算公式为

$$装卸单位成本 = \frac{装卸成本总额}{装卸作业量}$$

(2) 成本降低额的计算。成本降低额是以上年度实际单位成本与本期周转量计算的总成本减本期实际总成本的差额,是考核成本计划完成情况的主要指标。成本降低额的计算公式为

$$成本降低额 = 上年单位成本 \times 本期装卸作业量 - 本年装卸成本总额$$
$$= (上年装卸单位成本 - 本期装卸单位成本) \times 本期装卸作业量$$

如果计算结果为负值,则表示成本超支额。

(3) 成本降低率的计算。成本降低率是将装卸成本降低额与按本期装卸作业量计算的上年装卸成本水平相比的比率,是反映装卸成本降低幅度的指标,其计算公式为

$$装卸成本降低率 = \frac{装卸成本降低额}{上年装卸单位成本 \times 本期装卸作业量} \times 100\%$$
$$= \frac{上年装卸单位成本 - 本期装卸单位成本}{上年装卸单位成本} \times 100\%$$

二、装卸搬运成本分析

通过对装卸搬运成本有关指标的分析,可以了解装卸搬运成本的高低及发展趋势。

1. 单位销售额装卸搬运成本率

单位销售额装卸搬运成本率是指单位销售额中装卸搬运成本所占比例的大小。该指标越大,说明企业单位销售额支付的装卸搬运费用越高。其计算公式为

$$单位销售额装卸搬运成本率 = \frac{装卸搬运成本}{销售额} \times 100\%$$

企业一方面通过历年数据的对比,大体可以了解单位销售额中装卸搬运成本的发展动

向;另一方面通过与同行业和行业外的企业进行比较,可以进一步了解企业的装卸搬运成本支出水平的高低。

2. 单位营业费用装卸搬运成本率

单位营业费用装卸搬运成本率是指卸搬运成本占营业费用的比例。其计算公式为

$$单位营业费用装卸搬运成本率=\frac{装卸搬运成本}{销售额+一般管理费}\times100\%$$

通过装卸搬运成本占营业费用的比率可以判断企业配送成本的比例,而且这个比率不受进货成本变动的影响,得出的数值比较稳定,因此适合用作企业装卸搬运成本合理化的指标。

3. 装卸搬运职能成本率

装卸搬运职能成本率是指装卸搬运成本在物流总成本中所占比例的大小。该指标越大,说明物流总成本中装卸搬运成本越高。其计算公式为

$$装卸搬运职能成本率=\frac{装卸搬运成本}{物流总成本}\times100\%$$

通过对该指标的分析,可以了解物流成本中装卸搬运成本所占比例的大小。企业可以通过历年的指标对比分析,对装卸搬运成本进行优化。

任务三 装卸搬运成本管理与优化

一、装卸搬运成本管理

无论是传统的商务活动还是电子商务活动,都必须具备一定的装卸搬运能力,装卸功能既包括对输送、保管、包装、流通加工等物流活动进行的衔接活动,也包括在保管等活动中为进行检验、维护、保养所进行的装卸活动。伴随装卸活动的小搬运,一般也包括在这一活动中。在整个物流活动中,装卸搬运活动是频繁发生的,因而是产品损坏的重要原因。

装卸搬运成本管理主要就是确定用最恰当的装卸方式,力求减少装卸次数,合理配置及使用装卸机具,做到节能、省力、减少损失、降低成本,提高装卸搬运作业效率,以获得较好的经济效益。

二、装卸搬运成本管理的基本原则

由于装卸搬运作业仅是衔接运输、保管、包装、配送、流通加工等各物流环节的活动,本身不创造价值,所以应尽量节约时间和费用,在装卸搬运作业合理化方面,可遵循以下原则。

1. 省力化原则

所谓省力,就是节省动力和人力。因为货物装卸搬运不产生价值,作业的次数越多,货物破损和发生事故的频率越大,费用越高,因此首先要考虑尽量不装卸搬运或尽量减少装卸搬运的次数。

具体办法有:采用集装化装卸、多式联运、集装箱化运输、托盘一贯制物流等做法;利用货物本身的重量和落差原理,使用滑槽、滑板等工具;减少从下往上的搬运,多采用斜坡式,以减轻负重;采取水平装卸搬运,如仓库的作业台与卡车车厢处于同一高度,手推车直接推进推出;卡车后面带尾板升降机,仓库作业月台设装卸货升降装置等。

总之,省力化原则是:能往下则不往上、能直行则不拐弯、能用机械则不用人力、能水平则不要倾斜、能滑动则不摩擦、能连续则不间断、能集装则不分散。

2. 活性化原则

这里所说的活性化是指"从物的静止状态转变为装卸状态的难易程度"。如果容易或适于下一步装卸搬运作业,则活性化高。如仓库中的货物整齐堆码比乱七八糟摆放的活性化高,放在托盘上比散乱状态的活性化高等。此外,能使装卸机械灵活化的工具有:叉车、铲车、带轨道的吊车、能360°转动的吊车和带轮子、履带的吊车等。

3. 顺畅化原则

所谓顺畅化,就是作业场所无障碍,作业不间断,作业通道畅通。如叉车在仓库中作业,应留有安全作业空间,转弯、后退等动作不应受面积和空间限制;人工进行货物搬运,要有合理的通道,脚下不能有障碍物,头顶留有空间,不能人撞人、人挤人;用手推车搬运货物,地面不能坑坑洼洼,不应有电线、工具等杂物影响小车行走;人工操作电葫芦吊车,地面是否防滑、行走通道两侧是否有障碍等问题均与作业顺畅与否相关。机械化、自动化作业途中停电与线路故障、作业事故的防止等都是确保装卸搬运作业顺畅和安全的因素。

货物装卸搬运的顺畅化是保证作业安全、提高作业效率的重要方面。

4. 短距化原则

短距化是以最短的距离完成装卸搬运作业,如流水线作业。它把各道工序连接在输送带上,通过输送带的自动运行,使各道工序的作业人员以最短的动作距离实现作业,大大地节约了时间,减少了人的体力消耗,大幅度提高了作业效率。转动式吊车、挖掘机也是短距化装卸搬运机械。短距化在人们生活中也能找出实例,如转盘式餐桌,各种美味佳肴放在转盘上,人不必站起来就能夹到菜。

缩短装卸搬运距离,不仅省力、省能,还能使作业快速、高效。

5. 单元化原则

单元化装卸搬运是提高装卸搬运效率的有效方法,如集装箱、托盘等单元化设备的使用。

6. 连续化原则

连续化装卸搬运是指连续不断地进行作业,中间无停顿,工作效率高。连续化装卸搬运的例子很多,如输油、输气管道,气力输送设备,皮带传送机,辊道输送机,旋转货架等。

7. 人格化原则

装卸搬运是重体力劳动,很容易超过人的承受限度。如果不考虑人的因素或不够尊重人格,容易发生野蛮装卸、乱扔乱摔现象。搬运的东西在包装和捆包时应考虑人的正常能力和提拿的方便性,也要注重安全性和防污染等。

三、降低装卸搬运成本的途径

1. 防止无效装卸搬运

无效装卸搬运的含义是消耗于有用货物必要装卸搬运劳动之外的多余劳动。一般装卸搬运操作中,无效装卸搬运具体体现在以下几个方面。

(1)过多的装卸搬运次数。物流过程中,货损发生的主要环节是装卸搬运环节。而在整个物流过程中,装卸搬运作业又是反复进行的。从发生的频数来讲,超过任何其他活动,所以过多的装卸搬运次数必然导致损失的增加。从发生的费用来看,一次装卸搬运的费用相当于几十千米的运输费用,因此,每增加一次装卸,费用就会有较大比例的增加。

(2) 过大的包装装卸搬运。包装过大、过重,在装卸搬运时实际上反复在包装上消耗较大的劳动,这一消耗不是必需的,因而形成无效劳动。

(3) 无效物质的装卸搬运。进入物流过程的货物,有时混杂着没有使用价值或对用户来讲使用价值不符的各种掺杂物,如煤炭中的矸石、矿石中的表面水分、石灰中的未烧熟石灰及过烧石灰等。在反复装卸搬运时,实际对这些无效物质反复消耗劳动,因而形成无效装卸搬运。

由此可见,装卸搬运如能防止上述无效装卸搬运,则会大大节约装卸搬运劳动,降低装卸搬运的成本。

2. 提高物料装卸搬运的灵活性

所谓物料装卸搬运的灵活性,是指在装卸搬运作业中的物料进行装卸搬运作业的难易程度。在堆放货物时,事先要考虑到物料装卸搬运作业的方便性。

物料装卸搬运的灵活性,根据物料所处的状态,即物料装卸搬运的难易程度,其活性指数可分为不同级别。

0级:物料杂乱地堆在地面上的状态。

1级:物料装箱或经捆扎后的状态。

2级:箱子或被捆扎后的物料,下面放有枕木或其他衬垫后,便于叉车或其他机械作业的状态。

3级:物料被放于台车上或用起重机吊钩钩住,即刻移动的状态。

4级:被装卸搬运的物料,已经被起动、直接作业的状态。

从理论上讲,活性指数越高越好,但也必须考虑实施的可能性。例如,物料在储存阶段中,活性指数为4的输送带和活性指数为3的车辆,在一般的仓库中很少被采用,因为大批量的物料不可能存放在输送带和车辆上。为了说明和分析物料搬运的灵活程度,通常采用平均活性指数的方法。这个方法是对某一物流过程物料所具备的活性情况,累加后计算其平均值,用 δ 表示。δ 值的大小是确定改变搬运方式的信号。

当 $\delta<0.5$ 时,指所分析的搬运系统半数以上处于活性指数为0的状态,即大活动处于散放情况,其改进方式可采取料箱、推车等存放物料。

当 $0.5<\delta<1.3$ 时,则是大部分物料处于集装状态,其改进方式可采用叉车和动力搬动车。

当 $1.3<\delta<2.3$ 时,装卸搬运系统大多处于活性指数为2,其改进方式可采用项目化物料的连续装卸和运输。

当 $\delta>2.7$ 时,则说明大部分物料处于活性指数为3的状态,其改进方法可选用拖车、机车车头拖挂的装卸搬运方式。

3. 实现装卸作业的省力化

装卸搬运使物料发生垂直和水平位移,必须通过做功才能实现,因此要尽力实现装卸作业的省力化。在装卸作业中应尽可能地消除重力的不利影响。在有条件的情况下利用重力进行装卸,可减轻劳动强度和能量消耗。将设有动力的小型运输带(板)斜放在货车、卡车或站台上进行装卸,使物料在倾斜的输送带(板)上移动。这种装卸是靠重力的水平分力完成的。在搬运作业中,不用手搬,而是把物资放在台车上,由器具承担物体的重量,人们只要克服滚动阻力,使物料水平移动,这无疑是十分省力的。

利用重力式移动货架也是一种利用重力进行省力化的装卸方式之一。重力式移动货架的每层格均有一定的倾斜度,利用货箱或托盘可自己沿着倾斜的货架层板自己滑到输送机械上。为了使滑动的阻力越小越好,通常货架表面均处理得十分光滑,或者在货架层上装有滚轮,也有在承重物资的货箱或托盘下装上滚轮,这样将滑动摩擦变为滚动摩擦,物料移动时所受到的阻力会更小。

4. 装卸作业的机械化

随着生产力的发展以及物流技术的进步,装卸搬运的机械化程度定将不断提高。此外,由于装卸搬运的机械化能把工人从繁重的体力劳动中解放出来,尤其对于危险品的装卸作业,机械化能保证人和货物的安全,也是装卸搬运机械化程度不断得以提高的动力。

5. 推广组合化装卸

在装卸搬运作业过程中,根据不同物料的种类、性质、形状、重量的不同来确定不同的装卸作业方式。在物料装卸搬运中,处理物料装卸搬运的方法有三种形式:普通包装的物料逐个进行装卸搬运,叫作"分块处理";将颗粒状物资不加小包装而原样装卸,叫作"散装处理";将物料以托盘、集装箱、集装袋为单位进行组合后进行装卸,叫作"集装处理"。对于包装的物料,尽可能进行"集装处理",实现项目化装卸搬运,可以充分利用机械进行操作。组合化装卸具有很多优点:装卸单位大、作业效率高,可大量节约装卸作业时间;能提高物料装卸搬运的灵活性;操作项目大小一致,易于实现标准化;不用手去触及各种物料,可达到保护物料的效果。

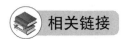

物料搬运系统

物料搬运系统(material handling system,MHS)是计算机集成制造系统(computer integrated manufacturing system,CIMS)的一个重要子系统,是一项集机械、电子、液压、信息、通信、光电、自动化和集成化等多种先进技术为一体的综合性高技术系统。它不仅承担CIMS中各种原材料、零配件、加工件、刀具夹具及成品的装卸、搬运、存储、控制及信息管理功能,而且把生产制造和组装调试的各类仪器设备连接成柔性自动化系统,是提高系统集成度、劳动生产率、经济效益和CIMS水平的重要环节,是保证CIMS正常运行的基础。据统计,美国工业产品生产过程中装卸搬运费用占成本的20%~30%,德国企业物料搬运费用占营业额的1/3,日本物料搬运费用占国民生产总值的10.73%。随着工业生产规模的扩大和自动化程度的提高,物料搬运费用在工业生产成本中所占比例越来越大。因此,选择合理的物料搬运方式,提高物料运输和存放过程的自动化程度,对改进物流管理、提高产品质量、降低生产成本、缩短生产周期、加速资金周转和提高整体效益有重要意义。

物料搬运系统介绍

智能化装卸搬运系统

实训 企业装卸搬运成本调查与分析

实训目标：
(1) 检验学生对知识的掌握情况。
(2) 培养学生调查问题、分析问题的能力。
(3) 培养学生理论联系实践的能力。
(4) 培养学生解决实际问题的能力。
实训内容：让学生具体调查某一企业的配送成本情况，然后针对调查结果分析企业装卸搬运成本中的现状、存在的问题及改进的措施。
实训要求：以小组为单位完成任务。
实训环境：综合实训室。
实训报告：
(1) 调查资料要翔实，避免空洞。
(2) 问题的分析要深刻。
(3) 将分析结果以调查报告的形式上交老师。

学 习 总 结

装卸搬运活动在物流活动中出现的频率最高，对商品造成的损害最大，投入的人力、物力成本也很高。装卸搬运成本的降低对加快物品流通速度、降低物流成本是非常关键的。本项目介绍了装卸卸搬运的基本概念、装卸搬运成本的构成及核算、装卸搬运合理化的原则和途径。通过本项目的学习，要求学生能将成本管理基本理论应用到装卸搬运的物流实践中，并能够对装卸搬运成本核算与分析有较深刻的理解，培养学生掌握和处理装卸搬运业务的能力。

学 习 测 试

一、单项选择题

1. 下列选项中不属于装卸搬运合理化原则的是(　　)。
   A. 消除无效搬运　　　　　　　　B. 提高搬运活性
   C. 尽量采用人工作业　　　　　　D. 采用集装单元化作业
2. 下列不属于无效装卸的是(　　)。
   A. 过多的装卸次数　　　　　　　B. 无效物品的装卸
   C. 过大包装　　　　　　　　　　D. 规模装卸
3. 下列不属于现代物流对包装技术的新要求的是(　　)。
   A. 绿色化　　B. 标准化　　C. 简单化　　D. 个性化
4. 下列不属于按作业性质进行装卸搬运设备分类的是(　　)。
   A. 装卸机械　　B. 搬运机械　　C. 装卸搬运机械　　D. 起重机械

二、判断题

1. 在实际操作中,装卸与搬运是分开进行的,两者是次序发生的。因此,在物流科学中强调两者的差别并将其作为两种物流活动来对待。（ ）

2. 装卸搬运是物流系统的构成要素之一,虽然它直接创造价值,但影响物流效率,是决定物流成本的重要环节。（ ）

3. 搬运的"运"与运输的"运"的区别之处在于,搬运是在同一地域的小范围内发生的,而运输则是在较大范围内发生的,两者是量变到质变的关系,中间有一个绝对的界限。（ ）

4. 装卸搬运作业现场的平面布置是直接关系到装卸、搬运距离的关键因素,装卸搬运机械要与货场长度、货位面积等互相协调。（ ）

5. 单元组合处理,即货物以托盘、集装箱为单位进行组合后的装卸。（ ）

三、案例分析

云南双鹤是北京双鹤这艘医药航母部署在西南战区的一艘战舰,是一个以市场为核心、现代医药科技为先导、金融支持为框架的新型公司,是西南地区经营药品品种较多、较全的医药专业公司。虽然云南双鹤已形成规模化的产品生产和网络化的市场销售,但其流通过程中物流管理严重滞后,造成物流成本居高不下,不能形成价格优势。这严重阻碍了物流服务的开拓与发展,成为公司业务发展的"瓶颈"。

装卸搬运活动是衔接物流各环节活动正常进行的关键,而云南双鹤恰好忽视了这一点,由于搬运设备的现代化程度低,只有几个小型货架和手推车,大多数作业仍处于人工作业为主的原始状态,工作效率低,且易损坏物品。另外,仓库设计不合理,造成长距离的搬运,并且库内作业流程混乱,形成重复搬运(大约有70%的无效搬运),这种过多的搬运损坏了商品,也浪费了时间。

试分析：

（1）装卸搬运环节对企业发展有什么作用？

（2）针对医药企业的特点,请对云南双鹤的搬运系统改造提出建议和方法。

项目十一

流通加工成本管理

学习目标

知识目标：
(1) 理解流通加工的概念。
(2) 掌握流通加工成本的构成。
(3) 了解流通加工成本的类型。
(4) 掌握流通加工成本的核算与分析。
(5) 理解流通加工成本管理的内容。
(6) 熟悉流通加工成本合理化的途径。

能力目标：
(1) 能够将成本管理基本理论应用到流通加工的物流实践中。
(2) 能够具有分析问题、解决问题的能力。
(3) 能够根据具体案例分析不合理流通加工的方式。

素质目标：
(1) 具备成本控制和分析能力。
(2) 树立全局意识，全面看问题。
(3) 具备团队合作的精神。

学习导图

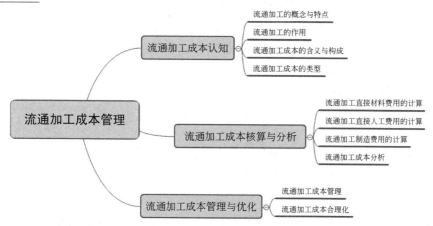

阿迪达斯的流通加工

阿迪达斯公司在美国一家超级市场设立了组合式鞋店,摆放的不是做好的鞋,而是做鞋用的半成品。款式花色多样,有6种鞋跟、8种鞋底,均为塑料制造的,鞋面的颜色以黑、白为主,搭带的颜色有80种,款式有百余种,顾客进来可任意挑选自己所喜欢的各个部件,交给职员当场进行组合。只要10分钟,一双崭新的鞋便做好了。这家鞋店昼夜营业,职员技术熟练,鞋子的售价与成批制造的价格差不多,有的还稍便宜些。所以顾客络绎不绝,销售金额比邻近的鞋店多十倍。

启示:阿迪达斯方便了顾客的消费,提高了原材料的利用率,把物流中的流通加工作为了一种营销手段,从而加大其附加值。流通加工的现实意义是用于与配送、配套、合理运输相结合以达到整个流程的合理化、高效化。

任务一 流通加工成本认知

一、流通加工的概念与特点

1. 流通加工的概念

流通加工是在物品从生产领域向消费领域流动的过程中,为了促进销售、维护产品质量和提高物流效率,对物品进行简单的加工,包括对物品进行包装、分割、计量、分拣、组装、刷标志、拴标签等简单作业。

2. 流通加工的特点

流通加工和一般的生产加工相比较,在加工方法、加工组织、生产管理方面并无显著区别,但在加工对象、加工程度方面差别较大。与生产加工相比较,流通加工具有以下特点。

(1)流通加工对象性。生产加工的对象不是最终产品,而是原材料、零配件及半成品。流通加工的对象是进入流通过程的商品,具有商品的属性。

(2)流通加工一般是简单加工,不是复杂加工。流通加工只是对生产加工的一种辅助及补充。需要特别强调的是,流通加工绝不是对生产加工的取消或代替。

(3)从价值观点看,生产加工的目的在于创造价值及使用价值;流通加工则在于完善其使用价值,并在不做大的改变的情况下提高价值。

(4)从加工单位看,流通加工由物流企业来完成,而生产加工由从事生产的企业来完成。

(5)流通加工有时以流通自身为目的,为流通创造条件。这种为流通所进行的加工与直接为消费进行的加工在目的上存在差异。

二、流通加工的作用

流通加工是流通领域的特殊形式,同流通总体一样起着"桥梁和纽带"的作用。流通加工和生产一样，通过改变或完善流通对象的形态来实现"桥梁和纽带"作用。流通加工的主要作用在于优化物流系统,提高整个物流系统的服务水平。

1. 提高物流系统的服务水平

从工业化时代进入新经济时代,服务社会是社会经济系统必须要做的事情,通过流通加工,可以使物流系统的服务功能大大增强。

2. 提高效率,降低损失

通过流通加工,可以使物流过程减少损失、加快速度、降低操作成本,从而降低整个物流系统的成本。

3. 增加物流企业收益

物流企业获得的利润一般只能从生产企业的利润中转移过来。物流企业为了获得更多的收益,发展流通加工是一项极为理想的选择,通过流通加工可以提高物流对象的附加价值,从而获得更多的利润,增加物流企业的收益。

4. 为配送创造条件

配送是流通加工、拣选、分类、配货、配送运输等一系列活动的集合。配送活动的开展依赖于流通加工,从某种意义来讲,流通加工是配送的前提,从物流中心看,已经把加工设备的种类、加工能力看作影响配送的主要因素之一。

三、流通加工成本的含义与构成

1. 流通加工成本的含义

流通加工成本是指在一定时期内,企业为完成货物流通加工业务而支出的全部费用。即在物流系统中进行流通加工所消耗的物化劳动和活劳动的货币表现,具体包括流通加工业务人员的工资福利、加工设施年折旧、燃料与动力消耗、设施设备维修保养费用、业务费用等。

2. 流通加工成本的构成

流通加工成本由以下四个方面构成。

（1）流通加工设备费用。流通加工设备因流通加工形式、服务对象的不同而不同。物流中心常见的流通加工设备有数种,如剪板加工需要的剪板机,印贴标签条码的喷印机,拆箱需要的拆箱机等。购置这些设备所支出的费用,通过流通加工费的形式转移到被加工的产品中。

（2）流通加工材料费用。在流通加工过程中需要消耗一些材料,如包装材料等,消耗这些材料所需要的费用,即为流通加工材料费用。

（3）流通加工劳务费用。在流通加工过程中从事加工活动的管理人员、工人及有关人员工资、奖金等费用的总和,即为流通加工劳务费用。

（4）流通加工其他费用。除上述费用外,在流通加工中耗用的电力、燃料、油料等费用,也是流通加工成本的构成费用。

相关链接

绿色流通加工

绿色流通加工的是绿色物流的三个子范畴之一。绿色流通加工是指在流通过程中继续对流通中商品进行生产性加工,使其成为更加适合消费者需求的最终产品。流通加工具有较强的生产性,也是流通部门对环境保护可以有大作为的领域。

绿色流通加工的途径主要分为以下两个方面。

一方面是变消费者分散加工为专业集中加工,以规模作业方式提高资源利用效率,以减少环境污染(如餐饮服务业对食品的集中加工);减少家庭分散烹调造成的能源消耗;减少浪费和空气污染。

另一方面是集中处理消费品加工中产生的边角废料,以减少消费者分散加工所造成的废弃物污染,如流通部门对蔬菜的集中加工减少了居民分散垃圾丢放及相应的环境治理费用。

四、流通加工成本的类型

由于物流企业所服务的对象种类繁多,因此其流通加工环节具有如下几种类型。

1. 为保存产品进行的流通加工

这种模式根据加工的对象不同,表现为生活资料的流通加工和生产资料的流通加工。生活资料即生活消费品,其加工目的是使消费者对生活消费品满意,如典型的水产品、肉产品等的保鲜加工、保质的冷冻加工。生产资料流通加工的目的是保证生产资料的使用价值不受损害,如对木材的防腐、防干裂处理及对金属的防锈处理等。

2. 为满足需求多样化进行的流通加工

从需求角度看,需求存在多样化和变化性的特点。而生产企业为提高效率,其生产方式是大批量生产,因此不能满足用户多样化的需求。为满足用户对产品多样化的需要同时又保证社会高效率的大生产,将生产企业的标准产品进行多样化的加工,是流通加工中占有重要地位的加工形式。

3. 为提高物流效率、降低物流损失进行的流通加工

有些产品本身的形态难以进行物流操作,如气体运输装卸、过大设备搬运装卸;有些物品则在搬运装卸过程中极易发生损坏。为提高物流效率、降低物流损失,必须进行一些必要的流通加工,如气体的液化加工、自行车在消费区域的装配加工和造纸用木材磨成木屑的加工等。

4. 为衔接不同运输方式使物流更加合理化进行的流通加工

在干线及支线运输的物流节点设置流通加工环节,可以解决现代社会化生产相对集中和消费相对分散的矛盾。从生产企业至物流中心可以形成少品种、大批量、高效率的定点运输,经过流通加工环节之后形成多品种、小批量、多用户的灵活运输。

5. 为实现配送进行的流通加工

配送中心为实现配送活动,满足客户对物品供应数量、供应构成的要求,必须通过流通加工环节保证上述供应的实现。

任务二 流通加工成本核算与分析

一、流通加工直接材料费用的计算

1. 流通加工直接材料费用的内容

流通加工直接材料费用是指在流通加工过程中消耗的辅助材料、包装材料费用。与工业企业相比,物流企业在流通加工过程中的直接材料费用占流通加工成本的比例不大。

2. 流通加工直接材料费用的归集

直接材料费用中,材料和燃料费用数额是根据全部领料凭证汇总编制的"耗用材料汇总表"确定的;外购动力费用是根据有关凭证确定的。

在归集直接材料费用时,应注意以下两点。

(1) 凡能分清某一成本计算对象的费用,应单独列出,以便直接计入该加工对象的成本计算单中。

(2) 属于几个加工成本对象共同耗用的直接材料费用,应当选择适当的方法,分配计入各加工成本计算对象的成本计算单中。

3. 流通加工直接材料费用的分配

需要分配计入各加工成本对象的直接材料费用,在选择分配方法时,要遵循合理简便的原则。分配方法中最重要的因素是分配标准,分配方法通常是以分配标准命名的。分配方法的简单原则,主要是指分配方法的分配标准,其资料很容易取得,便于计算。流通加工直接材料费用分配方法如表 11-1 所示。

表 11-1 流通加工直接材料费用分配方法表

流通加工直接材料费用的分配	方　　　法
所消耗材料和燃料费用的分配	重量(体积、产品产量)分配法、定额耗用量比例分配法、系数分配法(标准产量分配法等)
所消耗动力费用的分配	定额耗用量比例分配法、系数分配法(标准产量分配法等)、生产工时分配法、机器工时分配法等

其中,重量分配法的计算公式为

$$费用分配率 = \frac{各种产品共同耗用的材料费用}{各种产品的重量之和} \times 100\%$$

值得注意的是,重量分配法的分配标准为产品重量,当分配标准为产品产量或产品面积、体积、长度等时,可以分别称之为产量分配法、面积分配法等,其计算公式与重量分配法的计算公式类似。

例 11-1 某物流企业某月加工某产品,本月完工产品产量 1 000 件,期末在产品数量 100 件。期初在产品成本为 2 500 元,本期发生费用共计 45 000 元。原材料在生产开始时一次投入,在产品单件材料费用定额 30 元,单件产品工时定额为 40 小时,每小时直接人工 0.05 元,每小时制造费用 0.03 元。

要求:在产品采用定额成本法,计算完工产品成本和期末在产品定额成本。

解：期末在产品定额成本：

直接材料成本＝100×30＝3 000(元)

直接人工成本＝100×40×0.05＝200(元)

制造费用＝100×40×0.03＝120(元)

期末在产品定额成本＝3 000＋200＋120＝3 320(元)

完工产品成本＝2 500＋45 000－3 320＝44 180(元)

例11-2 某物流企业分别对甲、乙、丙三种产品进行流通加工。2021年4月，三种产品共同消耗A材料共计160 000元，该月三种产品的净重分别为3 500kg、4 500kg、8 000kg。采用重量分配法编制"A材料费用分配表"。

解：A材料费用分配表如表11-2表示。

表11-2 A材料费用分配表

产品名称	产品重量/kg	费用分配率/%	分配金额/元
甲产品	3 500	—	35 000
乙产品	4 500	—	45 000
丙产品	8 000	—	80 000
合计	16 000	100	160 000

二、流通加工直接人工费用的计算

1. 流通加工直接人工费用的内容

流通加工成本中的直接人工费用是指直接进行加工生产的生产工人的工资总额和按工资总额提取的职工福利费。

直接进行加工生产的生产工人的工资总额包括计时工资、计件工资、奖金、津贴和补贴、加班工资、非工作时间的工资等。

2. 流通加工直接人工费用的归集

计入成本中的直接人工费用的数额是根据当期"工资结算汇总表"和"职工福利费计算表"来确定的。"工资结算汇总表"是进行工资结算和分配的原始依据。它是根据"工资结算单"人员类别(工资用途)汇总编制的；"工资结算单"应当依据职工工作卡片、考勤记录、工作量记录等工资计算的原始记录编制；"职工福利费计算表"是依据"工资结算汇总表"确定的各类人员工资总额，按照规定的提取比例计算后编制的。

3. 流通加工直接人工材料费用的分配

采用计件工资形式支付的生产工人工资，一般可以直接计入所加工产品的成本，不需要在各种产品之间进行分配。采用计时工资形式支付的生产工人工资，如果生产工人只加工一种产品，也可以将工资费用直接计入该产品成本，不需要分配；如果加工多种产品，则需要选用合理的方法，在各种产品之间进行分配。按照工资总额的一定比例提取的职工福利费，其分配方法与工资相同。

直接人工费用的分配方法有生产工时分配法、系数分配法等。流通加工生产工时分配法中的生产加工工时，可以是产品的实际加工工时，也可以是按照单位加工产品定额工时和实际加工生产量计算的定额总工时。流通加工生产工时分配法的计算公式为

$$费用分配率 = \frac{应分配的直接工人费用}{各种产品的加工工时之和} \times 100\%$$

某产品应分配费用＝该产品加工的实际耗用工时×费用分配率

上式中的生产加工工时,可以是产品的实际加工工时,又可以是按照单位产品加工的定额工时,也可以是实际加工量的定额总工时。

例 11-3 某物流企业加工甲、乙两种产品,实际工时:甲产品 16 000h,乙产品 28 000h。根据工资结算凭证汇总的工资费用:基本生产车间的工人工资为 24 000 元,车间管理人员工资为 3 900 元,企业行政管理部门人员工资为 2 250 元,生活福利部门人员工资为 3 200 元,专设销售机构人员工资为 2 100 元。将基本车间工人工资在甲、乙产品间按实际工时分配。

解:工资费用分配率 $= \dfrac{24\ 000}{(16\ 000 + 28\ 000)} \times 100\% = 54.545\%$

甲产品负担＝16 000×54.545%＝8 727(元)

乙产品负担＝28 000×54.545%＝15 273(元)

例 11-4 某物流企业的流通加工生产车间分别生产甲、乙、丙三种产品,12 月产品生产工人的工资为 100 000 元,按生产工人工资总额提取的职工福利费用为 14 000 元。该厂采用生产工时分配法分配直接人工费用,12 月甲、乙、丙三种产品的实际生产加工工时分别为 40 000h、100 000h 和 60 000h。根据资料,编制"直接人工费用分配表"。

解:工资费用分配率 $= \dfrac{100\ 000}{(40\ 000+100\ 000+60\ 000)} \times 100\% = 50\%$

甲产品工资的分配金额＝40 000×50%＝20 000(元)

乙产品工资的分配金额＝100 000×50%＝50 000(元)

丙产品工资的分配金额＝60 000×50%＝30 000(元)

福利费用分配率＝14 000÷(40 000+100 000+60 000)×100%＝7%

甲产品工资的分配金额＝40 000×7%＝2 800(元)

乙产品工资的分配金额＝100 000×7%＝7 000(元)

丙产品工资的分配金额＝60 000×7%＝4 200(元)

根据以上数据,编制直接人工费用分配表如表 11-3 所示。

表 11-3 直接人工费用分配表

产品名称	实际生产工时/h	工资分配		福利费分配		分配金额合计/元
		分配率/%	分配金额/元	分配率/%	分配金额/元	
甲	40 000	—	20 000	—	2 800	22 800
乙	100 000	—	50 000	—	7 000	57 000
丙	60 000	—	30 000	—	4 200	34 200
合计	200 000	50	100 000	7	14 000	114 000

三、流通加工制造费用的计算

1. 流通加工制造费用的内容

流通加工制造费用是物流中心设置的生产加工单位为组织和管理生产加工所发生的各项间接费用,主要包括流通加工生产单位管理人员的工资及提取的福利费;生产加工单位房屋、建筑物、机器设备等的折旧和修理费、物料消耗费、低值易耗品消耗费、取暖费、水电费、办公费、差旅费、保险费、试验检验费、季节性停工和机器设备修理期间的停工损失,以及其他制造费用。

2. 流通加工制造费用的归集

制造费用是通过设置制造费用明细账,按照费用发生的地点来归集的。制造费用明细账按照加工生产单位开设,并按费用明细账项目设专栏组织核算。

流通加工制造费用表的格式可以参考工业企业的制造费用表的一般格式。由于流通加工环节的折旧费用、固定资产修理费用等占成本比例较大,其费用归集尤其重要。

3. 流通加工制造费用的分配

制造费用是各加工单位为组织和管理流通加工时发生的间接费用,制造费用的受益对象是流通加工单位本期加工的所有产品。如果加工单位只加工一种产品,则制造费用直接计入该对象的流通加工成本,不需要再进行分配;如果加工单位同时加工多种产品,则发生的制造费用需在全部受益对象之间进行分配。实际工作中,制造费用的分配方法有生产工时分配法、机器工时分配法、计划分配率分配法、系数分配法等。

现分别以生产工时分配法、机器工时分配法、计划分配率分配法为例说明。

(1) 生产工时分配法是以加工各种产品的生产工时为标准分配费用的方法。生产工时一般指加工产品实际总工时,也可以是按实际加工量和单位加工量的定额工时计算的定额总工时。生产工时分配率的计算公式为

$$费用分配率 = \frac{某流通加工应分配制造费用}{该流通加工单位各种产品加工工时之和} \times 100\%$$

$$某加工产品应分配费用 = 该产品的加工工时 \times 费用分配率$$

例 11-5 某物流企业第一流通加工部门,本月制造费用明细账归集的制造费用总额为 16 000 元。本月实际加工工时为 40 000h,其中:加工甲产品 20 000h,乙产品 9 000h,丙产品 11 000h。采用生产工时分配法编制制造费用分配表。

解: 制造费用分配表如表 11-4 所示。

表 11-4 制造费用分配表

加工单位:第一流通加工部门　　　　　　　　　　　　　　　　　　　　　　　年　　　月

产品名称	加工工时/h	分配率/%	分配金额/元
甲产品	20 000	—	8 000
乙产品	9 000	—	3 600
丙产品	11 000	—	4 400
合计	40 000	40	16 000

(2) 机器工时分配法是以各种加工产品(各受益对象)的机器工作时间为标准分配制造费用的方法。当制造费用中机器设备的折旧费用和修理费用比较大时,采用机器工时分配法比较合理。

必须指出,不同机器设备在同一工作时间内的折旧费用和修理费用差别较大。也就是说,同一件产品(或不同产品)在不同的机器上加工一个单位所负担的费用应当有所差别。因此,当一个加工部门内存在使用和维修费用差别较大的不同类型的机器设备时,应将机器

设备合理分类,确定各类机器设备的工时系数。各类机器设备的实际工作时间,应当按照其工时系数换算成标准机器工时,将标准机器工时作为分配制造费用的依据。

例 11-6 某物流中心第二流通加工部门,某月制造费用总额为 56 500 元。各种产品机器加工工时共计 46 000h,其中:甲产品由 A 类设备加工 10 000h,B 类设备加工 6 000h;乙产品由 A 类设备加工 5 000h,B 类设备加工 10 000h;丙产品由 A 类设备加工 10 000h,B 类设备加工 5 000h。该加工部门 A 类设备为一般设备,B 类设备为高级精密大型设备。按照设备使用和维修费用发生情况确定的 A 类设备(标准设备类)系数为 1,B 类设备系数为 1.5。根据资料采用机器工时分配法编制制造费用分配表。

解:制造费用分配表如表 11-5 所示。

表 11-5 制造费用分配

加工单位:第二流通加工部门　　　　　　　　　　　　　　　　　　　　　　　　年　　月

产品名称	机器工作时数/h			标准工时合计	分配率/%	分配金额/元
	A 类设备（标准）	B 类设备系数(1.5)				
		加工时数	折合时数			
甲产品	10 000	6 000	9 000	19 000	—	19 000
乙产品	5 000	10 000	15 000	20 000	—	20 000
丙产品	10 000	5 000	7 500	17 500	—	17 500
合计	25 000	21 000	31 500	56 500	100	56 500

从表 11-5 的分配结果可以看到,考虑设备工时系数以后,乙、丙两种产品的实际机器工时均为 15 000h,但由于乙产品在 B 类设备的加工工时较多,因此就比丙产品多负担了 2 500 元费用,这样分配比较合理。

(3) 计划分配率分配法是按照年初确定计划制造费用分配率分配制造费用的,实际发生的制造费用与按计划分配率分配的制造费用的差异在年末进行调整。

计划分配率是根据各加工单位计划年度制造费用总额和计划年度定额总工时计算的。其计算公式为

$$计划制造费用分配率 = \frac{年度制造费用预算总额}{年度计划完成定额总工时}$$

某加工产品当月应分配制造费用是根据该产品实际加工量,按单位产品定额工时计算的定额总工时和计划分配率计算的。其计算公式为

$$某产品应分配费用 = 实际加工量计算的定额总工时 \times 计划制造费用分配率$$

例 11-7 某物流中心流通加工部门,本年度制造费用预算总额为 420 000 元。该部门加工甲、乙、丙三种产品,本年计划加工量分别为 6 000 件、5 000 件和 3 200 件,单位产品定额加工工时分别为 140h、80h 和 50h,年度计划完成的定额总工时为 1 400 000h。本年 1 月加工甲产品 600 件、乙产品 400 件、丙产品 500 件。按计划分配率分配制造费用。

解:计划制造费用分配率 = 420 000 ÷ 1 400 000 = 0.3(元/h)

1 月份应分配制造费用如下。

甲产品：　　　　　　　　600 × 140 × 0.3 = 25 200(元)
乙产品：　　　　　　　　400 × 80 × 0.3 = 9 600(元)
丙产品：　　　　　　　　500 × 50 × 0.3 = 7 500(元)

计划分配率一经确定,本年度内一般不再变更,因此这种方法计算简便,各月产品成本所负担的制造费用也比较均衡。

四、流通加工成本分析

1. 流通加工成本分析常用的方法

对流通加工成本的分析可通过编制流通加工成本报表进行。在对流通加工成本报表进行分析的过程中,在研究各项成本指标的数量变动和指标之间的数量关系,测定各种因素变动对成本指标的影响程度时,常用以下四种分析方法。

(1)比较分析法。比较分析法是通过指标对比,从数量上确定差异的一种分析方法。其主要作用在于揭示客观存在的差距,为进一步分析指出方向。

(2)比率分析法。比率分析法是指通过计算和对比经济指标的比率进行数量分析的一种方法。采用这种方法,首先要把对比的数值变成相对数,求出比率,然后再进行分析。

(3)连环替代法。连环替代法是用来计算几个相互联系的因素对综合经济指标变动影响程度的一种分析方法。

(4)差额计算法。差额计算法是连环替代法的一种简化形式。运用这一方法时,先要确定各因素实际数与计划数之间的差异,然后按照各因素的排列顺序,依次求出各因素变动的影响程度。

2. 流通加工成本表的结构和编制方法

流通加工成本表分为基础报表和补充资料两部分。

(1)基础报表部分反映各种可比和不可比产品本月及本年累计的实际工作量、实际单位加工成本和实际加工总成本。

可比产品是指流通加工中心过去曾经加工过,有完整的成本资料可以进行比较的产品。不可比产品是指流通加工中心过去未曾加工过,或缺乏可比的成本资料的产品。

(2)补充资料部分填列本年累计实际数。

可比产品加工成本降低额＝可比产品上年实际平均单位加工成本计算的总成本－可比产品本年累计实际总成本

$$可比产品加工成本降低率 = \frac{可比产品加工成本降低额}{可比产品上年实际平均单位加工成本计算的总成本}$$

3. 流通加工成本表的分析

对全部流通加工成本计划的完成情况进行总评价。通过总评价:一是对流通加工中心全部产品加工成本的完成情况有总的了解;二是通过对影响计划完成情况因素的初步分析,为进一步分析指出方向。

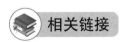

第四方物流

第四方物流是一个供应链集成商,调集和管理组织自己的以及具有互补性的服务提供商的资源、能力和技术,以提供一个综合的供应链解决方案。它可以通过整个供应链的影响力,提供综合的供应链解决方案,也为其顾客带来更大的价值。它能在解决企业物流的基础上,整合社会资源,解决物流信息分共享、社会物流资源充分利用等问题。

任务三　流通加工成本管理与优化

一、流通加工成本管理

1. 通过流通加工标准化,提高流通加工的效率

流通加工标准化以物流作为一个大系统,制定流通加工设施、机械设备、专用工具等各个分系统的技术标准。制定系统内各个分领域如包装、装卸、运输等方面的工作标准,以系统标准化为出发点,研究各分系统和分领域中技术标准与工作标准的配合性,统一整个物流系统的标准。流通加工标准化使货物在加工过程中的基本设备统一规范,如各种运输装备、装卸设备标准之间能有效衔接,大大提高了流通加工产出能力,缩短了加工的时间,也在一定程度上促进了货物运输、储存、搬运等过程的机械化和自动化水平的发展,有利于提高物流系统的运作效率,从而降低物流成本。

2. 通过实现供应链管理,降低流通加工的成本

实现现供应链管理不仅要求物流系统具有高效率,也需要协调供应链实体之间的关系,实现整个供应链活动的效率化。正因为如此,企业应强调供应链管理,对流通加工提出面向流程管理的战略要求;根据客户内部流程的特殊性,设计流通加工运作流程,逐步实现与客户内部流程的无缝衔接。面向流程的成本控制,不仅仅是物流部门或生产部门要加强,采购部门等各职能部门都要加强成本控制。企业应对现有的物流业务进行合理地规划,构建面向供应链管理的流通加工系统,形成具有分层多级服务网络,为客户提供高质量、安全可靠、多样化、个性化的流通加工服务。

3. 通过信息化管理,构筑流通加工的运作流程

实现流通加工成本的控制,必须借助信息管理系统来构筑成本控制体系,尤其是利用互联网等高新技术来完成流通加工全过程的协调、控制和管理,实现从网络前端到网络终端的全过程服务。一方面通过信息的传导,使各种物流作业或业务处理正确、迅速地进行;另一方面通过信息的集成,强化了物流运作机制,实现了信息流、物流与资金流的三流合一运作流程。客户将购买流通加工的意向、数量、价格等信息在网络上进行传输,从而使生产、物流等部门实现快速整合,敏捷应对客户的个性化需求,实时调整不同客户的服务要求和计划,从整体上控制物流成本重叠发生的可能性。

4. 通过全过程管理,加强流通加工成本的控制

实现流通加工全过程的成本管理,是从接到用户订单到产品最终送达用户的整个过程中实现成本控制。流通加工设施的投资或扩建要视整个流通渠道的发展和要求而定。例如,有些厂商是直接面对批发商经营的,因此,流通加工服务要与批发商物流中心相吻合。随着零售业便民店、折扣店的迅速发展,客观上要求厂商必须适应零售业这种新型的业态形式,展开直接面向零售店铺的物流活动。在这种情况下,建立新型的符合现代物流发展要求的流通加工服务,就需要增加自动化分拣设备。显然,这些投资增加了物流成本,但从整个流通过程来看,却大大提高了物流绩效。

5. 通过效率化管理，提升流通加工的服务水平

提升流通加工的服务水平，一个重要的方面在于满足用户的时间要求。时间要求涉及采购、进货方式、生产加工、送货方式等多方面的配合。随着流通加工产生的成本费用的不断降低，特别是多频次、小批量的流通加工业务的发展，更要求采取效率化的管理模式，通过构筑有效的流通加工信息系统，使采购计划与生产计划联系起来，同时通过信息系统也能使物流计划或送货计划相匹配，从而提高流通加工效率，降低流通加工的成本，提升流通加工的服务水平。

二、流通加工成本合理化

流通加工合理化是实现流通加工的最优配置，在满足社会需求的同时，合理组织流通加工生产，并综合考虑加工和配套、加工和配送、加工和合理商流、加工和合理运输、加工和节约的有机结合，以期达到最佳的加工效益。

1. 加工和配套结合

在对配套要求较高的流通中，配套的主体来自各个生产单位，但是，完全配套有时无法全部依靠现有的生产单位，进行适当的流通加工可以有效促成配套，大大提高流通的桥梁与纽带的作用。

2. 加工和配送结合

加工和配送结合是指将流通加工设置在配送点，一方面按配送的需要进行加工；另一方面加工是配送业务流程中的一环，加工后的产品直接投入拣货作业，就无须单独设置一个加工的中间环节，而使流通加工与中转流通巧妙地结合在一起。同时，由于配送之前有加工，可使配送服务水平大大提高。

3. 加工和合理商流结合

通过加工有效促进销售，使商流合理化，也是流通加工合理化的考虑方向之一。加工和配送的结合，通过加工强化销售，通过提高配送水平，使加工与合理商流相结合。此外，通过简单地改变包装加工形成方便的购买量，通过组装加工解除用户需要自己进行组装、调试的困难，这些都是有效促进商流的例子。

4. 加工和合理运输结合

流通加工能有效地衔接干线运输与支线运输，促进这两种运输形式的合理化。利用流通加工，在支线运输转干线运输或干线运输转支线运输这本来就必须停顿的环节，不进行一般的支转干或干转支，而是按干线或支线运输合理的要求进行适当加工，从而大大提高了运输及运输转载水平。

5. 加工和节约结合

节约能源、节约设备、节约人力、节约耗费是流通加工合理化的重要考虑因素，也是目前我国设置流通加工、考虑其合理化的比较普遍的形式。对于流通加工合理化的最终判断，是看其能否实现社会和企业两方面的效益，而且是否能取得最优效益。对流通加工企业而言，与一般生产企业的一个重要不同之处是，流通加工企业更应树立"以社会效益为第一"的观念，只有在补充完善为己任的前提下才有生存的价值。如果只是追求企业的微观效益，不适当地进行加工，甚至与生产企业争利，这就有违流通加工的初衷。

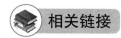

相关链接

不合理流通加工的形式

1. 流通加工方式选择不当

流通加工方式的确定实际上是生产加工的合理分工,本来应由生产加工完成的,却错误地由流通加工完成,或者本来应由流通加工完成的,却错误地由生产加工完成,二者都会带来不利影响。

2. 流通加工点设置不合理

流通加工点应设置在需求地区,如果将流通加工点设置在生产地区,就会存在不合理之处。比如,消费者现在追求的是商品的个性化,多样化需求要求产品是多品种、小批量的,产品由产地向需求地的长距离运检不合理;在生产地增加了一个加工环节,同时增加了近距离运转、装卸、储存等一系列物流活动,所以流通加工点不能设置在生产地区。

3. 流通加工成本过高,效益不好

流通加工的重要优势之一是有较高的投入产出比,起到补充完善的作用。如果流通加工成本过高,那么就不能实现以较低投入实现更高使用价值的目的。

4. 流通加工作用不大,形成多余环节

有的流通加工过于简单,对生产及消费的作用都不大,甚至有时流通加工的盲目性并没有解决品种、规格、质量、包装等问题,相反却实际增加了环节,这也是流通加工不合理的重要形式。

实训 流通加工成本构成及核算

实训目标:了解实训企业的流通加工成本的构成及核算。

实训内容:深入当地一家流通加工企业,了解其有关的生产经营和销售情况,并深入了解其经营的主要目的和市场环境。通过对生产流程加工环节的了解,调查其流通加工环节产生的经济效益,并结合企业特点,完成流通加工企业成本的调查报告。

实训要求:

(1) 全班同学分成若干小组(6~8人一组),每组指定专人负责。

(2) 根据调查主题,按小组选择调查对象,去企业之前需要提前联系调研的流通加工企业,最好由教师带队,以确保活动顺利进行。

(3) 分小组调研,完成流通加工企业成本管理调查报告。

实训环境:当地一家流通加工类企业。

实训报告:提交实训报告书。

学 习 总 结

本项目主要介绍流通加工成本认知、流通加工成本核算与分析、流通加工成本管理与优化三大方面的基础知识。

本项目主要介绍流通加工成本管理相关知识,在学习过程中要求大家了解流通加工的特点,掌握流通加工成本的构成,了解流通加工成本分析、控制的方法,了解实现流通加工合理化的途径。本项目的核心是流通加工成本的核算与分析,包括流通加工直接材料费用的计算、流通加工直接人工费用的计算、流通加工制造费用的计算,分别从费用的内容、归集、分配三个角度进行详细的分析与计算。

流通加工是现代物流的 7 项基本功能之一,是物流活动的重要组成部分。流通加工不但能提高企业物流系统的服务水平和效率,还扮演着现代物流活动的增值服务角色,越来越广泛地受到关注,具有广阔的发展前景,必将为物流领域带来巨大的经济效益。

学 习 测 试

一、单项选择题

1. 下列关于流通加工的理解,正确的是(　　)。
   A. 流通加工的对象是不进入流通过程的商品,不具有商品的属性,因此流通加工的对象不是最终产品,而是原材料、零配件、半成品
   B. 一般来讲,如果必须进行复杂加工才能形成人们所需的商品,那么,这种复杂加工应专设生产加工过程,而流通加工大多是简单加工,而不是复杂加工,因此流通加工可以是对生产加工的取消或代替
   C. 从价值观点来看,生产加工的目的在于创造价值及使用价值,而流通加工则在于完善其使价值,并在不做大和改变的情况下提高其价值
   D. 流通加工的组织者是从事流通工作的人,能密切结合流通的需要进行这种加工活动,从加工单位看,流通加工与生产加工则都由生产企业完成

2. 根据流通加工的定义,下列属于流通加工的是(　　)。
   A. 某工厂采购布匹、纽扣等材料,加工成时装并在市场上销售
   B. 某运输公司在冷藏车皮中保存水果,使之在运到目的地时更新鲜
   C. 杂货店将购进的西红柿按质量分成每千克 2 元和每千克 4 元两个档次销售
   D. 将马铃薯通过洗涤、破碎、筛理等工艺加工成淀粉

3. 凡是属于流通加工的活劳动消耗,应直接计入(　　)。
   A. 人工费用　　　B. 管理费用　　　C. 物料消耗　　　D. 配装费用

4. 在物流系统的流通加工,如大包装改成小包装、散装改成小包装等,这种形式是(　　)。
   A. 剪版加工　　　B. 包装加工　　　C. 组装加工　　　D. 精致加工

二、计算题

某流通加工企业有一个流通加工成产车间(基本生产车间),大量加工生产甲、乙两种产

品,另外有一个机修辅助生产车间。该企业采用品种法计算产品成本,设置"直接材料""直接人工""制造费用"三个成本项目。该企业2024年6月相关产品产量及成本资料如表11-6～表11-9所示。

表11-6　月初在产品成本　　　　　　　　　　　　　　　　　　　单位:元

产　品	直接材料	直接人工	制造费用	合　计
甲产品	7 680	6 592	3 574.78	17 846.78
乙产品	8 320	2 008	2 320.02	12 648.02

表11-7　产量资料　　　　　　　　　　　　　　　　　　　　　　单位:件

项　目	甲产品	乙产品
期初在产品	340	280
本月投产	860	720
本月完工	800	600
月末在产品	400	400

表11-8　定额消耗量与工时分配

项　目		生产工时/小时	修理工时/小时	材料定额消耗/件
基本车间	甲产品	2 480	—	540
	乙产品	1 520	—	460
	一般	—	6 000	—
企业行政管理部门		—	4 000	—

表11-9　生产费用资料　　　　　　　　　　　　　　　　　　　　单位:元

项　目	甲产品生产用	乙产品生产用	甲乙产品共用	基本生产生产用	辅助生产生产用	辅助生产一般用	合计
原材料	24 000	18 000	8 000	2 000	600	400	53 000
工费	—	—	60 000	4 200	5 800	2 500	72 500
福利费	—	—	8 400	588	812	350	10 150
折旧费	—	—	—	12 000	—	3 000	15 000
外购动力费	—	—	—	14 200	—	12 800	27 000
待摊费用	—	—	—	9 600	—	2 400	12 000
办公费及其他	—	—	—	15 800	—	4 200	20 000

材料在开工时一次投入,在产品的完工率为50%。甲、乙两种产品共同耗用材料,按甲、乙产品的材料定额消耗比率分配;基本生产车间生产工人工资、制造费用按生产工时比率分配;辅助生产车间费用按修理工时比率分配。计算甲、乙两产品完工产品成本和月末在产品成本。

项目十二

物流成本绩效评价

学习目标

知识目标：
(1) 理解物流成本绩效评价的含义及原则。
(2) 掌握物流成本绩效评价的流程。
(3) 了解物流成本绩效评价的分析指标。
(4) 掌握物流成本绩效的评价方法。

能力目标：
(1) 能够根据实际案例进行绩效评价的指标选取和计算。
(2) 能够根据具体案例使用平衡计分卡的方法评价物流成本绩效。

素质目标：
(1) 树立降低企业物流成本的意识。
(2) 培养学生爱岗敬业的责任心。

学习导图

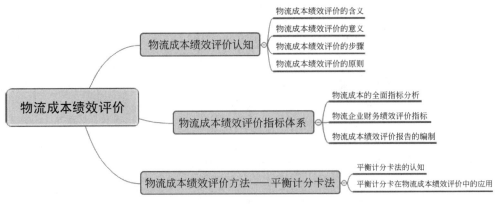

情景导入

某机械公司是一家以机械制造为主的企业，该企业长期以来一直以满足顾客需求为宗旨。为了保证供货，该公司建立了500多个仓库。但是仓库管理成本一直居高不下，每年大约有 2 000 万美元。所以该公司聘请一家调查公司做了一项细致调查,结果发现以目前的情况,如果减少 202 个仓库,则会使总仓库管理成本下降 200 万~300 万美元,但是由于可能会造成缺货,销售收入会下降 18%。

思考:如果你是企业总裁,你是否会依据调查公司的结果减少仓库?为什么?如果不这么做,你又会做出怎样的决策呢?

任务一 物流成本绩效评价认知

物流成本绩效评价是物流企业绩效评价的重要内容,其实质是对物流成本的效益进行分析,通过对物流财务指标的分析,力求比较全面地反映物流成本效益水平,为物流成本管理和决策提供依据。企业经营的目标是效益最大化,因此必须对企业物流经营的各个方面进行详细的了解和掌握,及时发现问题,挖掘潜力,为企业持续降低成本、不断提高效益奠定坚实的基础。

一、物流成本绩效评价的含义

绩效是业绩和效率的总称,它包括活动过程的效率和活动的效果两层含义,指的是一定经营期间的企业经营效益和经营者的业绩。企业绩效评价也称绩效评价,是指运用数理统计和运筹学的方法,采用特定的指标体系,对照统一的评估标准,按照一定的程序,通过定量、定性对比分析,对企业经营期间的经营效益和经营者业绩做出客观、公正和准确的综合评判。

物流成本绩效评价是利用物流成本相关的数据和其他相关资料,对物流成本效益进行分析比较,以便了解物流成本相关指标变动情况及其变动的因素和原因,并分清单位与个人的责任,对单位与个人的工作绩效进行考核与评价。

二、物流成本绩效评价的目标

1. 监督

监督是指将现行的物流成本绩效同以往物流成本进行比较和分析,并将绩效评估报告提供给管理者和顾客。

2. 控制

控制是指通过追踪现行的物流成本绩效,根据物流成本绩效的标准体系来确定改进物流程序及运作方式的方向。

3. 引导与激励

引导与激励是指通过物流成本绩效评估对物流组织以及物流人员的绩效做出评价,以便引导和激励物流组织以及物流人员向正确的方向和目标发展,实现优化物流运作效率的目的。

三、物流成本绩效评价的步骤

1. 物流成本绩效评价准备阶段

物流成本绩效评价准备阶段主要由以下三个步骤组成。

(1)明确物流成本绩效评价的目的。首先必须明确为什么要进行物流成本绩效评价,是要评价物流成本业绩或者是要进行投资决策,还是要制定未来经营策略。只有明确物流成本绩效评价的目的,才能正确地搜集整理资料,选择正确的分析方法,从而得出正确的结论。

(2)确立物流成本绩效评价标准。不同的分析目的,其分析的评价标准是不同的。有的可用绝对标准,有的可用相对标准;有的可采用历史标准;有的则采用预算标准等。只有确立正确的分析评价标准,才会得出正确的评价结论。

(3)制订物流成本绩效评价计划。在明确物流成本绩效评价目的与标准的基础上,应制订物流成本绩效评价的计划,包括物流成本绩效评价的人员组成及分工、时间进度安排、拟采用的分析方法等。物流成本绩效评价计划是物流成本绩效评价顺利进行的保证。搜集整理物流成本绩效评价资料是物流成本绩效评价的基础,资料搜集整理的及时性、完整性对评价的正确性有着直接的影响。资料的搜集整理应根据评价的目的和计划进行。

2. 物流成本绩效评价实施阶段

物流成本绩效评价的实施阶段,即具体分析阶段,是在物流成本绩效评价准备阶段的基础上进行的,它主要包括以下三个步骤。

(1)报表整体分析,主要运用水平分析法、垂直分析法及趋势分析法等全面分析。

(2)物流成本指标分析。对物流成本指标进行分析,特别是进行成本费用利润率指标分析,是物流成本绩效评价的一种重要形式。

(3)基本因素分析。物流成本绩效评价不仅要解释现象,而且应分析原因。因素分析法就是要在报表整体分析和成本效益指标分析的基础上对一些主要指标的完成情况,从其影响因素角度,深入进行定量分析,确定各因素对其影响方向和程度,为企业正确进行物流成本评价提供最基本的依据。

3. 物流成本绩效评价报告阶段

物流成本绩效评价报告阶段是物流成本绩效评价实施阶段的继续,具体分为以下三个步骤。

(1)得出物流成本绩效评价结论。物流成本绩效评价结论是在应用各种成本绩效评价方法进行分析的基础上,将定量分析结果、定性分析判断及实际调查情况结合起来得出的。物流成本绩效评价结论是物流成本绩效评价的关键步骤,结论正确与否是判断物流成本绩效评价质量的唯一标准。一个正确分析结论的得出,往往需要经过几次反复。

(2)提出可行措施建议。分析问题是为了解决问题,因此物流成本绩效评价不能仅满足于分析原因,得出结论,而是必须针对问题提出切实可行的措施,为解决问题提供决策依据。

(3)编写物流成本绩效评价报告。物流成本绩效评价报告是物流成本绩效评价的最后步骤,它将物流成本绩效评价的基本问题、成本绩效分析结论以及针对问题提出措施建议以书面形式表示出来,为物流成本绩效评价主体及物流成本绩效评价报告的其他受益者提供决策依据。物流成本绩效评价报告作为对物流成本绩效评价工作的总结,还可作为历史资料,以供后来的物流成本绩效评价参考,保证物流成本绩效评价的连续性。

四、物流成本绩效评价的原则

在物流成本绩效评价时要坚持以下原则。

1. 整体性原则

物流成本绩效评价要反映整个物流系统的运营情况,而不仅仅是某一个环节的运营情况;在设计评价指标和标准时,要着眼于整体的优化,不因为局部利益而损害整体利益。

2. 动态性原则

物流成本绩效评价要反映未来物流系统的运营情况,对未来的趋势进行预测,这就要求通过成本绩效评价,预见未来趋势并做出正确的判断。

3. 例外性原则

物流活动涉及面广,内容较多。通过评价要找到例外情况,使管理人员将注意力集中到少数严重脱离预算的因素和项目,并对其进行深度的分析。对于例外情况,可以事先确定控制的界限,用金额或者比率表示,凡差异额超过此限额或差异幅度超过此比率者,均视为例外事项,应予以追查,否则可不予理会。

任务二 物流成本绩效评价指标体系

对物流成本进行评价的绩效指标有很多,但为了能够得到合理的结论,物流成本绩效的评价指标应当符合下列要求:要与企业目标相联系;选择指标要着眼于重要因素;指标是可以度量的,并具有一定的客观性;考查的是当前的绩效而不是历史的绩效;应当允许不同时期的指标相互比较,并可以和其他组织相互比较;指标要易为所有相关的人所理解;数据伪造困难;要有助于分析。

由此可见,不论是进行物流成本绩效考核指标的选取,还是在日常的学习或工作中的表现,都要以事实说话,不能弄虚作假,违背原则。

一、物流成本的全面指标分析

物流成本的全面指标分析是以物流企业整体的物流成本为依据,通过物流成本和其他要素的相关关系来分析评价企业物流活动的水平。

1. 物流成本率

$$物流成本率 = \frac{物流成本}{销售额} \times 100\%$$

使用该指标时是把物流部门作为独立的利润中心进行考核的,该指标用来说明单位销售额需要支出的物流成本。公式中的物流成本是完成物流活动所发生的真实成本,包括采购成本、库存成本、配送成本、运输成本和包装成本等。这个指标值越高则其对价格的弹性越低,说明企业单位销售额需要支出的物流成本越高。从历年的数据中,可以大体了解其动向,通过与同行业和外行业进行比较,可以进一步了解企业的物流成本水平。但该比率受价格和交易条件的变化影响较大,因而存在一定的缺陷。

2. 单位物流成本率

$$单位物流成本率 = \frac{物流成本}{企业总成本} \times 100\%$$

使用该指标进行分析时是把物流部门作为成本中心来考核的,该指标用来评价企业物流成本占企业总成本的比重。这是考核物流成本占总成本的一个指标,一般作为考核企业内部的物流合理化或检查企业是否合理化的指标来使用。该指标越大,说明物流成本占企业总支出的比重越大,此时应分析原因,找出改进的方法。

3. 单位营业费用物流成本率

$$单位营业费用物流成本率 = \frac{物流成本}{销售费用 + 一般管理费用} \times 100\%$$

该指标用于分析物流成本占营业费用的比重。公式中的物流成本指的是物流活动的全部成本;销售费用是指企业销售过程中发生的全部支出,一般管理费用是指企业日常经营过程中发生的支出。通过该指标可以判断企业物流成本的比重,且该指标不受进货成本变动的影响。该指标适合于作为企业物流过程合理化的评价指标。

4. 物流职能成本率

$$物流职能成本率 = \frac{物流职能成本}{物流总成本} \times 100\%$$

使用该指标时,企业应合理划分企业的物流职能,采用切实可行的方法计算出各项物流职能的成本,为提高物流过程的管理水平提供依据。该指标可以计算出包装费、运输费、保管费、装卸费、流通加工费、信息流通费、物流管理费等各物流职能成本占物流总成本的比率,为企业物流成本控制提供依据。

5. 产值物流成本率

$$产值物流成本率 = \frac{物流成本}{企业总产值} \times 100\%$$

该指标用于分析企业创造单位产值需要支出的物流成本,是一定时期生产一定数量产品过程中物流成本占总产值的比率。该指标表明每生产 100 元产值所需耗费的生产成本。该指标反映了物流过程所耗费的经济效果,企业投入产出率高,物流成本耗费低,该指标的值就越低。

6. 物流成本利润率

$$物流成本利润率 = \frac{物流利润总额}{物流成本总额} \times 100\%$$

该指标表明在物流活动中,耗费一定量的资金所获得的经济利益的能力。它是分析一定时期生产和销售一定数量产品所发生的物流成本与所获得的利润总额的比率;该指标高就说明市场竞争能力强,产品成本水平低,盈利能力强。但该指标受众多因素的影响,主要有销售产品的价格、销售数量、销售税金及附加、其他业务利润、营业外收支、产品的结构、各功能物流成本的大小等。

7. 物流效用增长率

$$物流效用增长率 = \frac{物流成本增长率}{销售额增长率} \times 100\%$$

该指标用于分析物流成本变化和销售额变化的关系,说明了物流成本随销售额的变化水平。该指标合理的比例应该小于1,如果比例大于1,说明物流成本的增长速度超过了销售额的增长速度,应引起重视。

二、物流企业财务绩效评价指标

通过物流成本绩效评价指标的分析,企业可以了解物流成本的变化情况及变化趋势,但是对于物流企业整体资产运行及财务状况则还需要通过企业财务绩效评价指标进行评价。

1. 物流企业偿债能力指标

企业的偿债能力指标分为两类:一类是反映企业短期偿债能力的指标,主要有流动比率、速动比率、现金比率等;另一类是反映企业长期偿债能力的指标,主要有资本周转率、清算价值比率等。

(1) 流动比率。流动比率是物流企业的流动资产除以流动负债的比值。其计算公式为

$$流动比率 = \frac{流动资产}{流动负债}$$

一般情况下,该指标越大,表明企业短期偿债能力越强。通常较为合理的流动比率为200%,在运用该指标分析企业短期偿债能力时,还应结合存货的规模大小、周转速度、变现能力和变现价值等指标进行综合分析。如果某一企业虽然流动比率很高,但其存货规模大、周转速度慢,有可能造成存货变现能力弱、变现价值低,那么,该企业的实际短期偿债能力就要比指标反映得弱。

(2) 速动比率。流动比率虽然可以用来评价流动资产总体的变现能力,但人们还希望获得比流动比率更进一步的有关变现能力的比率指标。这个指标被称为速动比率。速动比率,是从流动资产中扣除存货部分,再除以流动负债的比值。其计算公式为

$$速动比率 = \frac{流动资产-存货}{流动负债}$$

一般情况下,该指标越大,表明企业短期偿债能力越强,通常该指标的合理比值为100%,低于100%的速动比率被认为是短期偿债能力偏低。

在计算速动比率时要把存货从流动资产中剔除的主要原因包括以下几个方面:在流动资产中存货的变现速度最慢;由于某种原因,部分存货可能已经损失报废还没有处理;部分存货已经抵押给某债权人;存货估价还存在着成本与合理市价相差悬殊的问题。

综合上述原因,在不希望企业用变卖存货的方式还债及排除使人产生种种误解因素的情况下,把存货从流动资产总额中减去而计算出的速动比率反映的短期偿债能力更加令人可信。在运用该指标分析企业短期偿债能力时,还应结合应收账款的规模、周转速度和其他应收款的规模,以及它们的变现能力进行综合分析。

(3) 现金比率。现金比率表示每元流动负债有多少现金及现金等价物作为偿还的保证,它反映了企业可用现金及变现方式清偿流动负债的能力。其计算公式为

$$现金比率 = \frac{货币现金 + 短期投资}{流动负债}$$

该指标能真实地反映企业实际的短期偿债能力,该指标值越大,反映企业的短期偿债能力越强。

(4) 资本周转率。资本周转率表示可变现的流动资产与长期负债的比例,反映企业清偿长期债务的能力。其计算公式为

$$资本周转率 = \frac{货币资金 + 短期投资 + 应收票据}{长期负债}$$

一般情况下,该指标值越大,表明企业近期的长期偿债能力越强,债权的安全性越好。由于长期负债的偿还期限长,所以在运用该指标分析企业的长期偿债能力时,还应充分考虑企业未来的现金流入量、经营获利能力和盈利规模的大小。如果企业的资本周转率很高,但未来的发展前景不乐观,即未来可能的现金流入量少、经营获利能力弱,且盈利规模小,那么企业实际的长期偿债能力将变弱。

(5) 清算价值比率。清算价值比率表示企业有形资产与负债的比例,反映企业清偿全部债务的能力。其计算公式为

$$清算价值比率 = \frac{资产总计 - 无形资产及递延资产合计}{负债合计}$$

一般情况下,该指标值越大,表明企业的综合偿债能力越强。由于有形资产的变现能力和变现价值受外部环境的影响较大且很难确定,所以运用该指标分析企业的综合偿债能力时,还需充分考虑有形资产的质量及市场需求情况。如果企业有形资产的变现能力差,变现价值低,那么企业的综合偿债能力就会受到影响。

2. 物流营运能力指标

营运能力是企业的经营运行能力,反映企业经济资源的开发、使用及资本的有效利用程度。它是通过企业的资金周转状况表现出来的。资金周转状况良好,说明企业经营管理水平高,资金利用效率高。

(1) 营业周期。营业周期是指从取得存货开始到销售存货并收回现金为止的这段时间。营业周期的长短取决于存货周转天数和应收账款周转天数。其计算公式为

$$营业周期 = 存货周转天数 + 应收账款周转天数$$

把存货周转天数和应收账款周转天数加在一起计算出来的营业周期,指的是需要多长时间能将期末存货全部变为现金。一般情况下,营业周期短,说明资金周转速度快;营业周期长,说明资金周转速度慢。

(2) 存货周转率。存货周转率是企业一定时期销货成本(物流成本)与平均存货的比率。用于反映存货的周转速度,即存货的流动性及存货资金占用量是否合理,促使企业在保证生产经营连续性的同时,提高资金的使用效率,增强企业的短期偿债能力。存货周转率是评价企业购入存货、投入生产、销售收回等各环节管理状况的综合性指标。其计算公式为

$$存货周转率 = \frac{销货成本(物流成本)}{平均存货}$$

用时间表示存货周转率就是存货周转天数。其计算公式为

$$存货周转天数 = \frac{360}{存货周转率}$$

公式中的"销货成本(物流成本)"数据来自利润表,"平均存货"来自资产负债表中的"期初存货"与"期末存货"的平均数。

一般来讲,存货周转速度越快(即存货周转率或存货周转次数越大、存货周转天数越少)存货占用水平越低,流动性越强,存货转化为现金或应收账款的速度就越快,这样会增强企业的短期偿债能力及获利能力。通过存货周转速度分析,有利于找出存货管理中存在的问题,尽可能降低资金占用水平。

存货周转率(存货周转天数)指标的好坏反映存货管理水平,它不仅影响企业的短期偿债能力,也是整个企业管理的重要内容。企业管理者和有条件的外部报表使用者,除了分析批量因素、季节性生产的变化等情况外,还应对存货的结构及影响存货周转速度的重要项目进行分析,如分别计算原材料周转率、在产品周转率或某种存货的周转率。

(3)应收账款周转率。应收账款周转率是指年度内应收账款转为现金的平均次数,说明应收账款流动的速度。用时间表示的周转速度是应收账款周转天数,也叫平均应收账款回收期或平均收现期,它表示企业从取得应收账款的权利到收回款项转换为现金所需要的时间。其计算公式为

$$应收账款周转率 = \frac{物流营业收入净额}{平均应收账款}$$

用应收账款周转天数表示为

$$应收账款周转天数 = \frac{360}{应收账款周转率}$$

公式中的"物流营业收入净额"数据来自利润表,是指扣除折扣和折让后的收入净额。以后的计算也是如此。"平均应收账款"是指未扣除坏账准备的应收账款金额,它是资产负债表中"期初应收账款余额"与"期末应收账款余额"的平均数。

一般来说,应收账款周转率越高,平均收账期越短,说明应收账款的收回越快。否则,企业的营运资金会过多地呆滞在应收账款上,影响正常的资金周转。影响该指标正确计算的因素有大量使用分期付款结算方式或大量使用现金结算方式,这些因素会对该指标计算结果产生较大的影响。

(4)物流总资产周转率。物流总资产周转率代表着物流总资产的营运能力。其计算公式为

$$物流总资产周转率 = \frac{物流营业收入净额}{平均物流资产总额}$$

式中,平均物流资产总额等于年初资产总额与年末资产总额的平均值。

物流总资产周转率也可以用物流总资产周转天数表示,它与物流总资产周转率的关系为

$$物流总资产周转天数 = \frac{计算期天数}{物流总资产周转率}$$

该指标反映了物流企业资产总额的周转速度。周转越快,反映全部物流资产的营运能力越强。物流企业可以通过薄利多销的办法,加速物流总资产的周转,带来利润绝对额的增加。

(5)物流流动资产周转率。物流流动资产营运能力的大小主要通过物流流动资产周转率加以反映。其计算公式为

$$物流流动资产周转率 = \frac{物流营业收入净额}{物流流动资产平均占有额}$$

式中,物流流动资产平均占用额等于年初流动资产与年末流动资产的平均值。

用物流流动资产周转天数表示为

$$物流流动资产周转天数 = \frac{计算期天数}{物流流动资产周转率}$$

物流流动资产周转率反映流动资产的周转速度。加快周转速度,会相对节约流动资产,等于相对扩大资产投入,增强物流企业盈利能力;而延缓周转速度,需要补充流动资产参加周转,形成资金浪费,降低物流企业的盈利能力。物流流动资产周转天数越高说明营运能力越弱。

(6) 物流固定资产周转率。物流作业的收入主要来源于物流流动资产的周转,而不是物流固定资产的周转。但是物流固定资产是实现物流流动资产周转的基础,物流流动资产投资规模周转额及周转速度在很大程度上取决于物流固定资产的作业经营能力及利用效率。反映物流固定资产营运能力的指标是物流固定资产周转率。其计算公式为

$$物流固定资产周转率 = \frac{物流营业收入净额}{物流固定资产平均占用额}$$

$$= \frac{物流流动资产平均占用额}{物流固定资产平均占用额} \times 物流流动资产周转率$$

式中,物流固定资产平均占用额式中,物流固定资产平均占用额应按物流固定资产原值计算,因为这样可以剔除因不同企业所采用的折旧方法或折旧年限的不同而产生的差异,从而使企业能够就该指标进行分析和比较。该指标越高,说明物流固定资产的营运能力越强。

(7) 物流劳动作业效率。物流作业是以人为核心展开的,企业有相当一部分的支出花费在人力资源的获取之上,物流作业人员素质与能力对物流营运能力具有决定性的影响。其计算公式为

$$物流劳动作业效率 = \frac{物流营业收入净额}{从事物流工作的员工人数的平均值}$$

物流劳动作业效率越高,说明每一个从事物流工作的人员创造的物流营业净额越好,因而人力资源利用得越好,物流人力资源的营运能力越强。

3. 物流企业负债能力指标

企业负债能力指标是用来分析企业全部负债与全部资金来源的比率,用以表明企业负债占全部资金的比重及物流企业偿付到期长期债务的能力。

物流企业对一笔债务总是负两种责任:①偿还债务本金的责任;②支付债务利息的责任。分析一个物流企业的长期偿债能力主要是为了确定该企业偿还债务本金与支付债务利息的能力。具体的分析方法:通过财务报表中的有关数据来分析权益和资产之间的关系,分析不同权益之间的内在关系,分析权益与收益之间的关系,计算出一系列的比率,管理者可以看出该物流企业的物流资本结构是否合理,评价该物流企业的长期偿债能力。

(1) 资产负债率。资产负债率也叫举债经营比率,是负债总额除以资产总额的百分比,反映在总资产中有多大比例是通过举债来筹资的,也可以衡量企业清算时保护债权人利益的程度。其计算公式为

$$资产负债率 = \frac{负债总额}{物流资产总额} \times 100\%$$

公式中的负债总额不仅包括长期负债,还包括短期负债。这是因为短期负债作为一个整体,物流企业总是长期占用着,可以视同长期性资本来源的一个部分。公式中的物流资产总额是扣除了累计折旧后的净额。

分析角度不同,对资产负债率的高低看法也不相同。该指标的使用要求具体如下。

① 债权人对资产负债率的要求。从债权人的立场看,他们最关心的是各种融资方式安全程度及是否能按期收回本金和利息等。如果股东提供的资本与企业资产总额相比,只占较小的比例,则企业的风险主要由债权人负担,这对债权人来讲是不利的。因此,债权人希望资产负债率越低越好,企业偿债有保证,融给企业的资金不会有太大的风险。

② 投资者对资产负债率的要求。从投资者的立场看,投资者所关心的是全部资本利润率是否超过借入资本的利率,即借入资金的利息率。假使全部资本利润率超过利息率,投资人所得到的利润就会加大,如果相反,运用全部资本利润率低于借入资金利息率,投资人所得到的利润就会减少,则对投资人不利。因为借入资本的多余的利息要用投资人所得的利润份额来弥补,因此在全部资本利润率高于借入资本利息的前提下,投资人希望资产负债率越高越好,否则反之。

③ 经营者对资产负债率的要求。从经营者的立场看,如果举债很大,超出债权人心理承受能力,则认为是不保险的,企业就借不到钱。如果一个物流企业不举债,或负债比率很小,说明企业畏缩不前,对前途信心不足,利用债权人资本进行经营活动的能力很差。借款比率越大(当然不是盲目的借款),越是显得企业活力充沛。从成本管理的角度来看,物流企业应当审时度势,全面考虑,在利用资产负债率制定借入资本决策时,必须充分估计预期的利润和增加的风险,在二者之间权衡利害得失,做出正确决策。

(2) 产权比率。产权比率也是衡量长期偿债能力的指标之一。这个指标是负债总额与股东权益总额之比率,也称为债务股权比率。其计算公式为

$$产权比率 = \frac{负债总额}{股东权益} \times 100\%$$

所谓的股东权益就是所有者权益。

一方面,该指标反映了由债权人提供的资本和股东提供的资本的相对比率关系,反映企业基本财务结构是否稳定。产权比率高,是高风险、高报酬的财务结构;产权比率低,是低风险、低报酬的财务结构。

另一方面,该指标也表明债权人投入的资本受到股东权益的保障程度,或者说是企业清算时对债权利益的保障程度。国家规定债权人的索偿权在股东前面。例如,该物流企业进行清算,债权人的利益因股东提供的资本所占比重较小而缺乏保障。

(3) 已获利息倍数。已获利息倍数也叫利息保障倍数,是指企业息税前利润与利息费用的比率,用以衡量偿付借款利息的能力(运用该公式前提是本金已经能够归还,讨论归还利息的能力)。其计算公式为

$$已获利息倍数 = \frac{息税前利润}{利息费用}$$

式中,息税前利润是指损益表中未扣除利息费用和所得税之前的利润。它可以用"利润总额

加利息费用"来测量。由于我国现行利润表"利息费用"都没有单列,而是混在"财务费用"之中,外部报表使用人只好用"利润总额加财务费用"来估计。

公式中的分母"利息费用"是指本期发生的全部应付利息,不仅包括财务费用中的利息费用,还应包括计入固定资产成本的资本化利息。资本化利息虽然不在利润表中扣除,但仍是要偿还的。已获利息倍数的重点是衡量企业支付利息的能力,没有足够大的息税前利润,利息的支付就会发生困难。

已获利息倍数指标反映了企业息税前利润为所需支付债务利息的倍数,倍数越大,偿付债务利息的能力越强。

已获利息倍数的合理确定需要将该企业这一指标与其他物流企业对比分析,来决定本企业的指标水平。同时,最好比较本企业连续几年的该项指标,并选择最低指标年度的数据作为标准。这是因为,企业在经营好的年头要偿债,而在经营不好的年度也要偿还大约同量的债务。某一个年度利润很高,已获利息倍数就会很高,但不能年年如此,采用指标最低年度的数据,可保证最低的偿债能力。一般情况下应采纳这一原则。

另外,也可以结合这一指标测算长期负债与营运资金的比率,长期债务会随时间延续不断转化短期负债,并需要动用流动资产来偿还,为了使债权人感到安全有保障,应保持长期债务不超过营运资金。

4. 物流企业盈利能力指标

所谓物流企业盈利能力实际上就是指一个物流企业赚取利润的能力,是指投入物流系统的资金(物流成本)的增值能力。不论投资人、债权人还是物流企业中的经理管理人员,都重视和关心本企业的盈利能力。其主要指标包括物流作业净利率、物流作业资产利润率、物流作业净资产利润率等。

(1) 物流作业净利率。物流作业净利率是指物流作业利润额与物流营业收入净额的百分比。其计算公式为

$$物流作业净利率 = \frac{物流作业利润净额}{物流营业收入净额} \times 100\%$$

物流作业净利率反映的是物流企业的每一元营业收入带来的净利润是多少,表示物流营业收入净额的收益水平。从物流作业利率的指标关系看,物流作业利润净额与物流作业净利率成正比关系,而物流营业收入净额与物流作业净利率成反比关系。企业在增加营业收入额的同时,必须相应地获得更多的利润,才能使物流作业净利率保持不变或有所提高。分析物流作业净利率的升降变动,可以促使物流企业在扩大营业收入的同时,注意改进经营管理方法,提高盈利水平。

(2) 物流作业资产利润率。物流作业资产利润率用于反映物流资产的获利能力,一般以净利率为主要指标。其计算公式为

$$物流作业资产净利率 = \frac{物流作业利润净额}{平均物流资产总额} \times 100\%$$

把一个物流企业一定期间的物流作业利润净额与企业的平均物流资产总额相比较,表明企业资产利用的综合效果。指标越高,表明资产的利用效率越高,说明企业在增加收入和节约资金使用等方面取得了良好的效果,否则相反。

物流作业资产利润率是一个综合指标,企业的资产是由投资人投入或举债形成的。物

流作业利润净额与企业物流资产、资产的结构及经营管理水平有着密切的关系。为了正确评价一个物流企业经济效益的高低、挖掘提高利润水平的潜力,可以用该项指标与本企业前期、与计划进行对比,分析形成差异的原因。

(3) 物流作业净资产利润率。物流作业净资产利润率的计算公式为

$$物流作业净资产利润率 = \frac{物流作业利润净额}{物流作业平均净资产} \times 100\%$$

企业支出物流成本的最终目的是实现物流系统利润的最大化,要达到这一目的,首先就要最大限度地提高物流作业净资产利润率。因此,物流作业净资产利润率是物流企业盈利能力的核心指标。

由于商品制造企业和商品流通企业的收入与利润的获得来源于多方面,很难分清物流作业带来的收入与利润,因此可以采取内部转移价格的形式来获取与物流作业相关的收入与利润。物流服务提供商的主要业务为向客户提供物流服务,其收入与利润也主要来源于物流作业,因此可以直接使用上述指标。

三、物流成本绩效评价报告的编制

物流成本绩效评价报告是物流成本绩效评价工作的最后步骤。它既可作为物流成本绩效评价工作的总结,还可作为历史资料,以供后来的物流成本绩效评价参考,保证物流成本绩效评价的连续性。报告应主要包括以下三部分内容。

1. 物流成本绩效评价报告的主要指标及其分析

物流成本绩效评价报告的主要数据来源是评价企业物流活动的各项指标,并根据指标编制报表,然后对报表及相应的指标进行分析。

(1) 报表整体分析,主要运用水平分析法、垂直分析法及趋势分析法等对报表进行全面分析。

(2) 成本效益指标分析,对影响企业物流活动的各项成本效益指标进行分析,特别是进行成本费用利润率指标分析,是物流成本绩效评价的一种重要形式。

(3) 基本因素分析,是在报表整体分析和成本效益指标分析的基础上,对一些主要指标的完成情况,从其影响因素角度,深入进行定量分析,确定各因素对其影响的方向和程度,为企业进行正确的物流成本评价提供最基本的依据。

2. 物流成本绩效评价结论

物流成本绩效评价结论是在应用各种成本绩效评价方法进行分析的基础上,将定量分析结果、定性分析判断及实际调查情况结合起来得出的,是对企业整体物流活动绩效的工作总结。

3. 针对存在问题提出可行性措施及建议

分析问题是为了解决问题,因此,物流成本绩效评价必须针对问题提出切实可行的措施,为有效解决问题提供决策依据。

任务三 物流成本绩效评价方法——平衡计分卡法

一、平衡计分卡法的认知

随着信息时代的到来,企业不能仅仅通过将快速发展的新技术转化为实物资产或财务资产及加强管理来获得可持续发展的竞争优势。不论是制造业还是服务业,信息时代的发

展环境要求企业自身具有较强的竞争能力,企业对其拥有无形资产的开发管理比对有形资产的管理更为重要。单纯从财务角度评价企业业绩的方法渐显陈旧,无法满足不同利益集团对企业经营业绩的信息获取。而平衡计分卡的出现,则刚好弥补这一缺陷。目前,平衡计分卡是世界上最流行的管理工具之一。

1. 平衡计分卡的含义

平衡计分卡是由美国罗伯特·S.卡普兰(Robert Skaplan)和大卫·P.诺顿(David Pnorton)创建的。平衡计分卡是一种以信息为基础的管理工具,分析哪些是完成企业使命的关键性成功因素,以及评价这些关键性成功因素的项目,并不断检查、审核这一过程,以把握企业绩效评价的真实、客观的方法。平衡计分卡把对企业业绩的评价划分为财务方面、顾客、内部业务过程和学习与成长四个部分。按照平衡计分卡法的框架,可对物流企业的成本绩效评价进行研究,如图12-1所示。

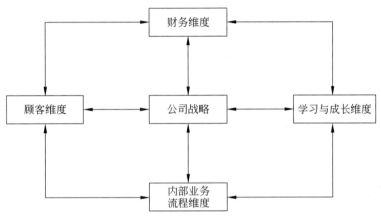

图 12-1 平衡计分卡法

平衡计分卡法使用了一些关键的绩效指标,其中大多数是非财务指标,针对传统的财务指标为主的业绩考核方式,它们为管理者提供了实现战略目标的更好方法。平衡计分卡法一方面考核企业的产出(上期的结果);另一方面考核企业未来成长的潜力(下期的预测),再从客户的角度和公司业务角度两方面考核企业的运营状况参数,把公司的长期战略和短期行动联系起来,把远景目标转化为一套系统的绩效考核指标。

2. 平衡计分卡法的内容

平衡计分卡法的内容如图12-2所示。

(1)从财务指标分析企业获利能力。财务绩效评价指标显示了物流企业的战略及其执行对于股东利益的影响。企业的主要财务目标涉及盈利、股东价值实现和增长,相应地将其财务目标简单表示为生存、成功和价值增长。生存目标的评价指标有现金净流量和速动比率,成功目标的评价指标有权益净利率,价值增长目标的评价指标为相对市场份额增加额。平衡计分卡的财务绩效衡量显示企业的战略及其实施和执行是否正在为最终经营结果的改善做出贡献,常见的指标包括资产负债率、流动比率、速动比率、应收账款周转率、存货周转率、资本金利润率、销售利税率等。

财务层面的绩效评价涵盖了传统的绩效评价方式,但是财务层面的评价指标并非唯一

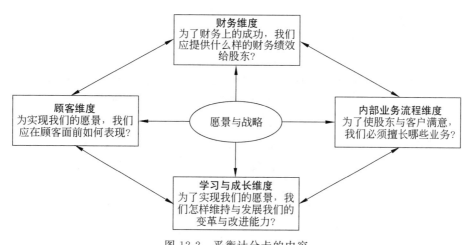

图 12-2 平衡计分卡的内容

的或最重要的,它只是企业整体发展战略中不可忽视的一个要素。

(2) 从顾客指标分析企业竞争能力。在市场经济条件下,一个企业要想获得生存并有所发展,必须盯住顾客,"一心为顾客提供价值"。因此,企业如何从顾客角度去运作企业,已成为管理层首先要考虑的问题之一。平衡计分卡法要求企业决策层要把他们为顾客服务的声明转化为具体可行的测评指标,这些测评指标要能真正反映与顾客相关的各种因素。顾客对企业评价的核心指标包括客户满意程度、客户保持程度、新客户的获得、客户获利能力及在目标范围内的市场份额等。只有努力提高顾客价值才能吸引和保持顾客,获得长期竞争优势。

(3) 从内部业务流程指标分析企业综合提升力。内部业务流程方面,内部经营过程衡量方法所重视的是对客户满意度和实现组织财务目标影响最大的那些内部业务流程。企业物流的内部业务业绩来自企业的核心竞争力,即如何保持持久的市场领先地位、较高的市场占有率和营销的方针策略等,企业应当明确自己的优势,如高质量的产品和服务、优越的区位、资金的来源、优秀的管理人员等。平衡计分卡法把革新过程引入内部经营过程,要求企业创造全新的产品和服务,以满足现有和未来目标客户的需求,这些过程能够创造未来企业的价值,提高未来企业的财务绩效。

(4) 从学习与成长指标分析企业持续发展的后劲。平衡计分卡法的第 4 项内容即学习与成长,它确立了企业长期的成长和进步的基础结构,在客户与内部经营过程方面,确立了现在和未来成功的关键因素。但是,仅凭现在的技术和生产能力,企业是不能达到它们的客户和内部经营过程的长期目标要求的。通过对财务、客户和内部价值链的分析发现的现有能力和要达到的目标之间的差距,需要靠学习与成长来弥补。同时激烈的全球竞争要求企业不断提高它们对客户指标的支付价值能力。

企业的学习与成长有三个主要来源:人员、信息系统和企业程序。平衡计分卡上的财务目标、客户目标和内部业务流程的目标通常表现在现有的人员、系统和程序的生产能力与实现突破性业绩目标所要求的生产能力之间的巨大差距。为了弥补这些差距,企业必须培训员工,提高应用信息技术和信息系统的能力,合理安排企业的日常工作,这些目标在平衡计分卡法的学习与成长方面是相互关联的。对员工的评价内容主要包括员工满意程度、挽留率、培训与技能;对信息系统能力的评价是处于第一线的员工所获得的有关客户和内部过程的准确与重要信息的适时性;企业程序所能检验的是对员工的激励与企业总的成功要素和重要的客户及过程程序的改善情况之间的衔接。

综上所述,平衡计分卡法在保留了传统的财务指标体系的基础上,引进了大量能对未来财务业绩进行考评的非财务动因(包括客户、经营过程、学习与成长等),这些动因共同融合于企业信息系统。利用平衡计分卡法,企业经营管理者可以计量与他们有关的经营单位如何为现在和未来的客户创造价值,如何建立和提高内部生产力,以及如何为提高未来经营业绩而对人员、信息系统和企业程序进行投资。

需要注意的是,平衡计分卡并不是对日常经营业绩评价指标的取代,而是选择那些企业管理者和一般员工直接关注的重要因素。平衡计分卡的基本原理与方法,对于当前如何正确、客观地全面评价企业的经营业绩与管理水平、提高企业在市场条件下的竞争力具有非常重要的现实意义。

3. 平衡计分卡法的要素

(1) 维度。维度包括财务、顾客、内部业务流程和学习与成长四个维度,每个维度均包含战略目标、绩效指标、指标值、行动方案和任务几个部分。

(2) 战略目标。战略目标是关键性目标,每个目标都包括一个或多个绩效指标。

(3) 绩效指标。绩效指标是衡量目标实现效果的定性与定量尺度。

(4) 指标值。指标值是指标的具体要求和尺度。

(5) 行动方案。行动方案是由一系列相关任务或行动组成,目的是达到或实现每个指标的期望值。

(6) 任务。任务是执行行动方案过程中的特定行为。

4. 平衡计分卡法的流程

平衡计分卡法的实施流程可以概括为以下七个步骤。

(1) 建立公司的远景与战略。公司的远景与战略要简单明了,并对每一部门均具有意义,使每一部门可以采用一些业绩衡量指标完成公司的远景与战略。

(2) 成立平衡计分卡小组或委员会去解释公司的远景和战略,并建立财务、顾客、内部业务流程、学习与成长四个方面的具体目标,并设置相应的4张计分卡。

(3) 为四类具体的目标找出最具有意义的业绩衡量指标。

(4) 加强企业内部沟通与交流。利用各种不同的沟通渠道,如定期或不定期的刊物、信件、公告栏、标语、会议等让各层管理人员知道公司的远景、战略、目标与业绩衡量指标。

(5) 确定每年、每季、每月的业绩衡量指标的具体数字,并与公司的计划和预算相结合。注意各类指标间的因果关系、驱动关系与连接关系。

(6) 将每年的报酬奖励制度与平衡计分卡挂钩。

(7) 经常根据员工意见修正平衡计分卡的衡量指标并改进公司战略。

二、平衡计分卡在物流成本绩效评价中的应用

平衡计分卡在物流成本绩效评价中的应用,主要是对平衡计分卡从财务、顾客、内部业务流程、学习与成长四个维度指标的设计。

1. 财务维度指标

(1) 人均利润增加额。对物流成本进行管理的目的是增加利润,该指标反映在同等条件下对物流成本进行专门管理后利润的人均增加。其计算公式为

$$人均利润增加额 = \frac{利润增加总额}{物流人员数}$$

(2) 单位营业额物流成本率。该指标反映实现单位营业额应该投入的物流费用额。该指标越低,说明付出同样的物流成本获得的收入越高。其计算公式为

$$单位营业额物流成本率 = \frac{物流成本}{营业额}$$

(3) 单位产品物流成本。由于该指标不受产品价格和交易条件变化的影响,因此可以广泛应用。其计算公式为

$$单位产品物流成本 = \frac{物流成本总额}{产品数量}$$

2. 顾客维度指标

这里的顾客既指企业物流对外服务的对象,又包括企业物流对内服务的对象。

(1) 顾客满意度。该指标反映顾客对企业物流服务的满意程度。通过提高顾客满意度指标,可以保留原有顾客并吸引新的顾客。该指标信息是通过设计问卷,进行问卷调查得来的。

(2) 顾客人均物流营销费用。物流营销费用包括企业在物流服务方面投入的广告费、宣传费以及吸引顾客的促销费用。计算公式为

$$顾客人均物流营销费用 = \frac{广告宣传费}{累计顾客总人数}$$

(3) 顾客忠诚度。以一定时间内多次参与企业物流服务的总顾客数来衡量。

(4) 安全事故率。安全事故率越低,说明物流服务越安全,顾客的安全感越大。

(5) 物流服务认知度。该指标指企业的物流服务在顾客和本行业中的熟悉和认可程度。

3. 内部业务流程维度指标

(1) 物流成本对物流服务的质量保证。该指标反映了物流成本管理人员服务质量的好坏。该指标越高,表明公司物流成本管理的服务质量越好。

(2) 物流成本管理服务及时准确率。该指标反映了文件等相关资料内部传递的效率,传递及时准确率越高,说明管理人员的服务效率越高。该指标是通过记录各部门及各人员之间的前因失误率来反映的。

(3) 物流成本管理服务贯标率。该指标指内部业务遵守 ISO 9000 的程度。该指标的确定根据定期的贯标检查结果来决定,检查的范围是企业所有物流成本管理方面的业务程序。

(4) 物流成本管理环境改进。该指标主要包括管理的创新、规章制度的完善和服务程序的优化三方面。它通过企业的物流人员定期进行评价。

4. 学习与成长维度指标

(1) 物流成本管理人员满意度。该指标指物流成本管理人员的实际感受与其期望值比较的程度。它既体现了物流成本管理人员满意的程度,也反映了企业在满足物流成本管理人员需求方面的实际结果。

(2) 人均物流成本培训时间。该指标反映了企业对物流人员进行物流成本管理方面培训投入的多少,对员工学习的重视程度。其计算公式为

$$人均物流成本培训时间=\frac{(每次培训时数×参加的人数)}{物流人员总人数}$$

(3) 物流成本管理核心人员的离职率。该指标反映了物流成本管理核心员工的稳定性。该指标越低,员工越稳定。其计算公式为

$$\frac{物流成本管理核心}{人员的离职率}=\frac{物流成本管理核心人员的离职人数}{\frac{(年初物流成本管理员工人数+年末物流成本管理员工人数)}{2}}$$

(4) 物流成本人才规划合理性。该指标反映了企业对物流成本管理人员成长的重视程度以及为成长所做的努力程度。

相关链接

平衡计分卡

平衡计分卡基于企业战略条件下的四类指标设置,是成果推行平衡计分卡的前提,一旦该指标体系设置完成,实施就成为焦点和关键。实施除了有计划地动员、宣传贯彻和配套的制度外,还要制定科学的指标考核评分标准细则,指定部门监督、考核、评价,这是评价平衡计分卡各项指标执行情况的标准和尺度,也是物料仓库各节点、各作业、各岗位、各部门衡量各自作业情况的标杆。

实训 平衡计分卡应用实例

实训目标:
(1) 检验学生对平衡计分卡法的掌握情况。
(2) 培养学生理论联系实践的能力。
(3) 培养学生解决实际问题的能力。

实训内容:利用平衡计分卡法为某通信公司物料仓库设计基于既定权重分配下的指标考核评分标准细则。

实训要求:
(1) 以小组为单位完成任务。
(2) 调查资料要翔实,避免空洞。
(3) 问题的分析要深刻。
(4) 将分析结果以调查报告的形式上交老师。

实训环境:综合实训室。

实训报告:提交实训报告书。

学习总结

物流成本绩效评价是物流企业绩效评价的重要内容,其实质是对物流成本的效益进行分析,通过对物流企业财务绩效指标的分析,力求比较全面地反映物流成本效益水平,为物流成本管理和决策提供依据。企业经营的目标是效益最大化,因此必须对企业物流经营的各个方面进行详细的了解和掌握,及时发现问题,挖掘潜力,为企业持续降低成本、不断提高效益奠定坚实的基础。本项目对物流成本绩效评价进行了讲解,通过本项目的学习,可以掌握物流成本绩效评价的理念和操作方法。

学习测试

一、单项选择题

1. 下列不属于物流成本绩效评价的目标是(　　)。
   A. 监督　　　　　　B. 控制　　　　　　C. 引导与激励　　　D. 盈利
2. 下列不属于物流成本绩效评价原则的是(　　)。
   A. 整体性原则　　　B. 动态性原则　　　C. 主观性原则　　　D. 例外性原则
3. 现金比率属于下列(　　)指标。
   A. 物流企业偿债能力指标　　　　　　　B. 物流企业营运能力指标
   C. 物流企业负债能力指标　　　　　　　D. 物流企业盈利能力指标
4. 在平衡计分卡法中用来分析企业获利能力的指标是(　　)。
   A. 顾客维度指标　　　　　　　　　　　B. 财务维度指标
   C. 内部业务流程维度指标　　　　　　　D. 学习与成长维度指标

二、计算题

1. 某生产中心2024年一年净利润为200 000元,在这一年中生产和销售产品所发生的物流成本共计50 000元,试问其物流成本率为多少?
2. 某企业在2024年商品销售收入为14 400万元,存货资金平均占用额为1 800万元,请计算该企业的存货周转次数为多少?存货资金周转天数为多少?

参 考 文 献

[1] 谢泉. 战略物流成本管理模式应用研究[J]. 物流技术,2019,38(2):16-21.
[2] 孙强,王刚. 物流成本管理[M]. 北京:清华大学出版社,2015.
[3] 关玲玲. 物流运输成本管理问题研究[J]. 现代经济信,2017(34):221.
[4] 杨头平. 企业物流成本口号之与优化[M]. 北京:知识产权出版社,2011.
[5] 李刚. ABC法在物流成本管理中的应用[J]. 商业会计,2017(11):84-86.
[6] 绍瑞庆. 第三方物流企业成本核算与控制论[M]. 上海:立信会计出版社,2011.
[7] 杨路明,付伟艺. 目标成本法在物流成本管理中的问题分析[J]. 现代管理科学,2012(9):22-23.
[8] 胡音. 烟草商业企业物流成本核算管理及其新思路探讨[J]. 企业改革与管理,2019(7):161,165.
[9] 张旭辉,孙晖. 物流项目管理[M]. 北京:北京大学出版社,2013.
[10] 周永强,杨忠直. 作业成本法在物流成本控制中的应用[J]. 工业工程,2004(6):65-68.
[11] 王心宇. 基于平衡计分卡的物流战略成本管理研究[J]. 当代会计,2015(5):27-28.
[12] 程洁,李明,孙志平. 物流成本管理[M]. 成都:电子科技大学出版社,2020.